RÉMINISCENCES

RÉMINISCENCES

SUR

L'EMPEREUR ALEXANDRE Iᵉʳ

ET SUR L'EMPEREUR

NAPOLÉON Iᵉʳ

PAR

Mᵐᵉ LA Cᵗᵉˢˢᵉ DE CHOISEUL-GOUFFIER

NÉE Cᵗᵉˢˢᵉ DE TISENHAUS

BESANÇON

IMPRIMERIE DE J. BONVALOT

1862

AVANT-PROPOS.

Près de quarante ans se sont écoulés depuis la publication de mes *Souvenirs sur l'empereur Alexandre Ier*. De nouvelles générations ont succédé aux anciennes, des révolutions ont agité le globe, particulièrement la France. Dans la tourmente révolutionnaire, disparut, mais en roi, Charles X avec son intéressante famille, ce jeune Henri, victime d'un malheur immérité, et si digne d'un meilleur sort! Puis essai de république, d'où surgit Louis-Philippe, véritable usurpateur[1] s'il en fut, mais bien bonne république, à la façon du général La Fayette; puis,

[1] C'est une concession que je suis obligée de faire au mot *usurpateur*. Ce mot est de M. de Talleyrand, à la proposition que lui fit l'empereur Alexandre, en faveur du duc d'Orléans, à la restauration, comme un choix qui pouvait être agréable à la jeune France. — « Sire, ce ne serait qu'un usurpateur de bonne maison. »

nouvelle tempête politique; fuite de Louis-Philippe, *en bourgeois;* république provisoire; enfin Louis-Napoléon se montra aux regards de la France, fort de la conscience de ses talents, de son énergique persévérance, sans laquelle le génie même ne peut rien, et qui en est comme la pierre de touche. Guidé peut-être par cette heureuse étoile, dont le nom est devenu populaire en France, la bonne Joséphine, qui fut celle de Napoléon Ier, tant qu'il ne renonça pas à son rayonnement propice, Louis-Napoléon passa avec bonheur, avec confiance, de la présidence au trône de l'empire ! Il venait de sauver la France des horreurs d'une nouvelle révolution pire que celle de 93, car c'était une guerre acharnée qui allait se livrer, non pas seulement contre l'aristocratie nobiliaire, mais l'aristocratie d'argent.

Le temps a dû nécessairement apporter des modifications dans mes souvenirs de jeunesse, des grands événements dont j'ai été le témoin obscur, et que j'intitulerai : *Réminiscences sur l'empereur Alexandre Ier et l'empereur Napoléon Ier.*

Un grand nombre de personnes, et des plus haut placées, m'ont demandé de recommencer de nouveaux *Souvenirs* sur l'empereur Alexandre, de glorieuse mémoire. L'édition de 1827 a été non-seulement vite épuisée, mais depuis il m'a été impossible de me procurer un exemplaire de cet ouvrage, soit en France, soit en Russie. J'ai même appris, avec étonnement, que S. M. l'empereur Alexandre II, dont je n'avais pas l'honneur d'être connue, il y a quatre ans, demanda à ma nièce, la comtesse Uruska, née Tisenhaus, si elle était parente d'une comtesse de Choiseul, dont il venait de lire, avec beaucoup d'intérêt, les souvenirs sur son oncle. S. M. avait peut-être trouvé cet ouvrage dans la bibliothèque du château, à Varsovie, car il n'existait plus chez les libraires. Il me faut donc, aujourd'hui, travailler réellement de souvenir et à l'aide de quelques débris du journal que j'écrivais dans le temps. Je ne recommencerai plus la funeste tragédie de la mort de l'infortuné Paul Ier. Elle a été traitée de main de maître par les plus célèbres auteurs : M. de Lamartine, dans son *Histoire de Russie*, et M. Alexandre Dumas, dans son *Maître d'armes*. Je ne connaissais point ce dernier ouvrage lorsque son auteur me fut présenté à Florence par mon amie, la princesse Galitzin, née Walewska. Dès les premiers mots, M. Alexandre Dumas s'écria : « Ah! madame, comme je vous ai pillée, volée. » J'aurais dû lui répondre que j'étais charmée et flattée qu'il eut trouvé de son bien à reprendre chez moi, mais je n'ai jamais eu l'esprit de répartie (note I).

Je me contentai de regarder avec étonnement M. Dumas, qui me dit : « C'est dans vos charmants *Souvenirs sur l'empereur Alexandre*. J'écrivais mon *Maître d'armes*, j'avais besoin d'un ouvrage sur Saint-Pétersbourg ; mon libraire m'indiqua le vôtre, où je puisai de mon mieux. » C'était là une aimable franchise et d'autant plus méritoire, que M. Dumas avait bien mieux décrit Pétersbourg que moi, qui n'ai vu que très-superficiellement cette belle capitale; tandis que j'ai retrouvé des lambeaux de mes phrases dans le congrès de Vérone, et je ne fus pas seule à m'en apercevoir. Je m'en plaignis à la comtesse de Fontanes, filleule et amie de M. de Chateaubriand. « Mais cela se fait toujours, me dit cette dame. — Oui, mais en citant l'ouvrage où l'on a puisé. » Je ne me souviens plus dans quel journal je réclamai contre cette reproduction, et surtout contre quelques observations controuvées par rapport à l'empereur Alexandre. Je regrette de n'en pas avoir conservé la copie (note II).

Je me trouvais, l'hiver de 1831, à Mittau, célèbre pour avoir été l'asile temporaire de Louis XVIII et de madame la duchesse d'Angoulême, ange prédestinée sur la terre à l'exil, au malheur, et qui ne devait retrouver sa couronne que dans le ciel. Plusieurs nobles dames me chapitrèrent au sujet de mes *Souvenirs* et de la participation du comte Pahlen, leur parent ou ami, dans la conspiration contre Paul Ier, soutenant que j'avais été mal informée et, au fait, ne disant rien pour disculper M. Pahlen. M. de Choiseul et son père, d'abord comblés des faveurs et des bienfaits de Paul Ier, et puis exilés dans les vingt-quatre heures par je ne sais quelle lubie de ce malheureux prince, M. de C*** vint demander un passeport à M. Pahlen, qui rentrait justement de la cour, et dit, en jetant brusquement sur un sopha son chapeau et son épée : « Mon cher comte, il est temps que cela finisse, on ne peut plus y tenir! » Des personnes dignes de foi, et demeurant dans le voisinage de la terre où le comte Pahlen a été exilé et a fini ses jours, m'ont assuré qu'il était sans cesse affligé et hanté par la vision du spectre de Paul Ier. Il est également connu que le général Benigsen, le meilleur et le plus doux des hommes, entraîné à son insu dans la conspiration, voyant que les conjurés perdaient la tête, leur indiqua l'écharpe suspendue au-dessus du lit où l'on martyrisait Paul, et ce fut le dernier instrument du supplice et de l'agonie de ce malheureux prince (note III).

Avant la publication de mes *Souvenirs*, je faisais un soir lecture de mon manuscrit en très-petit comité. Mon fils, âgé de sept ans, filleul de l'empereur Alexandre, y assistait avec une attention remarquable pour son âge. Quand j'arrivai au dénoûment tragique de la mort de Paul Ier, mon enfant s'écria tout-à-coup et rouge d'émotion : « J'espère qu'on les a tous pendus » (les conjurés). Je fus embarrassée pour répondre. Ma sœur et ma cousine, sœur du comte Pac, si dévoué à la cause de sa patrie pour laquelle il sacrifia sa grande fortune et mourut dans l'exil, à Smyrne, se regardèrent avec une expression indéfinissable. Le général Kossakowski, qui avait suivi Napoléon à Fontainebleau et pris la plume dont il s'était servi pour écrire son abdication, se levant de toute la hauteur de sa longue taille, vint à moi, me salua d'un air solennel et me dit : « Madame, la vérité a parlé par la bouche d'un enfant. » Sans doute, le seul reproche que l'on peut adresser à l'empereur Alexandre, c'est de n'avoir pas sévi avec plus de rigueur contre les meurtriers de son père, d'avoir cru satisfaire à la justice par l'exil, la perte des emplois, etc., etc.; la peine de mort n'existait point en Russie. Sans prétendre excuser ce qui ne peut admettre dans le principe aucune excuse, on peut cependant avancer que, dans cette conspiration de palais, nul des conjurés n'y entra avec une pensée de meurtre. Ils visaient à l'abdication. Mais Paul préféra la mort au déshonneur. Il refusa d'apposer son auguste seing à un écrit rédigé en termes humiliants. Il voulut mourir en souverain, mourir tout entier. Son refus obstiné terrifia les conspirateurs. Ils sortaient tous, au nombre de soixante, d'une orgie, et la plupart étaient pris de vin... Une seule idée surgissait dans leur cerveau aviné, celle de leur propre salut. Ils voyaient confusément que s'ils faiblissaient devant les menaces, l'angoisse, les prières de Paul, il n'y aurait pas de grâce à espérer, pas de lendemain pour eux... Déjà du bruit, des coups frappés à la porte de communication de l'appartement de l'Impératrice se faisaient entendre... Alors la mort de Paul fut instantanée et prompte comme la pensée d'un danger inévitable! mort terrible, mort cruelle et non sanglante, car il fallait en sauver les apparences! N'a-t-on pas dit, écrit qu'un coup d'apoplexie foudroyante avait terminé les jours de Paul! L'histoire austère et véridique n'admettra jamais le soupçon de complicité criminelle et parricide. Toute la vie d'Alexandre, son âme si pure, si généreuse, si tendre, toutes ses actions portent témoignage en sa faveur. N'en parlons plus. Tout imparfaits qu'ils sont, j'offre au public ces nouveaux souvenirs.

RÉMINISCENCES

SUR

L'EMPEREUR ALEXANDRE Ier

ET SUR L'EMPEREUR

NAPOLÉON Ier

~~~~~~~~~~~~~~~~~~~~~~~~~~~~~

CHAPITRE PREMIER.

Guerre de 1812. — Rigueurs du système continental imposé à la Russie. — Arrivée de l'empereur Alexandre à Vilna. — Départ de l'auteur pour Towiany. — Passage d'Alexandre et visite à Towiany. — Portrait d'Alexandre. — Elisabeth de Bade, épouse du grand-duc.

L'année 1812 s'était levée pour le monde; d'abord météore brillant, radieux pour les Français, puis à son déclin telle qu'un fleuve de sang, un voile de deuil, un tombeau sous la neige. Le système continental imposé arbitrairement par

Napoléon à la Russie, commençait à lui peser et à inspirer de justes inquiétudes à l'empereur Alexandre. De toutes les parties de l'empire, on criait misère au milieu de richesses réelles et fictives, car rien ne s'exportait, les ports étaient fermés et l'on manquait de la denrée la plus nécessaire au peuple en Russie, de sel! On pouvait à la rigueur se passer de sucre, de vin, mais de sel et de harengs, qui sont une consommation journalière et dans les longs carêmes russes, on en manquait totalement ou ils se vendaient à des prix fabuleux auxquels ne pouvait atteindre la population pauvre. Le cabinet anglais travaillait sourdement à exciter le mécontentement général. Alexandre voyait un glaive suspendu par un fil et un fil anglais sur sa tête. Fallait-il qu'il sacrifiât sa vie au bon plaisir de Napoléon? Il était urgent de prendre un parti.

Au printemps de 1812 on annonça à Vilna l'arrivée de l'Empereur et peut-être un séjour illimité. Le logement que mon père occupait dans l'hôtel du comte Pac, son neveu, fut arrêté pour le grand-duc Constantin. Mon père en prit un autre moins considérable dans la même maison, mais il jugea plus convenable de me faire partir malgré le mauvais temps, des chemins exécrables et toutes les réclamations qu'on lui fit à ce sujet, à vingt lieues de Vilna, chez la comtesse Moriconi, veuve du général de ce nom, femme du plus grand mérite. Elle avait été élevée, ainsi que ses frères, les comtes Szadurski, par un abbé français, et parlait et écrivait le français comme une française spirituelle. Séparée de ma mère depuis mon enfance, je me plaisais à appeler Mme Moriconi ma mère d'adoption, parce que c'est à ses pieux exemples, à ses sages entretiens que je dois les sentiments de religion qui ont fait le soutien et la consolation de ma vie. Ses deux filles étaient mes amies intimes et bien dignes de leur mère. Je ne fus donc nullement fâchée de quitter Vilna et d'aller passer à la campagne le temps du carême. Pour les fêtes de Pâques, qui se célèbrent en Pologne par un repas plus ou moins somptueux en viandes froides, gibier (chez mon père c'était toujours jambon, hure de sanglier, mufle d'élan, queue de castor), gâteaux et friandises de toute espèce. C'est le *nec plus ultra* des cuisiniers qui sont huit jours au moins à préparer ce qu'on appelle *béni*, et qui est effectivement béni par le prêtre de la paroisse, en aube et en surplis.

Nous fûmes invités à Towiany, dont les visites d'Alexandre ont rendu le nom historique, par le comte Moriconi, qu'on distinguait par le titre de Notaire de la couronne, que je ne sais comment qualifier en français, et par sa femme née princesse Radzivil. Le comte Moriconi était déjà à cette époque infirme et paralysé. J'étais depuis quinze jours à Towiany, lorsqu'un matin, maman adoptive vint me trouver au lit pour me faire ses adieux; elle me laissait avec sa fille Dorothée et retournait chez elle; elle m'annonça que l'Empereur allait passer par Towiany en se rendant au corps d'armée à Wilkomir. Un courrier était arrivé dans la nuit avec ordre de tenir prêts quarante chevaux pour le relais de S. M. La journée se passa gaiement dans le mouvement inséparable du passage d'un souverain. Courriers, généraux, aides de camp se suivaient d'heure en heure comme un éclair. On annonçait S. M. pour le lendemain, tantôt à déjeuner ou à dîner ou pour coucher, ou bien qu'elle ne s'arrêterait pas du tout et ne ferait que relayer. C'était bien ce qu'auraient désiré les maîtres de la maison, dont l'un, à cause de son infirmité s'exprimait difficilement, et l'autre ne brillait pas par son éloquence. Cependant il fallait tout préparer pour une réception convenable. Towiany est une fort belle habitation ; palais à l'italienne, grand corps-de-logis avec un péristyle à colonnes et deux pavillons réunis par des galeries à colonnades, au milieu de jardins soignés, entrecoupés de pièces d'eau, de bosquets, de kiosks, de grottes, belvédères, que sais-je, moi, mais le temps ne permettait pas d'en jouir.

Bien que l'on fût à la fin d'avril, le printemps était fort retardé. Pas un brin d'herbe, une feuille ! toutes ces allées et venues, ce remue-ménage, toutes ces chambres qu'on évacuait pour préparer l'appartement de S. M., et ce troupeau de femmes de chambre, Mme Moriconi en avait une foule de tous les âges à l'ancienne coutume princière des Radzivil, et qui ne savaient où donner de la tête au milieu d'un nuage de poussière, de meubles, de lits qu'on emportait, me divertissaient infiniment ainsi que mes deux compagnes, Dorothée Moriconi et Marie Grabouska qui fut depuis princesse Radzivil. C'étaient des éclats de rire pour la moindre chose à n'en plus finir. Heureux âge! Ensuite il fallut s'occuper des toilettes; le plaisant de la chose, c'est que ma première femme de chambre, très-fâchée de mon départ de Vilna, ne m'avait donné que le strict nécessaire; cela désolait les femmes de la maison qui m'aimaient toutes, et s'étonnaient de mon insouciance. Elles se réunirent à ma petite Victoire pour donner une blancheur immaculée à ma robe très-simple en percale blanche, enjolivée *à la Mathilde* de garnitures en mousseline brodée, des fleurs fraîches dans mes épaisses nattes de cheveux bruns en couronne sur mon front et dix-neuf ans, c'était assez! Mes compagnes aussi étaient vêtues en blanc, mais en mousseline, gaze, etc., et leurs toilettes avaient été confectionnées à Varsovie. Pour dire la vérité, comme c'est passé depuis tant d'années et que mes pauvres compagnes n'existent plus, elles avaient plus besoin de parure que moi.

A l'heure indiquée, nous étions réunies dans le salon à causer avec mon beau-frère, le comte Gunther, et mon plus jeune frère qui venaient d'arriver de Vilna et nous donnaient des détails amusants, sur les prétentions, les rivalités de dames; les quêteuses pour la société de bienfaisance, à qui S. M. donna 8,000 francs, puis le bal, etc., lorsqu'on annonça l'arrivée de l'Empereur. Nos messieurs de Vilna se sauvèrent au plus vite; ils n'avaient pas d'uniforme et n'étaient point présentables. Nous attachons nos bouquets à la hâte, et nous voyons par la fenêtre S. M. en calèche ouverte malgré le mauvais temps, entourée de militaires à cheval. Le vieux comte, en uniforme de Malte et le cordon de l'ordre de l'Aigle blanc sur son habit, reçut S. M. au perron au moment où elle descendait de voiture avec le grand maréchal Tolstoï. L'empereur s'aperçut à l'instant de l'infirmité du comte et l'aida à se soutenir avec la plus charmante bonté. Nous étions toutes dans le vestibule. L'Empereur s'excusa dans les termes les plus polis de paraître en redingote d'uniforme devant des dames. Il donna le bras à la comtesse et lui baisa la main, malgré sa résistance respectueuse, et força le comte à s'asseoir; puis vint notre présentation.

Comme l'Empereur parlait de Vilna, du bal, nous dîmes par manière de compliment que Vilna ne pouvait émuler avec Pétersbourg.

« Le connaissez-vous, mesdames. »

Sur notre réponse négative, l'Empereur nous dit :

« Hé bien, mesdames, je vous invite à y venir, j'espère qu'il répondra à la bonne opinion que vous en avez. »

Cette invitation faite à des demoiselles nous fit sourire.

L'Empereur adressa quelques compliments à la comtesse sur son palais, les jardins qu'il regarda par la fenêtre, répétant souvent qu'il était confus de se trouver en pareil costume en présence de dames si joliment parées.

S. M. n'accepta point le dîner, mais une tasse de thé, puis prit congé en saluant avec grâce toute la société, en ordonnant à M. le notaire de ne pas se lever et à sa femme de ne le pas reconduire, et partit pour Wilkomir.

Après le départ de S. M., arrivèrent le prince Wolkonski et le médecin anglais Wyllie, qui ne parurent guère aimables en comparaison de l'Empereur, que je trouvais l'être trop si on peut le dire ; mais c'est un défaut rare dans un souverain. Je trouvais enfin qu'il n'en imposait pas assez, qu'il était facile de lui manquer de respect tant il faisait oublier son rang. Enfin, s'il faut dire un enfantillage, je ne pouvais me représenter un souverain *en redingote.*

C'est comme au premier séjour de l'empereur Alexandre à Vilna, lorsque je demandai à ma mère et à ma sœur si elles l'avaient vu couronne en tête et sceptre à la main; sur leur réponse, je dis : N'est-ce que cela !

L'empereur Alexandre avait, en 1812, trente-cinq ans et ne paraissait pas cet âge; il avait une physionomie charmante, ouverte, riante, spirituelle; le caractère principal en était la douceur et la bonté. Il avait le sourire dans le regard d'une finesse extrême, mais sa chevelure blonde s'était éclaircie, sa taille épaissie, surtout dans cette malheureuse redingote ! Enfin ce n'était plus l'Amour grec comme l'appelaient les émigrés français qui se trouvaient à Saint-Pétersbourg lors du mariage du grand-duc avec la belle Louise de Bade.

MM. de Choiseul-Gouffier père et fils, rencontraient quelquefois l'impérial fiancé, le bel adolescent (il n'avait que seize ans) dans le parc de Csarzko-Selo. Beau, leste, fait à peindre, le grand-duc Alexandre s'arrêtait une minute à causer avec eux, et puis, avec un geste plein de grâce, de candeur juvénile, il leur montrait le palais où il allait chaque matin voir sa fiancée, la Psyché germanique aux yeux bleus, à la longue chevelure, à la taille d'Ondine, dont il était vivement épris, et qui le lui rendait de tout son cœur.

Je m'étais laissé dire que l'empereur Alexandre rappelait son auguste oncle. Il n'en est rien. L'Empereur ne rappelle ni la beauté riante et tendre de son oncle, ni la beauté sévère et romaine de Nicolas. C'est un type à part, un joli prince à qui l'on ne donnerait pas trente ans à quarante-quatre qu'il a, moustache brune sur un charmant sourire qui découvre de belles dents et anime sa physionomie. On m'a fait remarquer son pied d'une élégance qu'envierait la première danseuse de l'Opéra.

Au bal du mariage, le jeune comte de Choiseul eut l'honneur de danser la première contredanse avec Mme la grande-duchesse Elisabeth, et le grand-duc lui adresa des questions pleines d'intérêt sur ses voyages en Grèce, en Egypte, moins communs alors que de nos jours.

CHAPITRE II.

Seconde visite d'Alexandre à Towiany. — Son amabilité. — Le comte Tolstoï. — Il engage l'Empereur à accepter l'hospitalité d'une nuit chez la comtesse Moriconi. — Départ d'Alexandre pour Vilna.

Dans l'intervalle du retour de S. M., nous eûmes à Towiany la visite du général Armfeld, suédois, et du comte Tchernischeff, grand mangeur de cœurs, et qui me parut à moi très-suffisant, fat, mielleux et par conséquent très-fade. Il nous parla de ses voyages semi-diplomatiques à Paris, et peu s'en fallut de tous les cœurs de dames françaises qu'il y avait croqués. Fameux valseur, j'ai beaucoup valsé avec lui à Zakret, mais je n'ai point éprouvé le vertige qui saisissait les dames de Paris, et même la duchesse d'Abrantès qui en parle dans ses Mémoires; apparemment que j'étais meilleure valseuse. Tout ce qui me plut en lui. ce fut son admiration pour l'Empereur, qu'il appelait le Séduisant, surnom, disait-il, qui lui était donné généralement. Pendant qu'on éclairait les appartements à la chute du jour, dans l'attente de l'arivée de S. M., je vis par la croisée une troupe de paysans et de femmes qui revenaient des champs, et la simplicité, la tranquillité de ces bonnes gens, leurs chants pieux et mélancoliques du soir, formait un contraste parfait avec nos toilettes et l'agitation qui régnait au château.

S. M. arrivait; nous courûmes la recevoir au perron. L'Empereur descendit de calèche, jeta son manteau et parut en uniforme avec ses décorations, l'écharpe; il avait fait toilette dans une ferme dépendante de Towiany, et la fermière nous conta ensuite qu'elle avait eu la migraine de l'odeur d'eau-de-vie de lavande ambrée répandue dans sa chambre; c'était le parfum habituel de S. M., et Mme la notaire, pour plaisanter, nous faisait respirer celui qui était resté sur sa main, et assurait qu'elle ne la laverait pas de peur de la dissiper. Et nous, de rire.

S. M. jeta un coup d'œil sur la foule qui s'était rassemblée cette fois-ci en bas, le service de S. M. ayant assuré que cet empressement ne pouvait que lui plaire. L'Empereur, qui n'oubliait rien, demanda à Mme la notaire des nouvelles de son rhume, craignant qu'elle ne se fût refroidie pour lui la dernière fois. Il dit quelques mots obligeants à Mme Moriconi, que j'appellerai la générale, quoique cela ne soit pas français, pour la distinguer de la comtesse, et puis vint auprès de nous avec son air charmant demander des nouvelles de notre santé. Cette fois-ci, grâce à l'absence de la redingote, il me parut parfaitement beau et imposant.

S. M. dit à Mme la notaire qu'il avait fait toute la diligence possible pour venir dîner, mais que les mauvais chemins l'avaient retardé. Alors la comtesse, excitée par nous autres, s'enhardit à demander à S. M. la grâce de passer la nuit à Towiany. S. M. se récria qu'elle ne voudrait jamais être à charge à ce point. Là-dessus, le comte Tolstoï, qui venait d'apprendre que son gendre, le prince Lubomirski était parent de la comtesse, se joignit à elle et dit :

« Sire, il faut que vous y consentiez, car moi, je fais les honneurs ici, en qualité de parent. »

L'Empereur parut surpris, et quand on eut expliqué la chose :

« Eh bien, madame, je suis à vos ordres, à condition qu'on ne se dérangera pas pour moi. »

C'était chose faite et convenue d'avance avec le service de S. M., dont le valet de chambre répétait sans cesse, qu'elle serait trop bien, ce qui me fit rire à son nez. On s'assit ; l'Empereur parla de je ne sais quel remède pour la toux, et le comte Tolstoï offrit des pastilles de jujubes à la comtesse. L'Empereur se moqua de ses prétentions médicales.

« Comment, sire, j'en ai donné à votre maman, qui s'en trouve toujours très-bien. »

Le comte était très-familier avec l'Empereur depuis son enfance ; il me conta qu'il lui servait de dame à ses leçons de danse. Mme la générale soutint parfaitement la conversation avec S. M., et je ne pus m'empêcher de le lui témoigner par des regards de satisfaction. L'Empereur lui fit compliment sur ses connaissances en agronomie. Pour la bonne comtesse, elle nous disait :

« Je n'ai pas beaucoup parlé à l'Empereur, mais il aura compris mes regards. »

Elle s'en tenait au langage des yeux. Pendant ce temps, le comte Tolstoï nous apprenait que mon frère venait d'être nommé gentilhomme de la chambre. L'Empereur dit ensuite en nous regardant :

« Ces dames se sont encore donné la peine de se parer pour moi (voyez un peu la fatuité), tandis que l'autre jour j'étais si mal arrangé, ne m'attendant pas à trouver une aussi aimable société. »

On parla ensuite musique, et apprenant que Dorothée chantait, il lui témoigna le désir de l'entendre. Comme elle se plaçait au piano et disait ne pouvoir respirer de peur, S. M. lui dit : « Je vous supplie de mettre l'Empereur de côté, » et il tournait les pages.

Après que Dorothée eut chanté un petit air russe, puis *Ombra adorata,* ce fut mon tour ; mais je refusai obstinément de me faire entendre sur un mauvais piano ; d'ailleurs je ne chantais pas. L'Empereur se plaignit que l'impératrice Catherine ne lui eût jamais permis de cultiver la musique, perte de temps, selon elle. Elle en perdait bien à ses amours. L'Empereur nous apprit alors que pendant le carême, les théâtres étaient fermés à Pétersbourg, mais en revanche tous les soirs concerts : « Notre rite, dit-il, étant plus sévère que le vôtre. »

La conversation s'établit ensuite sur les langues, et S. M. prétendit que les dames polonaises en savaient beaucoup, ce qui peut se dire sans partialité des dames russes, au contraire, dont l'éducation est extrêmement soignée sous tous les rapports. Quant à l'Empereur, il assurait aimer et comprendre le polonais. Je dis que S. A. I. le grand-duc Constantin passait pour l'écrire et le parler parfaitement.

« Oui, mon frère s'en vante, mais je n'ai pas vu de ses écritures, dit S. M. en souriant, et il ne parle pas très-correctement. »

La soirée s'avançait; S. M. se leva pour se retirer, disant que nous voulions sans doute nous reposer. Il était neuf heures à peine; je m'échappai à dire :

« Sire, votre majesté croit donc que nous sommes bien campagnardes. »

Ce mot le fit rire, et se tournant vers moi :

« Non, je ne le crois pas, mais je pense qu'il est très-sage à la campagne de se retirer de bonne heure. »

Le comte Tolstoï vint lui dire quelques mots à l'oreille. Il s'agissait de souper. S. M. demanda à la comtesse si elle soupait; elle répondit qu'elle en avait tellement l'habitude, qu'elle ne pouvait dormir sans avoir soupé.

« Hé bien! quoique ce ne soit pas la mienne, je me ferai aux usages de la maison, et je vous supplie qu'on ne se dérange pas pour moi. »

L'Empereur demanda à Mme la générale si elle passait ses hivers en ville. Elle répondit qu'elle le faisait autrefois, mais que les circonstances présentes (absence de commerce) forçaient chacun à restreindre ses dépenses.

« Oui, dit-il, et les suites sont encore plus à craindre.

— C'est ce qui me fait envier, dit Mme la générale, le bonheur de ma famille, d'être établie au fond de la Russie-Blanche.

— Sans doute, c'est plus loin des frontières, mais j'espère encore que tout s'arrangera.

— Dieu le veuille.

— J'ai passé par les terres d'un comte Szadurski, est-il votre parent?

— C'est mon frère.

— N'est-ce pas lui qui avait entrepris les travaux d'un grand canal.

— Lui-même, Sire.

— Je suis très-content de la manière dont il a reçu mes gardes. »

L'Empereur ignorait sans doute que le fils de M. Szadurski, charmant jeune homme, avait dû épouser la fille du comte Tolstoï, qui, ainsi que sa mère, étaient catholiques à l'insu du comte. Ces dames se levaient de grand matin, entendaient la messe au couvent des jésuites et revenaient préparer le thé du comte qui croyait bonnement assister au lever de sa famille.

Le souper était servi. S. M. donna le bras à la maîtresse de la maison. On passa dans la grande salle à manger, très-bien éclairée, la table ornée de fleurs, etc., etc. L'Empereur ne voulut jamais se mettre à la place d'honneur; il dérangea tout avec une vivacité charmante en disant :

« Laissez-moi n'être qu'un homme, je suis si heureux alors.

— C'est un délassement pour Votre Majesté, lui dit Mme la générale. »

Dorothée fit au prince Wolkonski, assis entre elle et moi, l'observation très-juste que la place d'honneur était celle où se mettait S. M.

L'Empereur était adoré de toutes les personnes qui l'entouraient, et charmées quand on disait quelque chose de flatteur pour leur auguste maître. Je parlais du printemps au comte Tolstoï et je disais qu'il était bien retardé cette année, et cela est étonnant, la présence de S. M. devrait nous procurer de beaux jours. Cette fadeur charma le bon maréchal.

Au premier plat qu'on présenta à S. M., elle fit signe qu'on le passât à ses deux voisines de table qui en prirent croyant qu'elle l'avait refusé, mais pour en redemander après que ces dames se furent servies. Et puis, l'Empereur s'occupa de servir ses voisines, leur versant à boire du vin de Hongrie, qu'il appela en polonais *stare wino*, et disant qu'eux quatre, c'est-à-dire S. M., le prince Wolkonski, le comte Tolstoï et Wyllie, faisaient honneur au souper.

« Et voilà un grand mangeur (montrant le prince), on ne dirait pas qu'il a dîné. »

Le prince me dit d'un air assez maussade :

« S. M. appelle avoir dîné, d'avoir mangé à onze heures un morceau de poulet et un œuf. »

Le comte Tolstoï : « Oui, l'Empereur ne permet jamais de prendre de provisions, et puis quand il a faim, je suis obligé d'entrer dans les maisons demander quelque nourriture. Et, voyez, il dit qu'il ne soupe pas, et le voilà qui mange pour quatre. »

Comme nous admirions la mémoire de S. M., qui se souvenait parfaitement des noms de tous les lieux où il avait passé ainsi que des personnes qu'il avait vues.

« Il faut bien, dit l'Empereur, que j'aie de la mémoire pour le maréchal et pour moi. Quand il me parle de quelqu'un, il me dit toujours : Vous savez bien, Sire, c'est un tel, et puis me fait une histoire. »

Comme je questionnais le comte sur son voyage, il me répondit :

« Je ne m'en souviens plus, mais je vais le demander à S. M., » et il le fit.

Il me dit aussi que l'Empereur se promenant un jour à Werki, belle résidence de l'ancien évêque de Vilna, prince Massalski, située sur une montagne boisée en pins, au-dessus de la Vilia, à huit kilomètres de Vilna, qu'on distingue parfaitement, avait dit à Tolstoï :

« Comme cela serait bien d'acheter Werki et de venir y passer deux mois du printemps.

— Ce bel endroit mérite en effet, dis-je, d'être une résidence impériale. »

Le comte cria ensuite à l'Empereur, à travers la table.

« Hé bien ! Sire, êtes-vous fâché d'être resté ici au lieu d'aller dans votre mauvais quartier de Wilkomir.

— Non, vraiment, il y a longtemps que n'ai passé une si charmante soirée. »

Il y avait bien de la bonté et de la grâce à passer ainsi plusieurs heures à causer, avec des femmes, de véritables niaiseries. Rentré dans le salon, l'Empereur s'approcha de moi et me demanda si le maréchal avait voulu être aussi mon médecin, qu'il m'avait tant parlé à souper. Je répondis :

« Sire, c'est moi, au contraire, qui ai fort exercé la patience et surtout la mémoire du comte.

— Et sur quoi donc ?

— Mais, sur son voyage, et je l'ai toujours trouvé en défaut.

— Oh! c'est un miracle qu'il n'appartient à personne de faire, que le maréchal se souvienne de quelque chose. »

On causa quelque temps debout, puis, S. M. prenant la comtesse à part, lui dit :

« Madame, j'ai une grâce à vous demander; comme j'ai fait tout ce que vous avez voulu, j'espère que vous me ferez le plaisir de ne pas vous déranger en vous levant trop matin. »

La comtesse insista inutilement; S. M. salua toutes les dames et s'arrêta à la porte de la salle de billard, où le comte Tolstoï lui indiqua son appartement. Nous restâmes avec ces messieurs, leur demandant ce qu'ils n'osèrent pas nous accorder, l'autorisation de désobéir à S. M., et nous les envoyâmes solliciter cette permission. L'Empereur revint lui-même, disant mille raisons : qu'il aurait sur sa conscience d'augmenter le rhume de la comtesse, qui lui répondit qu'elle serait bien plus malade d'inquiétude de manquer à son devoir; moi, je dis que nous étions toutes décidées à courir les risques de la désobéissance; Dorothée, que nous serions sur pied avant les régiments de Wilkomir. Nous parlions tous à la fois ; ces messieurs en notre faveur. L'Empereur nous regardait avec son regard inimitable, souriait, faisait des mines d'impatience bien aimables, nous quittait et revenait de nouveau, car cette petite scène paraissait visiblement lui faire plaisir, à en juger par la vivacité et la grâce de tous ses mouvements ; enfin, voyant qu'il ne gagnerait rien sur notre entêtement, il prit congé tout de bon et nous baisa la main à toutes tant que nous étions, en la secouant à l'anglaise avec ce sourire et ce regard qui donnaient tant de finesse à sa charmante physionomie. Il eut encore la bonté de ressortir de sa chambre pour le bon vieux comte Moriconi qu'il embrassa sur les deux joues en lui ordonnant de ne pas se lever matin.

Nous nous retirâmes alors, mais très-peu disposées à dormir. Dorothée et moi nous jetâmes tout habillées sur un lit et passâmes la nuit à nous entretenir de l'affabilité unique de cet aimable souverain. J'avais ordonné à mon domestique de m'éveiller à quatre heures, et de peur d'y manquer, il veilla toute la nuit, de compagnie avec le valet de chambre, tailleur de S. M., allemand comme lui, qui la passa à préparer, repasser l'uniforme de l'Empereur qu'il servait depuis quatorze ans, adorait et ne tarissait pas sur le compte de sa bonté.

A quatre heures, toutes habillées, nous passâmes au salon. On nous dit que S. M. était déjà levée et avait demandé la permission de prendre de son propre thé, un véritable thé chinois de Wiahta à cent francs la livre. J'en parle avec connaissance de cause pour en avoir pris pendant les deux mois que je reçus l'hospitalité dans les résidences d'été de S. M. à Saint-Pétersbourg, un an, hélas! avant sa mort. C'est une triste réflexion que je fais en écrivant cet ouvrage, que de toutes les personnes que j'y cite, pas une n'existe; moi seule je reste encore debout!

Pendant que nous attendions S. M., on nous contait, entre autres détails, que l'Empereur ne dormait jamais que sur un sac en maroquin bourré de foin ainsi que l'oreiller; qu'il avait dégradé une fois son valet de chambre qui ne l'avait point éveillé à l'heure prescrite et fort matinale; aussi depuis étaient-ils inexorables et ne lui accordaient pas un quart d'heure de grâce.

Nous avions constamment les yeux attachés sur la porte du salon; enfin elle s'ouvrit, l'Empereur parut! Il avait l'air très-imposant. Nous étions tous debout, en cercle. S. M. s'avança avec beaucoup de grâce et de dignité vers Mme la notaire :

« Madame, j'ai des reproches à vous faire; vous ne m'avez pas reçu en ancienne connaissance, vous vous êtes dérangé pour moi, vous avez délogé, je le sais, je ne l'aurais jamais souffert, » et mille autres choses charmantes auxquelles la bonne comtesse répondait par de profondes révérences, des paroles entrecoupées, tandis qu'il y avait tant de réponses à faire que j'aurais voulu lui souffler. On s'assit. L'Empereur demanda depuis quand on était levé. Depuis deux heures, car il en était six. Il secoua la tête. Mme la générale lui dit que les impressions de la soirée avaient chassé le sommeil. Il vint vers nous :

« Comment avez-vous passé la nuit. »

Nous répondîmes : « A causer, de crainte de nous lever trop tard. »

Il fit une petite mine en penchant la tête qui

lui était particulière et lui séyait extrêmement. D'ailleurs, il y avait toujours des nuances dans son air, selon les personnes à qui il adressait la parole. Aux hommes d'un certain rang avec beaucoup de dignité, et cependant d'aménité ; à ceux de sa suite, avec un air de bonté presque familier ; aux femmes âgées avec déférence ; aux plus jeunes avec beaucoup de galanterie, un air fin, presque coquet, et ce regard qui semblait sourire et qui était très-pénétrant.

Lorsqu'on annonça que tout était prêt pour le départ, nous suivîmes S. M., malgré sa défense, sur le perron. L'Empereur sauta dans sa calèche où il se mit à ranger, pour trouver une place, une foule de paquets ; le grand maréchal se dépêchait d'enfiler sa redingote de voyage, mais il avait fourré son bras dans la doublure de sa manche, et ne pouvait en venir à bout, ce qui faillit nous faire éclater de rire en présence de S. M., qui nous salua encore jusqu'au détour du chemin.

CHAPITRE III.

L'Empereur dans une église de campagne. — Anecdotes.

Une heure après son départ, nous allâmes nous promener à la cure et nous rencontrâmes le bon vieux curé encore tout attendri, qui nous conta qu'il s'était mis sur le chemin de l'Empereur pour le saluer avec le crucifix, ce que voyant, l'Empereur était sauté à terre par-dessus la portière, et prenant la croix, il la baisa; le curé voulut lui baiser la main, mais il l'arracha et lui baisa la sienne. Il aimait les prêtres de notre culte; il aimait nos églises de campagne et s'y rendait quelquefois pour s'y remonter l'âme, y oublier momentanément les agitations du monde et des affaires, les soucis du pouvoir, ces véritables épines de la couronne. C'est, je crois, dans le même voyage que, s'étant séparé de sa suite, l'Empereur était entré dans une petite église solitaire desservie par un jeune vicaire qui disait la messe et qui, voyant un jeune militaire dans une attitude de dévotion, imagina de lui présenter la patène et de baiser, nous dit-il, le front un peu chauve et très-parfumé de l'officier qui lui baisa la main. Il apprit ensuite que c'était l'Empereur en personne. En sortant de l'église, l'Empereur vit une femme âgée qui se disposait à monter dans son modeste véhicule. L'Empereur lui demanda où elle allait :

« A Wilkomir.

— J'y vais aussi ; voulez-vous monter avec moi, vous y arriverez plus vite. »

La bonne dame ne se le fit pas dire deux fois, monta gaillardement dans la calèche de l'Empereur, et s'assit à ses côtés. La conversation s'engagea sur les affaires de la bonne vieille, qui se plaignait d'avoir un procès long et coûteux, et point de protection à faire valoir.

« Pourquoi ne présentez-vous pas une requête au gouverneur général de Vilna?

— C'est un brave homme, mais son secrétaire ne fait point d'affaire sans argent, et moi, je n'en ai pas à lui donner.

— Donnez-moi votre requête, lui dit l'Empereur, je m'en charge.

— Je l'ai bien là dans mon sac, dit la femme d'un air de doute en regardant le jeune officier inconnu qui avait lui l'air si sûr de son fait.

— Donnez, donnez, répéta l'Empereur, j'en fais mon affaire. »

Et il empocha le placet.

Enfin, comme tout a un terme dans ce monde, on finit par arriver à Wilkomir.

Qu'on juge de la stupéfaction de la pauvre femme en voyant accourir généraux, aides de camp en brillants uniformes, battre au champ, présenter les armes, et la surprise des militaires de voir arriver l'Empereur en si piètre compagnie. Certes, il n'y avait pas à gloser ni à médire. Pour comble de bonheur, l'Empereur fit remettre à sa compagne de voyage le placet apostillé de sa main; et il est à croire que cette fois elle aura gagné son procès. L'empereur Alexandre aimait infiniment à causer de ces surprises et faire des visites incognito, même sans son giaffar Tolstoï.

Une fois qu'il se rendait à pied au rendez-vous du relais, il entre seul dans une maison de bonne apparence, trouve un air de fête, la demoiselle de la maison jouant du piano. Il la pria de continuer, puis lui demande bien poliment une tasse de thé. La demoiselle, plus jolie, dit-on, qu'hospitalière, répond que le service est préparé pour S. M., qu'on attend de minute en minute. Et l'Empereur dut attendre l'arrivée de sa suite pour lever l'incognito. Qui fut embarrassée, sans doute, c'est la jeune personne.

Une autre fois, c'était chez un gentilhomme campagnard, gros réjoui, bon homme, qui régala de bière S. M. inconnue, qu'il trouva fort à son idée tout en la prenant pour un simple officier aux gardes.

« Oh! pourquoi tous vos camarades ne vous ressemblent-ils pas? Ils sont durs, hautains, exigeants; » enfin, il dégoise tant qu'il peut. L'Empereur prend congé du bon gentilhomme, qui lui demande son nom.

« Je m'appelle, dit en riant S. M., je m'appelle honnête homme. »

Charmé de cette plaisanterie, le gentilhomme prend l'Empereur par la tête, le baise tendrement sur les deux joues, et lui dit:

« Hé bien! mon cher honnête homme, bon voyage et que Dieu soit avec vous. »

Dans ce moment retentit le bruit des voitures, des chevaux, de toute la suite impériale qui se précipite dans la maison, courant chercher S. M. Le pauvre gentilhomme effaré, regarde et n'en peut croire ses yeux. Il tombe à genoux en demandant pardon.

« Et de quoi, lui dit l'Empereur, ne m'avez-vous pas fait une bonne et franche réception. »

En rentrant au château après notre promenade à la cure, nous trouvâmes le colonel Grabowski qui avait fait un détour de quatorze lieues en laissant son régiment sur la route de Vilna, pour voir sa cousine. Pauvre colonel! il disait avoir de mauvais pressentiments et qu'il n'échapperait pas aux boulets dans cette campagne! Nous le grondâmes d'y ajouter foi, et cependant ils se vérifièrent. Il fut emporté d'un boulet sous les murs de Smolensk, je crois. M. Grabowski prit beaucoup d'intérêt à nos récits du passage de S. M.; il était très au fait de tout ce qui se passait à la cour, et nous dit que l'Empereur parlait toujours le moins aux personnes qui lui plaisaient le plus. Et il me demanda si l'Empereur avait beaucoup causé avec moi. Devinant sa pensée, je répondis en souriant :

« Autant qu'avec les autres. » Le fait est que j'avais été moins distinguée parce que je me tenais le plus à l'écart et m'occupais de l'entourage de S. M., qu'on négligeait un peu trop; mais c'était naturel, en présence de l'Empereur, qui absorbait toute l'attention... On ne songeait ni à plaire ni à montrer de l'esprit.

M. Grabowski nous conta des traits charmants de sensibilité de l'Empereur. Au moment de son départ de Saint-Pétersbourg, S. M. haranguait les troupes. Lorsque les soldats crièrent qu'ils verseraient tout leur sang pour lui, il ne put achever tant il était ému, et ses larmes coulèrent.

Une autre fois, à une manœuvre, tout un bataillon, en passant sur un bac, s'enfonça et disparut sous l'eau; l'Empereur voulut s'y jeter après eux; heureusement on le retint, mais il resta sur les lieux jusqu'à ce que tous les soldats fussent sauvés.

Peu de temps après le retour de l'Empereur à Vilna, on nous écrivit que S. M. nous avait nommé toutes trois demoiselles d'honneur des impératrices, et il eut la bonté de remettre lui-même à dîner le paquet qui contenait les trois chiffres en diamants, à mon père, en le chargeant d'acquitter pour lui une dette qu'il avait contractée à Towiany.

Cette nouvelle nous fit plus de peine que de joie; la bonne et charmante Marie, surtout, si dépourvue de vanité et d'amour-propre, pleura ainsi que sa tante à la pensée que peut-être il leur faudrait se séparer pour aller faire le service à la cour.

Un beau matin mon père arriva de Vilna; comme je courais à sa rencontre, son premier mot fut pour me dire que je m'étais joliment hâlée. Mon pauvre père attachait une grande importance aux avantages de la figure, et si je ne suis pas devenue frivole, vaine et coquette, ce n'était pas faute de me rapporter tout ce que l'on disait de flatteur sur mon compte. Il s'occupait lui-même de ma toilette à un point qui me fatiguait beaucoup, parce qu'à chaque bal ou soirée j'étais obligée de faire devant mon père l'exhibition de mes atours, ce qui se passait rarement sans critique. C'était mon mauvais quart d'heure. Et puis, veille du bal, recommandation de dormir plus longtemps qu'à l'ordinaire, et moi qui n'ai jamais été dormeuse, je me révoltais contre l'injonction paternelle; alors c'étaient des gronderies..... Enfin, donnant des diamants à une enfant de quatorze ans! J'aimais mieux une rose.

CHAPITRE IV.

L'auteur est nommée demoiselle d'honneur à la cour de Russie. — Son retour à Vilna. — Présentation de l'auteur à la chapelle grecque. — Visite d'Alexandre chez l'auteur.

Mon père m'emmena à Vilna, où toute la famille Moriconi devait nous rejoindre et loger chez nous. Nous arrivâmes un samedi soir, et mon père baissa tous les stores de la voiture pour qu'on ne vit pas ma figure, dont il prétendait qu'on était fort curieux dans la suite de S. M.; et je devais faire le lendemain mon entrée à la chapelle russe comme demoiselle d'honneur. Il y en avait cinq de nommées et décorées. Mlles Moriconi, Grabowska, Wilehorska Giedroyc et moi; six gentilshommes de la chambre. Mon père m'avait fait préparer d'avance une très-belle robe chantilly noire, sur un taffetas vert-pomme. Je ne sais si c'était fort joli, mais c'était son goût; c'est tout ce qu'il me fallait. Je mis une guirlande de muguet frais, et j'étais prête quand mon père vint me chercher, ayant été *dressée* à ne jamais le faire attendre.

« Partons, lui dis-je.

— N'avez-vous rien oublié, me dit mon père en souriant.

— Rien du tout.

— Et le chiffre?

— Ah! c'est vrai. » Et mes femmes l'avaient oublié comme moi.

Nous n'étions encore que trois demoiselles d'honneur placées près de la porte d'entrée de l'appartement de S. M., qui ne tarda pas à paraître.

Le service divin commença avec le chant plus divin encore. On avait fait venir de Pétersbourg une partie des chantres de la chapelle impériale. Toutes ces belles voix sans accompagnement d'instruments à cordes, aigres, et d'orgue, formaient une admirable harmonie qui me mettait en extase. Tout le monde était debout selon l'usage du rite grec; les costumes des popes sont bien beaux et rappellent mieux que dans notre culte la primitive Eglise; ces robes violettes et flottantes, le signe de la croix en or sur le haut bonnet, la longue barbe et les cheveux ondoyants sur les épaules, c'est bien plus apostolique que la soutane noire, terminée en queue de rat, le menton rasé, les cheveux courts et la calotte en cuir bouilli.

Mon père était invité à dîner à la cour. A table, le grand maréchal lui dit :

« Mademoiselle votre fille sera-t-elle ce soir chez elle, parce que l'Empereur compte lui faire une visite. Il l'a même écrit à l'impératrice et a peut-être compté sans son hôte. »

Alors mon père écrivit au crayon sur un papier de bonbon pour m'annoncer cette belle visite et me dire de garder la maison. Je devais justement faire une promenade avec ma tante, la comtesse Kossakowska.

S. M. arriva sur les sept heures. Heureusement que mon père l'aperçut à temps sur un dorochka qui enfila comme un trait la porte cochère, et reçut l'Empereur au bas de l'escalier, moi, au haut.

S. M. dit que c'était trop de cérémonies, qu'elle était venue me présenter ses *très-humbles respects,* me pria de m'asseoir sur le canapé, prit une chaise, son chapeau à terre. Je dis à l'Empereur qu'il était bien le maître et que je ne serais plus aussi désobéissante qu'à Towiany. Alors S. M. conta à mon père tout ce qui s'était passé à Towiany, citant jusqu'à mes paroles. Et comme mon père restait debout, l'Empereur se leva vivement et lui dit :

« Comte, si vous ne vous asseyez pas, je resterai debout aussi. »

Il causa pendant plus d'une heure sur différents sujets auxquels je tâchais de répondre de mon mieux. Il demanda d'un ton de prière si je viendrais à Pétersbourg. Comme je baissais les yeux sans répondre :

« Cela est-il donc impossible, » dit-il avec son air séduisant.

« Sire, je m'en ferai une fête. »

Il parut content.

« A présent, dit S. M., ce n'est pas le moment, dans ce temps de troubles; mais j'espère que vous viendrez plus tard, et nous tâcherons de vous recevoir le mieux qu'il sera possible et de vous amuser le plus agréablement. »

Tout cela dit avec un ton de douceur charmant; on parla de plusieurs beaux endroits de Pétersbourg.

« Nous vous montrerons tout cela quand vous v'endrez. »

Quelle bonté de prier quand il pouvait ordonner. Il parla politique ; dit que ses intentions étaient pacifiques, qu'il avait fait des sacrifices pour avoir la paix et était bien décidé à ne pas commencer les hostilités, et n'avait rien de plus à cœur que le bonheur de ses peuples, souffrant beaucoup des circonstances présentes. Mon père dit à cela, que tous les citoyens regrettaient que les malheurs du temps ne leur permissent pas de témoigner tout leur zèle, et qu'on savait bien que S. M. voulait être le père de son peuple.

S. M. répondit qu'il s'efforcerait de justifier leur indulgence. Il me dit ensuite qu'il était citoyen de Vilna, ayant acheté Zakret au général Benigsen.

Comme je témoignais du regret que S. M. n'eût pas fait plus tôt l'acquisition de Werki, pour lequel j'avais de la prédilection, l'Empereur me dit :

« C'était trop cher pour moi, » et se tournant vers mon père : « C'est le comte qui devrait acheter Werki.

— Mais, Sire, j'ai des enfants.

— Justement, vous le donneriez à Mlle votre

fille qui en ferait les honneurs, et cela serait charmant. »

Là-dessus il prit congé de moi avec sa politesse ordinaire, en me baisant la main et en demandant pardon de m'avoir ennuyé, abusé de ma patience. J'aurais pu dire que c'était là un grand abus de mots. Il ne voulait pas que je le suivisse, mais je le suppliai de me permettre de jouir un instant de plus de sa présence, et je le reconduisis jusqu'à l'escalier; mon père l'aida à monter dans le dorochka. Une foule de peuple s'était rassemblée devant la porte.

Ma tante était venue, mais apprenant que l'Empereur était chez moi, elle était retournée chez elle. Mon père courut chez elle, et, dans sa joie, lui dit qu'elle devait se réjouir en bonne tante de ce que j'avais si bien soutenu la conversation avec l'Empereur, car il est difficile de dire à un souverain des choses flatteuses et à propos.

Les personnes qui l'entendaient se dirent : « Ah çà! est-ce qu'il ne connait pas sa fille! »

Le fait est que mon père ne voyait en moi qu'une assez jolie et bonne enfant. C'est ma sœur, infiniment plus âgée que moi, qui était l'oracle de la famille; moi, il faut le dire, j'en étais la Cendrillon sous certains rapports. Souvent, quand on jouait aux petits jeux d'esprit, au secrétaire, questions et réponses, etc., etc., mon père faisant le tour de la table, me tapait doucement sur la tête en disant : « Qu'est-ce qu'elle écrit là, ma tête de chou, ma tête vide? » Et puis, il applaudissait sans s'en douter à mes réponses qu'on lisait haut sans nommer les personnes. C'est donc à l'empereur Alexandre que j'étais redevable de ce revirement d'opinion de mon père mon à égard.

CHAPITRE V.

Le comte de Narbonne à Vilna. — Visite de l'Empereur à Zakret.

On parlait à Vilna de l'arrivée du comte de Narbonne, envoyé comme organe diplomatique par Napoléon vers l'empereur Alexandre. Homme de salon et de plaisirs, d'un esprit agréable, brillant, mais versatile; honteux des différentes marches qu'il avait suivies, et du rôle même qu'il jouait; manquant absolument de cet aplomb, de cette justesse de vues qui d'ailleurs ne se rencontrent jamais dans les fausses positions, le comte de Narbonne était peu propre à remplir une mission diplomatique. Il avait, dans sa jeunesse, commencé par être chevalier d'honneur de mesdames de France, qui le comblaient de bontés, et étaient venues différentes fois à son secours, car il était né sans fortune, avec beaucoup de penchant à la dissipation. Narbonne se montra peu reconnaissant pour ces princesses à l'époque de la révolution.

Entrainé par Mme de Staël et quelques autres personnes, il adopta les idées révolutionnaires. Après avoir erré pendant quelques années, il revint dans sa patrie au moment où Napoléon prit les rênes du gouvernement. Après beaucoup de démarches et de sollicitations, le comte de Narbonne obtint de Napoléon, d'abord la place de ministre à Munich, puis celle d'adjudant-général. Napoléon avait fait tomber son choix sur Narbonne, dans cette occasion, parce qu'il était le seul peut-être, au milieu de cette cour toute militaire, qui eût conservé les formes anciennes et une manière de s'exprimer qui le rendit digne de se faire entendre d'un souverain éclairé et poli tel qu'était Alexandre. Cependant, malgré l'élégante facilité de son langage, Narbonne ne put trouver aucun argument en faveur de son maître dans l'audience que lui accorda l'empereur Alexandre. Ce prince exposa lui-même avec tant de clarté, et une si noble éloquence, la modération de sa conduite, ses justes griefs, l'impossibilité où il se trouvait de concilier les propositions qui lui étaient faites avec l'honneur de sa couronne, l'intérêt de son empire, et son désir d'éviter l'effusion du sang humain, que Narbonne, ébloui, confondu, ne put rien opposer à ce discours. En sortant de son audience, il répéta à une personne de ses amis : « L'Empereur était si bien sur son terrain, ses raisonnements ont tant de force et de logique, que je n'ai pu me retrancher que dans quelques phrases banales de cour. »

Le comte Cotchubey et le comte Nesselrode vinrent lui faire une visite d'adieu, après laquelle Narbonne sentit qu'il ne pouvait plus différer son départ, d'autant mieux qu'un courrier de l'Empereur vint lui annoncer que les chevaux de poste étaient commandés pour six heures du soir. La profonde admiration de Narbonne pour Alexandre, l'étonnement que lui causèrent la tenue et les forces de l'armée russe, furent l'unique résultat de cette mission.

Rien ne transpira de cette entrevue, et rien ne pouvait transpercer le brouillard épais dont s'enveloppait la diplomatie. L'Empereur reçut avec sa gracieuseté accoutumée le comte de Narbonne, l'invita à dîner, et le comte dit à quelqu'un :

« S. M. devrait bien nous céder son chef d'office, car nous n'en avons pas de pareil à Paris. »

Toutes les primeurs de fruits étaient envoyées

des serres impériales par les courriers, et les officiers les accommodaient en glaces, gelées, etc. On fit insinuer au noble comte de ne pas prolonger son séjour à Vilna plus d'un jour, et il obtint seulement la permission de voir M. de Choiseul. L'Empereur lui fit remettre une boîte, avec son portrait, enrichie de diamants, toutes sortes de provisions recherchées pour son voyage.

J'allai voir Mme Benigsen à Zakret, que mon père appelait *le petit Versailles*, et où l'on construisait la fameuse salle qui devait s'écrouler dans quelques jours. Tous ces apprêts de fête ne m'inspiraient pas la moindre gaieté; j'éprouvais même de la mélancolie. Tous ces hommages dont on m'entourait, je savais bien à quoi les attribuer: à la visite de S. M. L'aspect de ces beaux arbres, de la rivière et de ses îles, de ces monts, de ces forêts qui s'éteignaient dans le vague de l'horizon parmi les vapeurs rougeâtres du couchant, tout cela m'inspirait le regret de ne pas être à la campagne et le désir de jouir seule d'une aussi belle vue sans être obligée de participer à une insipide conversation, semblable au bourdonnement perpétuel des hannetons. La solitude, un ciel bleu, un air chaud et des fleurs, je n'en demande pas davantage au paradis.

Les dames de Towiany étant arrivées à Vilna, S. M. s'empressa de les visiter, et causa avec beaucoup de gaieté pendant plus d'une heure ; quand on apporta le thé, il s'empara du pot à crème, nous l'offrant à la ronde ; quand ce fut mon tour, je dis que je le prenais à l'anglaise. S. M. me dit :

« Il vaut mieux être polonaise. »

Ce mot fut redit aux Polonais de la suite de l'Empereur, et le prince Constantin Lubomirski, entre autres, l'écrivit sur son calepin. Ces pauvres Polonais de tous les partis s'accrochaient à un fétu de paille quand il s'agissait de patrie, et leurs espérances étaient tout aussi légères ! S. M. parla de mon père, dit qu'il paraissait si jeune, qu'il avait l'air du frère de ses fils, et il ajouta : « Mais pas de Mlle sa fille, » et il me chargea de lui faire ses compliments.

Il y eut grande cérémonie le jour de la Pentecôte à la chapelle. L'Empereur eut l'aimable attention de faire dire à la comtesse Moriconi de se retirer dans la salle d'à côté pour éviter la fatigue de rester debout et de se mettre par trois fois à genoux. Après le service on distribua des bouquets à tous les assistants. Un grand nombre de personnages distingués tant civils que militaires vinrent se présenter à moi. Mon père eut le plaisir de faire sa récolte de mots flatteurs. Le général Korff lui avait dit que l'Empereur me louait extrêmement et était enchanté de moi, et mon père, sans la moindre modestie et sans faire les honneurs de ma personne, dit qu'il l'était aussi. Et puis le comte Cotchubey m'avait trouvée *udivitelna!* Je ne sais ce que c'est : Vanité des vanités, tout est vanité! C'est la réflexion que je fis alors et que je répète aujourd'hui.

CHAPITRE VI.

Préparatifs de fête à Zakret. — Malheureux événement. — Bal.

La maison de l'Empereur, aides de camp, généraux, etc., etc., et non point Mme Benigsen, comme le dit Mme d'Abrantès dans ses Mémoires, voulurent offrir une fête à S. M., qui daigna y contribuer de trois cents impériales sur sa cassette en disant à ces messieurs :

« Si vous voulez donner une fête, tâchez qu'elle soit bien organisée, car les dames de Vilna s'y connaissent. »

Voilà comme il en allait sous ce règne d'impérissable mémoire. On recevait chaque arrivée de S. M. avec joie, avec amour, un enthousiasme bien senti, bien exprimé et fort peu de frais, car il ne l'eût pas souffert ; il voulait épargner l'argent de ses sujets. Il était heureux d'être aimé, reconnaissant de la plus légère preuve d'affection !

Au premier bal qui fut offert à Vilna à l'Empereur après son avènement au trône, et j'en parle seulement par tradition, les dépenses ne furent point à la charge de la province, mais réparties entre plusieurs riches propriétaires de la haute noblesse. Mon père prit à son compte l'ameublement de la belle salle de l'hôtel-de-ville, et s'en acquitta avec beaucoup de goût et peu de frais, puisque tous les habitants ainsi que les marchands mirent à sa disposition ce qu'ils avaient de mieux en glaces, meubles, lustres, etc., etc. Le comte Brzostouski, maréchal de la noblesse, eut le département de l'éclairage. Le prince Sapiéha celui du souper; tel autre des rafraichissements, de l'orchestre, du service; la ville n'eut à sa charge que l'illumination et les transparents; encore chaque maison illuminait à son compte, et moi, enfant que j'étais, pendant que ma mère et ma sœur s'habillaient pour le bal, je m'amusais à faire de petites lanternes de papier et à peindre le chiffre de l'Empereur, ne me doutant certes pas alors de l'amitié dont il m'honorerait un jour.

MM. les aides de camp trouvant trop restreint le local que leur avait offert Mme Benigsen dans sa villa, arrangée dans l'ancien couvent des jésuites, qui avaient eu à Zakret un charmant établissement, jardins, serres, espaliers et très-belle vue en bon air, imaginèrent de faire construire une galerie à jour à colonnades sur la pelouse, enfermant un clumb de fleurs et de beaux orangers placés en carré où les dames devaient être assises. Le plan fut confié à l'architecte Schultz, à qui Mme d'Abrantès a voulu prêter de son gré un criminel acte de patriotisme en lui accordant sa plus haute admiration et le regardant comme un héros de l'antiquité. Je ne me souviens pas d'avoir lu dans l'histoire ancienne un trait pareil, si ce n'est celui de Samson lorsqu'il ébranla les colonnes de la salle de festins des Philistins. Mais Samson ne fit périr que les ennemis de son pays. Ici, dans l'écroulement de la salle de Zakret, M. Schultz, ce héros à la façon de Mme Junot, aurait immolé, avec l'empereur Alexandre, plusieurs généraux et la fleur de la noblesse de Lithuanie, y compris nous autres pauvres femmes, victimes d'un attentat fort inutile, puisqu'il restait le grand-duc Nicolas, âgé de seize ans, et même le grand-duc Constantin, qui n'avait point alors renoncé au trône. Il faut donc rétablir les choses telles qu'elles sont en réalité. M. Schultz était un parfait honnête homme, très-pacifique, point exalté, mais architecte très-inhabile. C'était une chose avérée. On entendait dire telle voûte s'est écroulée, tel pan de muraille renversé, etc.

Mon père, qui se connaissait parfaitement en bâtiments, ayant beaucoup fait bâtir dans ses terres, vint un jour à Zakret examiner les travaux, dit à l'architecte :

« Monsieur Schultz, il me semble que vous n'enfoncez pas assez profondément en terre les pivots de vos colonnes. »

C'étaient de grosses poutres rondes qui devaient, entourées de feuillage avec des chapiteaux en fleurs de marronniers, soutenir une légère toiture.

« Ah! dit Schultz, je relierai mes colonnes avec le toit. »

Deux jours après nous apprenons que la galerie s'était écroulée (heureusement pendant le dîner des ouvriers); elle avait coûté vingt mille francs. Et le malheureux Schultz courut se noyer dans la Vilia qui coulait paisiblement proche de là (on trouva son chapeau sur la rive), non pas de désespoir, comme l'avance Mme Junot, d'avoir manqué son plan meurtrier, mais d'en être soupçonné ; en cela il eut doublement tort de manquer de confiance dans la justice de l'Empereur, qui n'eut vu dans ce petit désastre qu'un simple accident.

La fête n'en eut pas moins lieu. Mon père m'ayant ordonné de me faire *bien belle*, j'imaginai une jolie toilette. Sachant que la totalité des dames auraient des robes garnies de fleurs, pour me distinguer, je fis broder par notre femme de charge, qui était en même temps brodeuse et couturière, une tunique en crêpe sur un dessin que je fis d'une guirlande de groseilles, le feuillage en chenille blanche et les grappes en jolies perles bourguignon avec une frange de soie plate, pareille à celle de la robe en soie blanche et brochée, large ceinture en perles, garnie aussi d'une frange, ce qui allongeait la taille courte que l'on portait en 1812 ; le corsage lacé avec des cordons et poires en perles, collier de vraies perles au cou et bandeau avec un peigne de diamants complétait cette parure. Par extraordinaire mon père fut content.

Toute la société était rassemblée dans le jardin sur le plancher, reste de la galerie et où les dames étaient assises sous les orangers en fleurs, tous les hommes debout. La table pour le goûté était dressée au milieu. La soirée était très-belle, le ciel un peu couvert comme pour nous préserver des rayons du soleil ; une foule de monde venue de la ville était dispersée en groupes dans tout le jardin et au bord de la rivière, formait un spectacle agréable et varié, tandis que la société du bal avec les parures fraîches des dames et les brillants uniformes leur en offrait un pareil. Enfin, l'Empereur arriva à huit heures. Il était bien beau dans son uniforme du régiment Semenowfski, parements bleu-clair avec petits galons qui relevaient l'éclat de son teint qu'une femme aurait pu e   ier. Cela peut se dire sans tirer à conséquence   s'agissait d'un souverain. Il s'arrêta un moment auprès de la table pour considérer l'ensemble de la fête, causa avec mon père qu'il aimait et distinguait entre tous, et puis vint saluer les dames qu'il obligea de rester assises.

On se leva pour goûter, causer avec beaucoup de gaieté, et l'on proposa à S. M. d'ouvrir le bal sur place. La musique militaire, placée dans le jardin, joua la polonaise. L'Empereur prit d'abord Mme Benigsen, qui faisait les honneurs de la fête, puis Mme Barclay de Tolly, femme du ministre de la guerre, et puis moi; on fit un tour ou deux sur le plancher et l'on monta ensuite au salon de bal, en traversant des corridors, des galeries; cette polonaise ne finissait pas ni les compliments non plus; tout en m'assurant qu'il n'en faisait pas, l'Empereur me disait que j'étais la plus belle, que j'avais tout *éclipsé*. Je parie qu'il aura dit la même chose à d'autres jeunes personnes qui me valaient bien sans me faire de tort, de sorte que c'était bien *des éclipses*. Comme je disais qu'il faudrait avoir beaucoup de vanité pour le croire, S. M. dit que ce n'était pas d'ailleurs mon plus bel ornement. Je dansai ensuite, avec l'envoyé de Suède, un quadrille; on appelait ainsi une danse importée, je crois, du nord, et qui se dansait avec la chaîne de dames, le moulinet, le balancé du cavalier et de sa dame, et puis un tour de valse à chaque ritournelle. Nous ne dansions la contre-danse française qu'après plusieurs répétitions; je ne sais pourquoi l'on n'en monta pas une pour ce bal. Le quadrille fini, comme il faisait très-chaud, Mme Benigsen m'engagea de passer dans son appartement, au bout d'une longue galerie, et nous nous amusions à regarder comme l'on illuminait les jardins, l'île, où l'on dressait de petites tables pour le souper. La compagne de Mme Benigsen était venue nous rejoindre dans sa singulière toilette. Mme B. avait entendu dire que l'Empereur trouvait que rien ne sied aux femmes comme une robe blanche ; elle avait mis en conséquence une robe de percale à grande queue, bordée d'une frange en or, et balayait ainsi les appartements avec *sa traine.*

Au bout de quelques minutes, l'Empereur se montra dans la galerie. Mme Benigsen me dit en pouffant de rire :

« C'est vous que poursuit ce papillon.

— Hé bien, allons nous-en.

— Impossible à présent. »

S. M. nous rejoignit. Après quelques mots, je m'éloignai sans affectation, et m'appuyant sur une console, je me mis à feuilleter de la musique ; c'était justement le quadrille qu'on venait de danser, de la composition de M. Merlini, très-bon musicien, qu'on aimait beaucoup à Vilna, parce qu'il chantait et composait très-bien la romance, jouait avec talent la comédie, les vaudevilles, chez mon père, dans notre théâtre de société permanent en hiver où il se fagottait dans la garderobe de tous les riches habits du temps de tous mes vieux parents, et gagnait à ce métier des cadeaux de cinquante louis de mon père. Par la protection du général Benigsen, Merlini avait été fait d'emblée major, sans avoir jamais senti l'odeur de la poudre que dans les exercices, et fait de campagnes qu'au camp où il gagnait force rhumatismes. Justement comme l'Empereur me demandait ce que je tenais à la main, arrive Merlini, et comme il avait la vue très-basse, il ne reconnut l'Empereur que lorsque S. M. lui eut dit :

« Monsieur, ce quadrille est donc de votre composition ? »

Alors il se recule en étouffant de rire, et laisse tomber son plumet et moi le malheureux quadrille. L'Empereur et Merlini se précipitèrent pour le ramasser, mais comme ils étaient très-serrés dans leur uniforme, ils faillirent se cogner la tête l'un contre l'autre; moi, qui n'avais pas envie de rire, je ne pus m'en empêcher; ces dames étouffaient; Merlini n'en pouvait plus et passa, ainsi que moi, dans le cabinet voisin.

« Pourquoi ne m'avoir pas fait un signe, me disait Merlini.

— Et pourquoi faire? » lui dis-je.

L'Empereur s'en était allé, et mon père vint un peu inquiet, parce que des dames très-charitables lui avaient dit que je m'étais trouvée mal. Pour leur donner un démenti, en rentrant au bal, je me plaçai dans une longue colonne d'anglaise qu'on dansait beaucoup alors et qui n'en finissait pas. L'Empereur vint se placer vis-à-vis de moi.

Les danseurs, par respect et pour ne pas tourner le dos à S. M., s'écartèrent, laissant une place vide. Je fis semblant de ne pas m'en apercevoir, et je causais avec les dames à côté de moi.

L'Empereur me dit ensuite qu'il aurait dansé s'il n'y avait pas eu tant de monde, mais que, n'ayant pas dansé depuis plusieurs années, il avait honte de s'y remettre, et que ce qui le tentait le plus c'était la mazourka. Je n'ai pas osé lui dire que c'était une danse un peu bien légère pour une majesté impériale. Une contredanse, à la bonne heure. Ce qu'il y a de singulier c'est que l'Empereur, plus tard, se remit à danser à Paris, à Londres et pendant le congrès de Vienne. Après je ne sais combien de mazourkas, valses, polonaises avec S. M., qui me complimentait sur ma grâce et ma danse, je lui dis qu'il voulait me rendre fière.

« Non, me dit-il, car on ne peut tirer vanité d'avoir de la grâce, c'est une chose naturelle et qui ne peut s'acquérir.

— Alors à quoi bon apprendre à danser. »

Avant de quitter le bal, l'Empereur me demanda si je resterais actuellement auprès de mon père et ajouta :

« A sa place je ne vous quitterais jamais. »

Je suis toujours étonnée qu'il ne se soit pas fait suivre de mon père, ainsi que de plusieurs autres Lithuaniens qui reçurent l'ordre de se rendre à Saint-Pétersbourg.

On descendit pour souper ; rien n'était plus charmant sous cette belle voûte d'azur : la foule de monde, l'illumination du jardin, de la cascade toute blanche d'écume, le château éclairé intérieurement, et la douce clarté de mon amie Phœbé que l'Empereur appela très-peu romanesquement lanterne, en me disant que c'était la plus belle pièce de l'illumination. Le temps était si doux que les bougies ne s'éteignaient pas. L'Empereur partit à la fin du souper; il ne s'était point mis à table, mais allait de l'une à l'autre avec une apparence de gaieté; je dis apparence, parce qu'il jouait son rôle à merveille et était déjà instruit qu'au moment où l'on dansait à Zakret, un spectacle bien autrement grandiose et solennel se donnait à vingt lieues de Zakret : Napoléon passait le Niémen avec six cents mille combattants, dont il ne devait revenir que trente mille en France! L'empereur Alexandre en est convenu à son retour à Vilna après la retraite des Français, et que même il avait craint que le bal ne fut troublé par cette nouvelle.

Je dansai encore après souper, et avant de partir, je me reposai pendant la grèque (espèce de cotillon); et je causais avec le prince Zouboff qui m'avait fait au bal un compliment contraire à celui de mon père, à Towiany, car il me dit :

« Vous n'avez pas monté à cheval ce printemps.
— A quoi voyez-vous cela, prince?
— A votre teint. »

Tous ces messieurs renchérissaient de galanterie, même le général Houwaroff, qui me dit que depuis le maître jusqu'au dernier de ses sujets, tous me rendaient justice. C'était fort remarquable pour un homme qui ne brillait pas par l'esprit, qui écorchait le français au point de répondre à l'empereur Napoléon qui lui demandait, je crois, si c'était lui Houwaroff qui commandait un régiment de la garde à cheval : « *Je, Sire,* » au lieu de « *Oui, Sire.* » Il en avait gardé le sobriquet du général *Je Sire.*

CHAPITRE VII.

Passage des Français au Niémen. — Départ d'Alexandre. — Entrée de Napoléon à Vilna. — Déjeuner du roi de Naples, Murat. — Tristes présages de la campagne.

Le lendemain du bal, comme mon père me disait : « Puisque l'Empereur aime Werki, j'ai envie de lui offrir là une fête champêtre : Werki est si agréable au printemps avec tous ses bosquets de lilas et ses rossignols. »

J'étais fort de cet avis, mais voilà que les dames de Towiany vinrent nous faire leurs adieux et nous annoncer la nouvelle du départ de l'Empereur dans la journée, et le passage du Niémen par l'armée française. Il y avait de quoi tomber des nues !

L'alarme se mit au camp, comme l'on dit. Aussitôt l'Empereur parti, on mit tous les chevaux de la ville (à l'exception des chevaux de mon père) en réquisition pour les employés russes qui fuyaient avec leurs femmes, armes et bagages.

Les rues étaient encombrées de voitures remplies de toutes sortes d'effets, literies, berceaux, cages pleines d'oiseaux très-effarouchés et bousculés. Toute la nuit s'écoula au bruit de cette fuite, et le lendemain on n'entendait pas plus de roulement de roues qu'à Venise. C'était tranquille en apparence, mais l'on répandait par la ville toutes sortes de dits et redits alarmants : qu'on brûlerait les faubourgs ; qu'on égorgerait les habitants ; qu'on défendrait la ville ; qu'il y aurait bataille livrée sous les murs ; qu'il fallait se cacher dans les caves, les montagnes. Le comte Lautrec, ancien émigré, vint me dire : Vous voyez ce grand clocher, de l'autre côté de la rue, et bien, il tombera sur votre hôtel. Lui-même s'en fut avec une bouteille de vin, un saucisson, se cacher dans les ruines de la tour de la montagne du château.

Les troupes russes défilèrent toute la nuit, et après avoir passé la rivière, on mit le feu au pont de bois. Les Français entraient à Vilna par le côté opposé. Le régiment du prince Dominique Radzivil passa dans notre rue, des hulans polonais avec leur charmant uniforme, leurs banderolles aux couleurs polonaises. J'étais au balcon de l'hôtel.

Ils me saluèrent en riant. C'était la première fois de ma vie que je voyais des Polonais! des pleurs d'enthousiasme et de joie coulèrent de mes yeux; je me sentais polonaise! Ce moment fut délicieux, mais qu'il dura peu!

Le peuple s'amusait dans les rues, sur les places, en criant vivat et courant à la rivière y repêcher les armes que les Russes y avaient jetées en se retirant. La municipalité, étendards déployés, sortit pour présenter les clefs de la ville à l'Empereur Napoléon...

Napoléon se rendit sur-le-champ au Pont-Vert pour faire éteindre l'incendie et réparer le désastre causé par le feu. Il s'assit sur une poutre, fit apporter de la bière aux ouvriers, en but lui-même un verre en disant en polonais : *Dobre piwa* (bonne bière). Et voilà tout de suite des gens qui se seraient jetés au feu pour lui. Ensuite il monta sur son cheval arabe et grimpa sur la montagne du château pour juger de la position de Vilna, des environs, etc. Jamais avant lui ni depuis, je crois, pied de cheval n'avait foulé la terre de cette montagne assez difficile à gravir même aux piétons.

Le roi de Naples, Murat, s'installa dans le grand appartement de l'hôtel Pac, que nous fûmes obligés de lui céder, et encore de fournir linge, argenterie. Ma femme de charge avait été requise à préparer le lit du roi; elle entra sans être prévenue dans la chambre à coucher, et trouva Murat au sortir du bain, dans un appareil plus que simple... Elle poussa un grand cri et s'enfuit les draps sur sa tête... Comme le roi criait la faim, mon père fit préparer à la hâte à déjeuner; à peine avait-il été porté, aussitôt disparu. Le roi s'était endormi; après son bain ce fut à recommencer; tout était au pillage. Il se commettait hors de la ville et dans les campagnes des désordres inouïs. Les églises pillées, les vases sacrés souillés; même les cimetières n'étaient pas respectés, les malheureuses femmes outragées! On était accablé des récits les plus affligeants. Il faut dire la vérité : Napoléon écoutait toutes les plaintes, dédommageait largement tout ce qui pouvait être dédommagé. Il s'écriait d'une voix de tonnerre à ébranler les murs du palais, en présence des chefs de l'armée qui baissaient la tête et même leur dos bien bas devant la fureur de Jupiter Tonnant :

« Messieurs, vous me déshonorez! vous me perdez! »

Et à qui la faute! Pourquoi Napoléon dans son ordre du jour avait-il dit : « La Russie est entraînée par la fatalité. (Toujours la fatalité! à force de l'invoquer, Napoléon l'avait attirée sur lui. Quelle différence de langage d'Alexandre à son armée : « Je serai avec vous, et Dieu sera contre l'agresseur ; » et il l'a été, les événements l'ont bien prouvé) : marchons donc en avant, passons le Niémen, portons la guerre sur son territoire. »

On s'était cru en pays ennemi, et l'on agissait en conséquence. On fusillait les pillards. Ils allaient à l'exécution avec une insouciance incroyable, la petite pipe à la bouche. Que leur importait de mourir plus tôt ou plus tard. Absence complète de principes religieux. Napoléon croyait que d'avoir des prêtres à l'armée cela inspirait la crainte de la mort aux soldats. Les Français sont-ils moins braves aujourd'hui, que l'empereur Napoléon III a donné des aumôniers aux régiments et aux vaisseaux! Le Ciel invoqué par eux, bénit toutes leurs expéditions, et console les mourants.

L'armée avait manqué de pain trois jours.

Partout sur leur chemin les Russes avaient brûlé les magasins de prévoyance et les moulins. On avait proposé à Alexandre de ne faire qu'un désert de la Lithuanie. On donnait aux soldats à Vilna un pain mal pétri, mal cuit, une espèce de galette qui se collait à la muraille en la jetant contre. Mon père demandait à un soldat de la garde impériale en faction à la porte du maréchal Lefebvre :

« Comment vous trouvez-vous, camarade ?

— Très-mal, » répondit le grognard d'une voix sombre et calme.

Pauvres chers grognards ! ce n'était que le prélude de l'horrible agonie. La misère, le froid, la mort, un linceul de neige, un tombeau de glace, les attendaient en Russie. On manquait de fourrage pour la cavalerie, et l'on nourrissait les chevaux de blé coupé sur champ à la fin de juin ! Ils crevaient comme des mouches, pauvres bêtes, et on jetait les cadavres dans la rivière. Le cuisinier de mon père refusait de nous servir du poisson et des écrevisses, à cause de la putréfaction. Enfin le découragement gagnait toutes les classes. Mon père était soucieux; cette campagne lui paraissait être celle d'un jeune homme sans expérience.

Les Polonais, qui ne doutent jamais de rien, disaient qu'ils suivraient Napoléon jusqu'en enfer... Oui, dans un enfer de glace.

Moi, j'étais triste de tout ce que j'entendais, fatiguée de ce que je voyais. Partout cliquetis des armes, résonnement des trompettes, hennissement des chevaux, pauvres soldats portugais, espagnols, couchés sur le pavé ! Et mes yeux éblouis croyaient voir dans les nuages les armées de l'Apocalypse ! Encore si l'on eût été soutenu par l'espérance de recouvrer une patrie. Mais quelle était cette espérance !

CHAPITRE VIII.

Discours de Napoléon à la députation polonaise. — Constance et fidélité trompée des Polonais.

A une audience solennelle, donnée à la députation de Varsovie, Napoléon parla selon sa coutume en termes ambigus, amphigouriques, qui ne précisaient, n'annonçaient aucune réalité.

« Il y a une diète à Varsovie pour élire un roi. » Et où était le royaume ? « Ne comptez pas sur la Gallicie. Je ne puis compromettre les intérêts de mes deux alliés l'empereur d'Autriche et le roi de Prusse (ils lui ont été bien fidèles!). Les Polonais ne doivent compter que sur eux-mêmes pour le rétablissement de leur pays. J'ai lu dans l'histoire de Pologne que dans les cas urgents on convoquait la Pospolite, l'arrière-ban. »

Napoléon aurait sans doute voulu exciter un mouvement général, sans donner une seule garantie. Il y avait assez de temps que les malheureux Polonais se dévouaient à l'ambition de Napoléon et arrosaient de leur sang l'Allemagne, l'Italie, Saint-Domingue, l'Espagne, partout où était le plus grand danger, des bastions enlevés à la pointe de leurs lances ; toujours combattant, mourant pour une cause étrangère, mais poursuivant jusqu'à la mort la même idée, le même espoir, qui ne devait être réalisé... jamais. Et Napoléon seul en était maître ! Oui, si Napoléon eût été aussi grand politique que grand capitaine et gagneur de batailles, il serait resté maître du monde. On pouvait lui appliquer ce mot : « Tu sais vaincre, Annibal, mais tu ne sais pas profiter de la victoire. » Les demi-mesures en politique portent toujours malheur. Napoléon aurait dû accomplir son rôle de conquérant. Au lieu de cela, en ménageant l'ennemi vaincu par les forces et la valeur de ses armées et son génie incomparable, il ne s'en fit que de faux alliés, tous prêts à lui rompre en visière aux jours néfastes, et portant dans leur cœur la plaie toujours saignante de l'amour-propre blessé qui ne pardonne jamais, surtout en politique. Les Autrichiens, les Prussiens ne l'ont-ils pas trahis dans cette mémorable campagne de 1812 !

Comme il avait été vainqueur généreux et clément, il comptait sur la reconnaissance. Quelle illusion ! Dans l'intérêt de sa puissance et de sa gloire, Napoléon aurait dû reconstruire la Pologne des débris de la Prusse, et réduire celle-ci à son marquisat de Brandebourg et de Poméranie, quand elle était vassale de la république de Pologne et prêtait hommage au roi. *Væ victis !*

J'en demande pardon à messieurs les Prussiens, mais, comme Polonaise, et je suis née telle, c'est une qualité qu'on ne peut m'ôter pas plus que l'onction du baptême ; j'en veux toujours mortellement à la Prusse, qui a porté le premier coup à la liberté, à l'existence de ma patrie. Il fallait reprendre, bien entendu, la Gallicie à l'Autriche, amoindrir cette puissance, se bien garder de toute alliance avec elle ; on a vu les tristes effets de cette union avec Marie-Louise. Est-ce qu'un grand homme doit être susceptible des faiblesses de la vanité ! Napoléon d'ailleurs était assez entouré de l'éblouissement de sa gloire pour en composer l'auréole de la femme qu'il aurait choisie n'importe dans quelle classe de la société, mais en France, sans la chercher dans les parchemins moisis, sous la couronne rouillée de la maison de Hapsbourg.

Oh! que le Napoléon actuel a mieux compris les chances de la politique et son propre bonheur dans le choix de sa noble et belle épouse!

Napoléon aurait dû également reprendre à la Russie ce qui n'était point conquêtes sur la Pologne, mais bien mal acquis; et l'empereur Alexandre, pour obtenir la paix et la liberté du commerce était disposé à de grandes concessions. Il fallait recréer la Pologne plus étendue qu'elle ne l'avait jamais été, en la réunissant à la Saxe, seule maison souveraine qui soit restée fidèle à Napoléon dans sa mauvaise comme dans sa bonne fortune. Alors il aurait eu un boulevard inexpugnable contre les envahissements du nord, et jamais les Cosaques ni les Anglais n'eussent allumé le feu de leur bivouac aux arbres du bois de Boulogne. Il leur aurait fallu passer sur le corps de vingt millions de Polonais, pour qui la reconnaissance est une vertu, une passion. Au lieu de cela, qu'a fait le grand homme? Un mauvais petit duché de Varsovie érigé ensuite par l'empereur Alexandre en avorton de royaume, à qui, dans sa pensée pourtant et dans l'avenir, il réservait de plus larges limites. J'en parlerai plus tard. Ce fut encore une demi-mesure. L'empereur Alexandre faisait trop ou trop peu en créant ce petit royaume, en le dotant d'une armée, d'une constitution, de chambres, de palatinats, etc., etc. Il rendait la Russie jalouse de sa sœur polonaise et ne satisfaisait pas complètement les Polonais, qui ne voyaient qu'une fraction de patrie dans ce royaume ébauché.

Je me demande souvent : Qu'a fait la malheureuse Pologne au ciel et aux hommes pour avoir été anéantie par le partage de 1796 qui a fait disparaître même son nom d'entre les puissances de l'Europe? — Contre le ciel : les Polonais se sont toujours montrés chrétiens fervents et fidèles. — Contre les hommes : en politique, si jamais ce mot a été connu en Pologne, les Polonais se sont toujours distingués par une véritable loyauté dans tous leurs rapports avec les Etats voisins, ne cherchant point à profiter de leurs fautes, de leurs malheurs, toujours prêts à verser leur sang pour la défense de la chrétienté, témoin le siége de Vienne et les victoires de Jean Sobieski[1]. Si ce héros eût été soutenu, il eût fait décamper les Turcs de l'Europe, où, comme dit M. de Bonald, ils ne sont que campés, et la Grèce eût été libérée sous son règne.

Le grand prétexte du partage de la Pologne, ce gâteau appétissant des rois, écrivait Catherine à Voltaire, était, selon les cabinets des trois puissances spoliatrices, l'esprit démagogique et turbulent des Polonais. Et que ne les laissait-on libres d'établir un gouvernement stable! C'est là, au contraire, où gisait le mal. Comment les trois pouvoirs despotiques auraient-ils souffert les principes de la constitution du 3 mai, contagion dangereuse par la position locale de la Pologne? Il fallait étouffer le germe à sa naissance. Et que pouvait-il contre trois? *Qu'il mourût!* Et c'est ce qui advint.

Cette spoliation était-elle de droit divin? Je ne le pense pas. Que dit le Décalogue? *Bien d'autrui*

---

[1] Nicolas a dit un mot spirituel à Varsovie, en regardant la statue de Sobieski : « Vous avez eu, dit-il à son entourage polonais, deux rois imbéciles en Pologne. » Et comme on le regardait avec étonnement : « Oui, Sobieski et moi, pour avoir sauvé l'Autriche. »

ne prendra pour le retenir à ton profit. » On trompa, au sujet du partage de la Pologne, la religion de Marie-Thérèse. Son ministre, Kaunitz, lui persuada que l'Autriche avait d'anciens droits sur la Gallicie. Quant à Catherine, il ne fallait que flatter son ambition, et ce fut affaire au prince Henri de Prusse, et pendant le séjour du prince à Saint-Pétersbourg, le *gâteau* fut partagé... La politique des souverains n'est point celle de l'Evangile, ce livre qui renferme dans un petit espace toutes les lois, les principes de moralité, de justice, ce livre qui subsistera jusqu'à la fin des temps, qui seul survivra lorsque les autres livres seront détruits, sur lequel seront jugés irrévocablement comme de simples mortels, les juges de ce monde, surchargés du poids de la responsabilité des nations; ce livre enfin qui, éclatant de lumière avec ses paroles de feu, reluira dans l'éternité au pied de la croix, dont il est ici-bas pour nous l'interprète et l'historien.

Oh! si les Polonais avaient eu, je ne dis pas le courage des Espagnols, ils n'en ont jamais manqué, mais leur persistante énergie à repousser l'invasion française! Il fallait commencer par l'affranchissement des paysans et leur mettre l'arme au bras. Un esclave, un serf ne connait point de patrie. Pourquoi devrait-il verser son sang pour une terre qu'il arrose de ses sueurs au profit de ses maitres! Et que pouvait Kosciusko avec une poignée de braves! Il ne pouvait que mourir, si la mort eut accepté son sacrifice, en criant : *Finis Poloniæ*[1] !. Le phénix renaitra-t-il jamais de sa cendre? c'est un mystère caché dans les trésors de la Providence.

Il faut dire que l'Espagne était protégée par une puissante auxiliaire, l'Angleterre, qui s'est toujours montrée indifférente au sort de la Pologne; aussi lui ai-je voué dans mon cœur une haine éternelle à cette puissance machiavélique qui est suspendue comme le glaive de Damoclès sur l'Europe, et toujours prête à y déverser, selon les intérêts de sa politique maudite, tous les malheurs, à y souffler le feu des révolutions! Malheur sur elle!

Oh! les décrets de la Providence sont impénétrables. La France, l'Angleterre assistèrent, spec-

---

[1] Ce mot a été controuvé dans la correspondance de Kosciusko.

tatrices bénévoles, au plus grand attentat politique qui soit connu de l'histoire, le partage de la Pologne! Et cependant on a délivré la Grèce du joug des Turcs! Et cependant la France et l'Angleterre se sont armées, ont fait une croisade en faveur des adorateurs du croissant, des exterminateurs des chrétiens, contre une nation orthodoxe. O honte du siècle! oh Richard Cœur-de-Lion! Philippe-Auguste! saint Louis! vous aurez frémi sous le marbre de vos froides tombes!

Cependant, qui l'aurait pensé? le faubourg Saint-Germain, si frondeur, n'a pas trouvé à gloser sur cette campagne. Au contraire, j'ai entendu dire que l'on devait savoir gré à l'Empereur d'avoir relevé aux yeux de l'Europe la France si aplatie sous Louis-Philippe.—Qu'est-ce, me disait-on, que cent mille hommes de plus ou de moins dans cette grande population, comparativement à la gloire qui en est résultée pour nos armes!

Cent mille hommes, c'est pourtant cent mille vies, cent mille âmes violemment arrachées de leurs corps! Mais avec ces mots de gloire, d'honneur, qui brûlent constamment dans leurs cœurs, où ne conduirait-on pas les Français? Si j'étais prédicateur, j'insisterais toujours sur le point d'honneur pour inspirer à mes paroissiens les sentiments de la foi, en leur prouvant que l'indifférence en matière religieuse ravale les hommes au rang de ces insectes, des atomes, des cirons, qui, guidés par l'instinct matériel, rampent, vivent et meurent sur cette boule de terre et d'eau lancée dans les espaces de l'infini, et que nous appelons fièrement notre monde.

Mais revenons à cette triste année 1812.

CHAPITRE IX.

Présentation de la noblesse lithuanienne à la cour de Napoléon. — Martres zibelines pour la reine de Naples. — Disette à Vilna.

L'empereur Alexandre, il faut le dire, avait fait un acte de haute diplomatie en venant faire avant la campagne de 1812 un assez long séjour en Lithuanie. Il y avait gagné tous les cœurs par sa bonté, sa grâce, son amabilité. Les Polonais qui étaient à son service, les Lubomirski, les Branicki, Potocki, Grabowski disaient : « Il est notre patrie ! » D'un autre côté, quelle chance avait-on de se faire tuer, de se ruiner au service de Napoléon? Le doute refroidissait le zèle. Oh! si Napoléon, au lieu de faire la paix à Tilsit, eut marché droit sur la Lithuanie, lorsque l'armée russe était affaiblie, qu'Alexandre ne s'était pas fait connaître, que toutes les têtes étaient montées par la création du duché de Varsovie, que tous les cœurs bouillaient de patriotisme, Napoléon n'aurait eu besoin que de paraître pour soulever, comme il disait, l'arrière-ban. Je me souviens, quoique bien jeune alors, de l'enthousiasme qu'excita à Vilna la présence des prisonniers français pris en hiver dans je ne sais quelle bataille en Prusse. Des marchandes de pommes, de craquelins, dans les rues, ne voulaient pas recevoir l'argent des soldats français; des cochers descendaient de leurs siéges pour leur donner celui qu'ils avaient sur eux.

Dans la vaste maison où logeait mon père, il y avait une trentaine d'officiers enfermés. Mon père leur envoya tous les jours jusqu'à leur départ deux repas à *la française* et servis sur vaisselle plate. Mon frère, par faveur, obtint la permission de visiter les prisonniers, et à la brune, il en amena un, M. Joerd, officier du génie, d'une conversation très-intéressante, et à qui ma sœur imagina d'offrir un ruban rouge pour lui renouveler celui de la Légion-d'Honneur qui était tout flétri et usé.

Le jour fixé pour le départ des prisonniers, il y eut chez nous comme une foire de vêtements, de linge, de toutes sortes d'effets envoyés de toutes parts pour les Français, qui en firent, je crois une loterie. La cour, fort grande, était remplie de monde et de larges traîneaux fournis *gratis* aux prisonniers par les voituriers de Vilna qui les conduisirent à plusieurs lieues de distance. Mon père alla recevoir les adieux et remercîments des officiers, et leur glissa inaperçu un sac d'argent assez lourd. Il avait eu la sage précaution d'envoyer aussi de l'argent à l'hospice russe. Ce qui n'empêcha pas le gouverneur général, M. Korsakoff, très-brave homme d'ailleurs, de reprocher à mon père *l'esclandre* qui avait eu lieu chez lui, et de le menacer de l'envoyer en Sibérie, pas en kibitka, mais dans sa propre voiture. Mon père qui, sous l'empereur Paul, avait déjà fait ce voyage et séjourné un an à Kasan, répondit cependant :

« Général, envoyez-moi directement à Pétersbourg. L'Empereur ne me blâmera pas de ma charité envers des prisonniers »

Et tout fut dit.

Napoléon dit encore dans cette assemblée :

« J'ai cru qu'il m'en coûterait trente mille hommes pour prendre Vilna. Pourquoi donc les Russes n'ont-ils pas voulu livrer bataille ? Ils avaient le terrain pour eux. »

Quelqu'un des présentés répondit bêtement :

« C'est qu'ils ont peur de Votre Majesté. »

Mon père dit que c'est incroyable la quantité de stupidités qui furent adressées à Napoléon dans le tour du cercle; à chaque fois il reculait comme piqué d'une guêpe.

Il passa devant mon père sans daigner lui adresser la parole, et cependant mon père avait l'air parfaitement distingué et ressemblait d'une manière étonnante au feu roi de Pologne, Stanislas Poniatowski, qu'il imitait aussi, même en présence du roi, qui s'en amusait et qui, lui, s'efforçait de copier Louis XV. Mon père était le seul dans l'assemblée qui eut le cordon bleu de l'Aigle-Blanc.

Le roi de Naples, au contraire, fut très-aimable pour mon père. Je l'aperçus dans la cour de l'hôtel avec son uniforme de fantaisie, ses bottes jaunes, son panache de *coquerico*, comme disait le maréchal Lannes. Il m'envoya le général Aksamitowski, son aide de camp et son trucheman, pour me prier de lui choisir une belle pelisse pour la reine, à qui il avait promis de l'envoyer de la première ville de Russie. J'en envoyai chercher chez plusieurs fourreurs. Ils me firent demander si c'était pour moi que j'en demandais, et sur ma réponse, ils n'envoyèrent point de martres. Voilà comment la confiance publique était perdue. Impossible de faire parvenir une telle réponse au roi. Je me contentai de lui faire dire que Vilna n'était point la première ville de Russie, et que S. M. devait aller se pourvoir plus loin.

Le jour du départ de Murat, pendant qu'on chargeait les voitures, je vis qu'on emballait nos beaux matelas en damas vert, et j'envoyai bien vite la femme de charge les réclamer, ce qui ne fit pas de difficulté. Peut-être Murat, en qualité de roi de Naples, avait-il quelque lazarone à sa suite. Le général Aksamitowski vint avec le général Belliard remercier pour la bonne hospitalité, et le premier me dit que mon père avait été desservi auprès de l'empereur Napoléon, que son nom ne se trouvait pas sur la liste des citoyens, mais que le roi l'avait fait inscrire et envoyé à Napoléon; enfin, pour preuve de sa bienveillance, qu'il faisait garder cet hôtel pour lui et le défendre de tout quartier militaire. Ces messieurs me prièrent de jouer du piano ; j'y consentis, et ils le racontèrent au roi qui leur dit qu'ils avaient été bien heureux, et que, s'il l'avait su, il se serait mis derrière une porte pour m'entendre. Cela en valait bien la peine, assurément.

Pendant ce temps on cherchait partout mon père. Aksamitowski revint me dire que le roi s'impatientait et n'attendait que lui pour monter à cheval; et, pour ne pas nuire aux intérêts de votre père, il faut le remplacer et demander les ordres du roi; au nom du Ciel, venez!

Il n'y avait pas à balancer. Je jetai un cachemire sur mes épaules pour cacher ma toilette du matin fort négligée, et voilà que Mlle Taflin, la demoiselle de compagnie française que l'on m'avait donnée, qui, pâle comme la mort, refuse de me suivre, disant que c'était un prétexte pour montrer une jolie femme au roi. Aksamitowski eut toutes les peines du monde à lui persuader de m'accompagner. Comme il pleuvait à verse, j'indiquai la porte de communication des deux hôtels, mais le concierge ni personne n'avaient la clef. Cela me fit gagner du temps. Mon père arriva et courut chez le roi, qui le reçut avec beaucoup de bonté, lui faisant un beau compliment pour moi : qu'il avait appris que je joignais le talent à la beauté, et avait voulu me voir ; enfin il donna un aide de camp pour conduire mon père chez le comte de Narbonne. Ce qu'il y eut de plaisant, c'est que j'étais aux fenêtres de la rue, et Murat, à cheval, entra dans la cour et salua gracieusement mes femmes qui regardaient dans la cour. Ce jour-là même je vis passer à cheval ce fameux Napoléon qui faisait trembler toute l'Europe. Sa figure, de loin, me parut sévère comme un buste antique, de la couleur d'un marbre jauni, à qui le tricorne, le diadème seyait moins que la couronne de laurier faite pour sa tête.

La disette se faisait toujours sentir à Vilna. Cependant ma tante et son amie, la belle Mme Bago, furent invitées à dîner chez le maréchal Lefebvre, qui offrit à Mme Bago son fils en mariage avec un million à dépenser par an. Au lieu de mariage, c'est la mort qui attendait ce jeune homme à Vilna pendant la retraite. Il mourut, je crois, du typhus.

Je me trouvais très-indisposée. Tous les boulangers de la ville étant retenus pour les troupes, nous étions obligés, mon père et moi, de manger du pain bis qu'on cuisait à la maison pour les gens. Heureux encore qui en avait! et bien des personnes en envoyaient demander.

CHAPITRE X.

Présentation des dames à la cour. — L'auteur met le chiffre. — Opposition de plusieurs personnes. — M^{de} Abramowiez, ancienne amie de Mme Walewska, présente les dames — Messe à la chapelle. — Impression de l'auteur à la vue de Napoléon. — Présentation de l'Académie. — Mot du Recteur. — Napoléon donne audience au comte de Choiseul-Gouffier.

Je fus éveillée une nuit avec intimation de me rendre au château, à la présentation des dames.

Je fus très-choquée de cette manière de corps-de-garde, et je ne voulais pas m'y rendre; mais mon père représenta que cela serait mal interprété et que déjà il passait pour partisan des Russes, à cause des marques de distinctions que lui et sa famille avaient reçues de l'empereur Alexandre. J'y consentis à condition que je mettrais le chiffre. Je ne m'en étais guère souciée en le recevant, mais il me semblait commettre une lâcheté, dans les circonstances actuelles où l'empereur Alexandre était malheureux, forcé de fuir devant l'ennemi, de dédaigner ainsi et de rejeter une preuve de sa bonté.

Mon père me dit :

« Il faudrait envoyer chez Mlle Giedroyc savoir si elle le mettra.

— Hé ! que m'importe ? »

Je ne sais d'où me vint cette résolution, moi toujours si soumise aux moindres volontés de mon père, mais qui, par une inspiration du Ciel, devait être si utile aux intérêts de la famille et me gagner les bonnes grâces de l'empereur Alexandre. S'il pouvait seulement le savoir ! me disais-je, et je ne pensais pas que cela fût possible.

J'allai chercher ma tante et son amie ; ma pauvre tante était à pied ; les Russes lui avaient pris ses quatre jolis chevaux, par manière d'emprunt à vie. Nous prîmes en passant Mme Abramowicz, nommée par Napoléon pour lui présenter les dames. Mme Abramowicz avait été connue de l'Empereur à Varsovie, à cause de son intimité avec Mme Walewska, dont elle composait les billets à S. M. Napoléon s'en aperçut et dit à Mme Walewska :

« Ecrivez-moi comme vous voudrez, mais je ne veux pas de tiers dans mes relations avec vous. »

Ces dames, à l'exception de Mme Bago, qui me faisait de l'œil des signes d'encouragement, se récrièrent en me voyant parée du chiffre, et voulaient m'obliger à l'ôter. Je déclarai que je n'en ferais rien avant de connaître la volonté de Napoléon.

« Il vous dira quelque chose de désagréable; vous ne savez pas quel homme c'est.

— Hé bien, je répondrai.

— Ne parlez pas! ne parlez pas! me dit Mme Abramowiez, les murs lui redisent tout ce qui se dit. »

Nous étions arrivées au château, et nous fûmes introduites dans la salle où était préparé l'autel pour célébrer la messe. L'évêque de Vilna attendait, debout, devant l'autel. Les dames étaient assises. Mlle Giedroyc me montra de loin qu'elle n'avait pas son chiffre, et moi je lui montrai le mien. Mon oncle, le comte Kossakowski vint me dire :

« Vous avez très-mal fait ; je vous renie pour ma nièce. »

Je répondis :

« Je sais ce que je fais. »

Enfin mon père, pour tranquilliser les dames, s'adressa au comte de Narbonne et au comte de Turenne, et ces messieurs lui dirent :

« Comment donc, mais c'est un très-joli ornement de cour ; il n'y a là rien d'officiel. »

J'allais donc me trouver en présence de ce Napoléon, qui portait le monde dans son cerveau et qui *étouffait dans la vieille Europe.*

Un huissier cria « l'Empereur ! » Et je vis un petit homme gros et court, en uniforme vert, échancré sur la poitrine, gilet blanc, qui s'élança comme une balle, entouré de maréchaux, et prit place sur un fauteuil devant un prie-dieu. Après la messe il ressortit avec la même rapidité. Alors on fit passer les dames dans le salon de réception. C'est à qui ne voulait pas être présentée la première. Enfin ma tante tint le haut du cercle. Quand on la nomma, elle ajouta : Née Potocka. Napoléon dit :

« De quels Potocki, car ils sont tant ?
— Sœur de Wladimir Potocki. »

C'était le héros de la famille. Il avait équipé et levé dans ses terres patrimoniales, en Podolie, un régiment à ses frais, réuni à l'armée polonaise qui servait en France. Le prince Dominique Radzivil, le chef de cette puissante famille en avait fait autant. Mon cousin le comte Pac et bien d'autres riches Lithuaniens, servaient depuis des années en France, se battaient contre les Russes, jouissant de leurs revenus, sans qu'il fût question ou menace de séquestre et de confiscation. Mon cousin amassa ainsi des millions placés en Amérique. Voilà comme les choses se passaient sous le règne débonnaire d'Alexandre I, d'Alexandre le béni ! En vérité, en rappelant ces faits-là, on croit lire les *Mille et une nuits*.

Enfin mon tour vint. A mon grand étonnement, et je l'avoue en toute humilité, la vue de cet homme vraiment prestigieux, ne fit pas sur moi l'impression à laquelle j'aurais dû m'attendre après l'exaltation qu'il m'avait fait éprouver quelques années auparavant, lorsqu'on voyait en lui l'arbitre du sort de la Pologne. Dès ma plus tendre enfance j'avais été grande patriote, et je prétendais à être la Jeanne d'Arc de mon pays. C'était le sujet favori de mes entretiens avec ma gouvernante. Depuis que les espérances des Polonais tournaient à l'illusion, Napoléon ne disait plus rien à mon imagination de jeune fille. Toute cette gloire achetée à prix d'hommes et de sang, pour satisfaire une ambition guerroyante et poursuivre un système irréalisable, ne me causait qu'un sentiment répulsif.

Fixant son regard d'aigle sur mon chiffre :

« Quelle décoration portez-vous-là? me demanda Napoléon.

— La décoration des demoiselles d'honneur des impératrices de Russie.

— Vous êtes donc une dame de Russie.

— J'en ai seulement la distinction. »

Napoléon me dit ensuite :

« Vous avez un frère aux chevaux-légers?

— Sire, j'ai deux frères qui ne sont pas encore au service. »

Il insista là-dessus; je le laissai dire. Il voulait peut-être parler de mon cousin Pac. Il demanda à Mme Oginska si elle avait des enfants gros et grands, sa question favorite. Puis, se tournant de notre côté, il dit en souriant :

« L'empereur Alexandre est fort aimable. Il vous a toutes gagnées ici, mesdames. Etes-vous bonnes polonaises? »

On répondit par un sourire et une inclination de tête. Napoléon affectait un grand sentiment pour Alexandre, tout en venant bouleverser ses Etats.

A la présentation de l'académie, il dit au recteur, M. Sniadecki :

« Vous êtes tous papistes. L'empereur Alexandre vous protégeait-il ? »

Le recteur vanta la munificence d'Alexandre, la protection qu'il accordait à tous les établissements de sciences, d'arts et de bienfaisance.

« Oui, c'est un bon prince, un philosophe sur le trône. » Et il aurait pu ajouter un chevalier des plus chevaleresques.

Il est à remarquer que sous le règne d'Alexandre Ier, et à son exemple, la courtoisie était à l'ordre du jour, non-seulement à la cour, mais jusque dans les derniers rangs des employés du gouvernement.

Sur ces entrefaites était arrivé le général Balacheff, autre organe diplomatique. Rien ne transpira des propositions d'Alexandre à Napoléon; seulement on sut qu'en se retirant, Balacheff répondit avec une rare présence d'esprit à Napoléon qui lui demandait quelle route prendre pour aller à Moscou ou à Pétersbourg :

« Sire, il y en a plusieurs, on peut prendre aussi celle de Pultawa. »

Le gant était jeté, la guerre résolue.

Le comte de Narbonne avait engagé le comte de Choiseul à demander une audience à Napoléon. Il vous fera venir sans cela; il vaut mieux le faire de bonne grâce. L'Empereur fut très-gracieux; l'audience se passa en promenade habituelle dans le salon et en questions.

« L'empereur Alexandre veut-il réellement commander en personne ses armées? C'est bon pour un vieux soldat comme moi. Le sénat a-t-il beaucoup de suprématie en Russie? J'aurais désiré éviter l'effusion de sang; l'empereur Alexandre m'y a contraint en n'observant pas le traité de Tilsit; mais pourquoi l'armée s'est-elle retirée si brusquement. »

Réponse : « Elle a été suprise sans doute par la rapidité de la marche de Votre Majesté.

— Rapide, oh non! on a beaucoup perdu de temps faute de vivres. La viande, cela marche avec les troupes; mais le pain, il faut le trouver. »

Puis : « Vous êtes étonné peut-être de l'entourage brillant qui m'accompagne ; il faut de la représentation aux Français. Je le disais à mon beau-père l'empereur d'Autriche, qui m'en témoignait son étonnement. La simplicité ne peut convenir à un soldat parvenu comme à un souverain héréditaire. » Et, à propos d'hérédité : « Croiriez-vous que j'ai été obligé, dans un entretien avec l'empereur Alexandre, de soutenir contre lui la question de l'hérédité du trône. Le droit de succession vaut encore mieux que les chances incertaines de l'élection. La Pologne l'a bien prouvé. »

M. de Choiseul avouait avoir été confondu d'un tel langage dans la bouche d'un tel homme.

CHAPITRE XI.

Esprit et conversation du comte de Narbonne. — Il fait la connaissance de l'auteur. — Fête donnée à Napoléon par le comte Pac.

J'avais fait la connaissance du comte de Narbonne, à une soirée dansante de thé au pain bis.

J'étais encore souffrante et je ne dansais pas. Le comte de Narbonne disait à ma tante en me regardant :

« Ne pourrait-on pas, en priant ces messieurs, faire danser cette jeune personne. »

Je fus piquée et priai ma tante de dire que je n'avais pas besoin de cette intervention officieuse.

Ma tante se mit à rire.

« Vous ne connaissez pas M. de Narbonne, il s'amuse à dire des contre-vérités. »

Ce genre ne lui réussit pas à Vienne, auprès des collets-montés de dames autrichiennes; moi, je m'y fis tout de suite.

Une fois que je dansais, il vint me trouver et me dit :

« Tâchez donc d'avoir meilleure grâce et l'air un peu moins commun. »

— Je ferai mon possible, monsieur le comte, mais je désespère d'y parvenir.

Il disait en riant que j'étais du miel pour les mouches françaises.

A une promenade au jardin botanique, il cueillait pour moi des masses de roses et disait : « Oh ! comme ce professeur, s'il me voit de sa fenêtre, doit maudire l'uniforme français qui se permet de tels dégâts. » Puis, il voulait me faire épouser un Français, mais il n'en connaissait pas qui fussent dignes de moi, disait-il. Je crois, en vérité, que j'eusse été capable de l'épouser, tant je le trouvais aimable et spirituel. C'était d'ailleurs un beau vieillard, avec sa figure distinguée, ses traits réguliers, son teint blanc uni, ses grands yeux noirs ; on le disait fils de Louis XV.

M. de Narbonne avait aussi des mots piquants. On parlait un jour de Mme G*** et de sa fille, qui étaient continuellement à obséder le duc de Bassano, et on l'appelait martyr.

« Que dites-vous martyr! Il est bien prophète! Ne voyez-vous pas qu'il est dans la fosse aux bêtes. »

Le duc de Bassano engagea mon cousin Pac à donner un bal pour célébrer l'acte de la Confédération ; le jour même il y eut *Te Deum* à la cathédrale, où tout le monde avait la cocarde aux couleurs de la nation. J'imaginai, pour ma toilette, ce qu'il y avait de moins laid avec ce tricolore... Une robe de crêpe garnie de bouquets naturels de bleuets, d'œillets rouges et de giroflées blanches. Mon cousin, par patriotisme, s'extasiait sur cette idée que le bon Rustem, mon maître de dessin et professeur à l'université, proclamait artistique.

Avant de faire ma toilette, je descendis dans la rue avec Mlle Taffin et mes femmes, pour voir l'illumination de l'hôtel, les transparents, etc. Il y en avait un qui représentait Napoléon très-ressemblant, faisant ôter les fers à la Pologne, représentée sous la figure d'une belle femme à demi-couchée dans son tombeau avec ces mots au bas : *Le vengeur est ici, apprenez à trembler.* A l'autre porte un aigle d'or, réunissant au milieu des foudres les écussons de Pologne et de Lithuanie.

7

Il y avait foule dans la rue. J'entendis autour de moi : Voilà une jolie femme, une tête charmante. C'est qu'on n'y voyait guère. La peur me gagna ; je saisis le bras de M{*me*} Taffin et rentrai bien vite à l'hôtel.

Ma tante faisait les honneurs de cette fête. Je me retirai dans un coin de la salle de bal. Le comte de Narbonne vint me dire que j'étais là parfaitement à ma place, et qu'étant une personne très-maussade, je devais m'attendre à y rester reléguée pour toute la soirée.

« Je me flatte, Monsieur le comte, que vous aurez la charité de venir bouder avec moi. »

Mais ma tante vint me tirer de là pour aller avec plusieurs dames recevoir Napoléon, dont on avait annoncé l'arrivée, faveur qu'il accordait rarement aux particuliers, et dont j'avais donné l'avis à mon cousin, l'ayant su du comte de Narbonne quelques heures avant le bal.

Au premier signal, tous les ducs, maréchaux coururent à se rompre le cou, avec des mines effarées et fort drôles, en vérité, au-devant de l'Empereur. On nous fit descendre l'escalier quatre à quatre; cet amour de la patrie faisait faire des choses bien étranges!

Napoléon arriva en voiture, escorté par le grand écuyer, M. de Caulaincourt, à cheval. On lui présenta un marche-pied, comme si la terre n'eût pas été digne d'être foulée par ce pied impérial; il monta l'escalier aux cris de : *Vive l'Empereur!* qui le poursuivirent jusqu'au salon. La musique joua un air de Grétry, qui lui plaisait : *Où peut-on être mieux qu'au sein de sa famille.* Il fit le tour des dames et me reconnut tout de suite.

« Ah! c'est vous qui êtes la dame du palais. » Il dit à Mlle Giedroyc :

« Vous avez aussi le chiffre, pourquoi ne l'avez-vous pas mis? »

Mlle Giedroyc fit un long discours où j'entendis les mots de patrie, de circonstances, etc.

Il répondit : « Pourquoi donc; on peut être bonne polonaise et porter le chiffre. »

Et il se mit à rire en me regardant d'un air d'intelligence et en montrant de fort belles dents. Et il ajouta que l'empereur Alexandre avait été fort aimable de nous accorder cette distinction.

Quand l'approbation du maître fut connue, c'est à qui me ferait des compliments sur la fermeté que j'avais montrée. La figure de Napoléon était agréable quand elle s'illuminait de son beau sourire, et même, vue de près, sa pâleur n'avait rien de frappant. Ce qu'il y a de singulier, c'est que sa physionomie annonçait plus de bonhomie que d'esprit. Mme Abramowiez avait bien raison de dire que les murs lui redisaient tout. Il était instruit des moindres *cancans*. Il vint à ma tante et à son amie et leur dit :

« Je sais que vous voulez divorcer toutes deux. Alors dépêchez-vous, car bientôt le divorce sera défendu. »

Les danses commencèrent. L'Empereur s'assit dans un fauteuil, espèce de trône provisoire, sur un tapis et un coussin qu'il repoussa du pied, et fit fort bien, car c'était fort ridicule. Les maréchaux et autres dignitaires faisaient cercle près du fauteuil. Il resta environ deux heures à ce bal.

Le souper fut servi avec une profusion et une recherche vraiment étonnantes; le chef de mon père, qui l'avait dirigé, avait fait un prodige par le temps qui courait. Ma tante me dit ensuite que lorsqu'elle se rendait au bal, un homme s'évanouit et expira de faim dans la rue. C'est affreux! Luxe et misère! quel contraste! et c'est de quoi le monde se compose.

Au sortir du bal on me proposa de faire, pour me délasser, une promenade à cheval; mais j'eus assez d'empire sur moi pour refuser; et cependant je ne dormis que deux heures. Le comte de Narbonne m'offrait son cheval, qu'il m'assurait être fort doux. Ce n'était pas l'embarras, car j'étais amazone intrépide, montant tous les chevaux, dès l'âge de quatorze ans, pour faire la Jeanne d'Arc. J'en avais la fièvre; j'en perdais le boire et le manger et le sommeil, et me levais à quatre heures du matin quand il s'agissait d'une promenade. Ma gouvernante me disait :

« Ah! ma chère enfant, que je crains pour vous ces passions si vives. »

Hé bien! elle se trompait, car je n'ai jamais eu que cette passion *chevaline*. Je disais toujours d'avance au piqueur qui exerçait nos chevaux de selle de ne pas monter le mien. Ce cheval, qui était naturellement très-vif, sautait à plaisir. Mon père grondait le piqueur qui disait, lui, le traître :

« Mademoiselle a défendu de monter son cheval. »
Alors c'est *Mademoiselle* qui était grondée.

« Vous ne serez pas contente que vous ne vous soyez cassé le cou, » me disait mon père. Et puis il m'appelait *Cosaque*.

A mon grand regret, mon père, à l'entrée de la campagne, avait cédé tous ses chevaux de selle aux aides de camp de l'empereur Alexandre, et fait cadeau au général Kossakowski d'un cheval si beau que Napoléon le remarqua, c'est tout dire. Mon père tirait tous ses chevaux de son propre haras. Celui du général Kossakowski fit la campagne de Russie, puis celle de France, et revint terminer paisiblement sa carrière équestre et mourir de vieillesse chez son maître, qui lui fit élever dans son parc un monument avec mention fort honorable de ses services pendant la guerre.

Tous les messieurs de la cour napoléonienne nous assuraient au bal que l'Empereur avait été de fort bonne humeur, très-aimable. Je me taisais. Il était aussi impossible à Napoléon de lutter dans un salon avec Alexandre, qui était l'amabilité incarnée, qu'à Alexandre de lutter de génie et de talent avec Napoléon sur un champ de bataille.

CHAPITRE XII.

Promenade à cheval. — Rencontre de l'auteur avec Napoléon à Zakret. — Ruines d'hier à Zakret. — Belle revue de la garde impériale. — Election d'un roi de Pologne. — M. Le Lorgne d'Ideville, secrétaire de l'Empereur. — Nouvelle de Venda et Ritiger, par l'auteur.

Je fis une promenade à cheval qu'on peut dire historique vu la circonstance. J'étais avec Mme Bago, le colonel Gielgoud, celui-là même qui fut tué pendant l'insurrection de 1830, à Memel, par un fanatique polonais qui l'assassina en l'appelant traître sans preuves. Ce fut le comte Alexandre Potocki, grand écuyer du roi de Saxe, qui nous prêta ses chevaux. Il m'en fit monter un duquel il était tombé, tout grand écuyer qu'il était; ce qui le désolait, ce n'était pas tant d'avoir été désarçonné en notre présence, que d'être exposé aux *gorges chaudes*, disait-il, que ses grooms feraient à ses dépens en rentrant chez eux. Cette vilaine bête avait l'habitude de tourner sur place; elle commençait à faire ses tours sous moi, aux grands cris de M*me* Bago, qui me voyait déjà à terre; mais je rendis la main, la caressai doucement et l'apaisai. Une autre fois, dans une rue étroite, elle fit un tel saut de carpe, que je me trouvai hors de selle et n'y retombai que par un effet d'adresse. Force me fut d'y renoncer par prudence; d'ailleurs mon père fit venir d'autres chevaux de son haras parfaitement dressés et sûrs.

A peine étions-nous hors des portes de la ville, que nous rencontrâmes l'Empereur et sa brillante escorte qui revenait de Zakret. Napoléon fit quelques pas au-devant de nous en nous demandant si nous étions bonnes *cavalières*. Comme ma compagne avait peur de parler, je répondis :

« Sire, sans nous vanter d'être bonnes *cavalières,* nous aimons beaucoup l'exercice du cheval. »

Quelques pas encore après l'auguste et mémorable rencontre, nous vîmes ce Zakret si brillant peu de jours auparavant de tout l'éclat d'une fête et de la présence du plus aimable souverain. Il était en ruines! Nos chevaux montèrent sur ce plancher où j'avais dansé avec Alexandre. Les orangers étaient renversés, brisés. Le château, meublé avec la plus grande élégance, le château était entièrement dévasté. Les belles serres remplies de plantes exotiques, détruites et pillées non-seulement par les soldats qui n'y trouvaient que le plaisir de détruire, mais par quelques personnes de la ville. L'ortie et le chardon croissaient où fleurissaient les roses, où mûrissaient les ananas... Un silence désolant régnait partout dans ces lieux que j'avais entendus retentir des sons de la musique, des accents de la gaieté et du plaisir. Les oiseaux seuls faisaient entendre leurs chants toujours joyeux et n'avaient point déserté les ombrages touffus. La cascade était tarie; Zakret, en un mot, était destiné à servir d'hôpital militaire. En parcourant les appartements déserts, nous trouvâmes le buste du général Benigsen gisant à terre et sans tête. Le comte Alexandre Potocki dit : Il est plus ressemblant que jamais. Le mot est plus méchant que juste. Le général avait des talents militaires appréciés même de Napoléon, qui lui dit à Tilsit : Général, vous avez été bien méchant. Peut-être faisait-il allusion dans sa pensée à la mort de Paul Ier. Une autre fois, à une grande revue de la très-belle garde impériale, Napoléon passa très-près de nous ; il remarqua Mme Bago, et l'instant d'après, un page accourut pour lui demander son nom et si elle était polonaise. Tous les messieurs de notre société se mirent à faire de mauvaises plaisanteries et voyaient déjà dans Mme Bago une nouvelle édition de Mme Walewska, mais il n'en fut rien.

Un soir, à une réunion chez ma tante, plusieurs dames et messieurs faisaient l'élection du roi de Pologne. Chacune avait le sien : on avait commencé, bien entendu, par Napoléon, et M. de Narbonne disait :

« Comme l'Empereur a la manie des couronnes, il est possible qu'il s'applique encore celle-ci sur la tête. »

On me demanda aussi mon choix, je répondis avec distraction :

« Je ne connais pas tous ces messieurs-là. »

Ma réponse dût paraître énormément stupide.

Il m'échappait souvent des naïvetés encore plus fortes. Mlle Taffin m'avait engagée à donner à lire à M. d'Ideville, secrétaire interprète de l'Empereur, et qui savait parfaitement le russe, ayant passé plusieurs années à Pétersbourg, à l'ambassade, une petite nouvelle, *Vanda et Ritiger,* tirée de l'histoire de Pologne, et dans laquelle il y avait des allusions flatteuses pour Napoléon. Je l'avais écrite à l'âge de 16 à 17 ans, et sans vanité, c'était une production assez remarquable pour une si jeune personne. Je me souviens que je la composais à mes heures libres, le soir ; je m'enfonçais dans un fauteuil, je faisais semblant de dormir et j'arrangeais mes phrases dans ma tête. Ma sœur disait : « Voyez un peu cette Sophie, au lieu de prendre part à la conversation, elle est là qui dort. » Dès que seulement j'eus appris à former mes lettres, je m'amusais à composer. Je voulus écrire une tragédie sur le jugement de Salomon ; j'en fis la première scène d'un grand pathétique, mais comme le dénoûment, c'est-à-dire l'enfant coupé en deux se trouvait tout au début, il me fut impossible de continuer. Je me jetai dans le genre comique qui me réussit mieux, car il n'avait pas le sens commun. Mon frère aîné copiait de sa belle écriture, et le cadet illustrait mes pièces ; j'étais ravie. Avant de prétendre au rôle de Jeanne d'Arc, je m'étais faite reine de la lune ; rien d'assez beau pour moi sur la terre. Le soleil était trop éblouissant, j'aimais la lumière douce et brillante de la lune; va donc pour la lune. J'étais une reine magnifique, l'or et les diamants ruisselaient dans mon royaume. Ma petite cousine était ma dame d'honneur, un de mes frères vice-roi, l'autre grand veneur. J'avais fait écrire le tableau de tous mes pensionnaires et charges de la cour. Cette folie, sujet inépuisable d'inventions, dura quelque temps; on ne l'oublia jamais. Quand j'avais quelques idées extraordinaires, ma mère ne manquait pas de dire : Sophie se croit encore dans son royaume de la lune. Cette Vanda, première reine de Pologne, aimée d'un prince allemand, préféra se noyer dans la Vistule, à Cracovie, que de s'unir à un prince étranger. Il y a des légendes sur cette tradition que chante encore le peuple cracovien. Je supposais que Vanda, païenne, était allée consulter l'oracle de *Lel et Polel* (Castor et Pollux) dans le fond d'une forêt.

« Le grand prêtre, averti du dessein de la
» reine, prépare le sacrifice en prononçant des
» paroles mystérieuses. Il jetait dans le feu des
» herbes préparées qui répandaient autour de la

» reine des vapeurs somnifères. Il évoque,
» de l'empire de Morphée, les songes subtils.
» Vanda, entraînée par leur pouvoir, cède par
» degrés au sommeil qui pèse sur ses sens. Mille
» songes légers voltigent aussitôt à l'entour et lui
» font connaître successivement l'histoire de sa
» patrie. Elle voit comme à travers un brouillard
» épais ses nombreux successeurs se disputer le
» trône et rendre malheureux leur pays par leurs
» brigues et leurs dissentions. Une nouvelle reli-
» gion est introduite par une femme étrangère,
» et elle est embrassée avec zèle dans tout l'État.
» Des rois conquérants agrandissent les limites
» de la Pologne et la font gémir par leur despo-
» tisme. Elle ose enfin secouer leur joug et donne
» des entraves au pouvoir souverain en établis-
» sant l'élection pour les rois, source de tous les
» malheurs, des guerres civiles et de l'anarchie.
» Elle admet ensuite dans son sein des princes
» étrangers qui s'enrichissent à ses dépens, in-
» troduisent avec le luxe la dépravation des
» mœurs et préparent la Pologne à une ruine
» totale et prochaine. Le dernier songe présente
» plus distinctement à Vanda un jeune roi cou-

» ronné par une femme, assis sur un trône de
» fleurs avec tous les attributs de la mollesse et
» des plaisirs. Les arts à l'envi viennent lui ren-
» dre hommage. Il paraît s'endormir au sein de
» la volupté sans voir à ses pieds le précipice qui
» menace de l'engloutir et les nuages qui s'assem-
» blent sur sa tête. La foudre éclate. Trois aigles
» noirs, au milieu des éclairs, sortent de la nue
» et fondent sur un aigle blanc qui, après avoir
» vainement lutté contre eux, succombe sous
» leurs efforts réunis et devient leur proie. Le
» tonnerre gronde, la foudre éclate, le trône
» s'écroule et disparaît dans l'abîme entr'ouvert.
» Un tombeau entouré de ruines a pris sa place,
» et une profonde obscurité a revêtu de ses tristes
» crêpes cet objet sinistre. Soudain apparaît un
» génie rayonnant de gloire; il vole avec rapi-
» dité, laissant après lui un long sillon de lumière;
» un aigle d'or plane sur sa tête; nul obstacle
» ne l'arrête; il commande et tout s'aplanit; la
» nuit disparaît à son approche; il ouvre le tom-
» beau et ranime une femme d'une figure inté-
» ressante et noble... »

Pendant que M. d'Ideville lisait mon petit manuscrit, faisant de temps à autre des exclamations auxquelles je ne prêtais pas attention, tout occupée que j'étais de parler au valet de chambre, Turc de naissance, mais converti, qui venait d'arriver de la campagne et nous apportait des nouvelles de mon frère, une grande caisse de superbes giroflées, du beurre frais et d'autres petites douceurs qui me faisaient sauter de joie; enfin Kalzibacha me disait que la terre de Rakichki, fameuse dans le commerce par ses lins, et située sur les confins de la Courlande, n'avait pas souffert du passage des troupes; le maréchal Macdonald avait entretenu une subordination parfaite dans son corps d'armée. Heureuse de toutes ces nouvelles, je m'écriai dans ma joie :

« Ah! mademoiselle Taffin, comme ils sont heureux là bas, ils n'ont pas vu un Français! »

M. d'Ideville interrompit sa lecture.

« Oh! comme on nous aime ici, » dit-il.

Un peu interdite : « Ce ne sont pas les Français, dis-je, c'est l'armée.

— Oui, oui, je comprends, les pillards. »

Il y en avait de toutes les nations, pas seulement des Français.

Après avoir fini sa lecture, il me demanda avec instances d'emporter le livret.

« Je le destine à ma mère, dis-je à M. d'Ideville, et personne encore ne l'a lu.

— Je vous le rapporterai, soyez-en sûre.

— Mais, qu'en voulez-vous faire? demanda M#lle# Taffin, puisque vous l'avez lu.

— C'est mon idée. »

J'y consentis, pour ne pas avoir l'air d'y attacher plus d'importance que la chose ne valait.

J'aimais à me reposer du fracas des événements dans des promenades solitaires avec ma compagne. J'allais m'asseoir au bord de la rivière, je regardais les flots miroités et pressés de fuir dans le courant de l'onde. Là, je respirais un moment de cette dissipation dans laquelle j'étais forcée de vivre depuis quelque temps, et qui ne convenait pas à ma nature rêveuse. Là, j'oubliais les événements politiques qui s'étaient succédé avec autant de rapidité que ces flots qui coulaient à mes pieds; toutes ces armées, toutes ces nations, comme annoncées par l'Ecriture : « Ils
» viendront de loin, les uns du septentrion, les
» autres de la terre du couchant et les autres de

» la terre du midi. » Et les souverains Alexandre et Napoléon !

Toutes ces pensées m'inspiraient une tristesse invincible (c'était un pressentiment), mais j'y trouvais plus de douceur que dans le tourbillon de la société, soutenu, excité par la frivolité, le désœuvrement, la vanité. Je me trouvais heureuse de rentrer en moi-même, et il y a tant de personnes qui craignent de réfléchir! Je les plains. Pour moi, la mélancolie était la situation la plus douce, et je la préférais à la gaieté, me gardant bien de le dire, car on m'aurait trouvée romanesque, ce dont j'eusse été bien fâchée.

Comme je m'en retournais un soir d'une de ces promenades solitaires, et apparemment impressionnée de ce conflit de pensées, j'entendis un soldat qui disait à son camarade :

« Tiens, voilà la vierge mourante! »

Ce mot fit bien rire Mlle Taffin.

CHAPITRE XIII.

Départ de Napoléon pour l'armée. — Le duc de Bassano. — Portrait du roi de Rome. — Impressions de l'auteur. — Bataille de Mojaïsk ou Borodino. — Prise de Moscou.

Après un séjour de plus de quinze jours, Napoléon avait quitté Vilna, poursuivant l'armée fantastique des Russes qui lui échappait toujours pour éviter une bataille. On suivait le plan de Bernadotte, qui avait dit : « Retirez-vous devant le *grand gagneur de batailles*, vous l'attirerez dans le piége. » Dans ce système, la défense de Smolensk, même la bataille de Borodino, n'étaient qu'une effusion de sang et une rencontre inutile. On pouvait bien présumer que le succès d'une bataille appartiendrait aux Français, au grand capitaine qui les commandait.

Quand on sut à Vilna que le général Kotouzoff avait pris le commandement de l'armée, le duc de Bassano me dit :

« Il faut espérer que nous aurons bientôt la paix, car M. Kotouzoff a le talent de se faire bien battre. »

Le bon duc de Bassano, qui me témoignait, ainsi qu'à mon père, beaucoup d'amitié, nous tenait au courant des nouvelles. Il nous annonça la prise de Smolensk, nous lut les lettres du prince de Neuchâtel, de M. d'Ideville, qui lui mandait aussi que l'Empereur s'était convaincu que le comte Tisenhaus était bon Polonais. Je crois que le petit livret y était pour quelque chose.

Un matin, j'allai voir chez le duc le portrait du roi de Rome, que l'Impératrice envoyait à l'Empereur par le maire du Palais, M. de Beausset. Comme ce titre de maire m'étonnait :

« Oh! me dit le duc en riant, nous ne sommes plus au temps des rois fainéants. »

Je ne croyais pas trouver le duc chez lui, mais il vint au-devant de moi dans l'antichambre et me conduisit devant ce portrait, peint par Gérard et comme Gérard savait peindre. Je trouvai au petit roi de Rome une grande ressemblance avec son père. Je me souviens que lorsque je le dis à l'empereur Alexandre, il me dit :

« C'est fort heureux pour lui, car, d'après les bruits qui couraient, on aurait pu en douter. »

Toujours de ces histoires d'enfant supposé, comme pour le duc de Bordeaux. Le roi de Rome était représenté à demi-couché sur un coussin de velours vert, vêtu seulement d'une chemise légère qui lui tombait de ses jolies épaules, jouant d'une main avec un petit sceptre d'ivoire en guise de hochet, et s'appuyant de l'autre sur un globe posé à côté de la décoration du grand ordre de la Légion-d'Honneur, et qui, en effet, ne devait être pour l'auguste enfant que de vains hochets. Il y avait un air de décision et de caractère remarquable dans cette figure enfantine.

Le duc me surprit dans une méditation profonde devant ce portrait, et me le dit en souriant. J'oubliais où j'étais, et je songeais en moi-même quelles seraient un jour les destinées de l'enfant d'un si illustre père. Singulière prévision de l'avenir dont je ne me rendais pas compte précisément et qui tenait à une nature clairvoyante, car j'avais été un peu somnambule dans mon enfance, d'où m'étaient resté des pressentiments qui m'ont rarement trompés.

J'obtins pour Rustem, mon maître de dessin, la permission de tirer une copie de ce portrait. Le duc y consentit avec sa courtoisie ordinaire, à condition qu'il serait censé ne pas le savoir.

Le duc de Bassano me raconta une promenade très-singulière que Napoléon fit avec M. d'Ideville et un Cosaque placé entre eux, sans se faire connaître à lui, et s'amusant à le questionner par son interprète sur la France, sur la guerre actuelle, à quoi le Cosaque répondait avec beaucoup de jugement et d'esprit naturel; enfin il lui fit demander s'il avait entendu parler de Napoléon. Le Cosaque dit que oui, qu'il connaissait son expédition en Egypte et savait que nul ennemi ne pouvait lui résister. — « Voudrais-tu le voir? — Sans doute. — Et bien, regarde, le voici. » Le pauvre Cosaque resta comme anéanti dans son admiration, et il fut impossible d'en tirer une parole et de détourner ses regards de l'objet qui venait de les frapper.

On organisait, d'après l'ordre du gouvernement provisoire, plusieurs régiments lithuaniens. Mon frère fut nommé colonel d'emblée; il ne s'en souciait guère; il n'avait pas l'idée du service; on lui adjoignit pour tuteur M. L***, lieutenant-colonel.

Mon autre frère forma à ses frais une compagnie d'artilleurs à cheval; on lui fournit seulement les canons. Tous ces préparatifs, ces exercices, ces armements se faisaient avec lenteur, et cela ne pouvait être autrement; les hommes étaient bien là, mais avant de leur mettre l'arme au bras, fallait-il leur apprendre à s'en servir. Napoléon écrivait au duc de Bassano :

« J'ai reçu un grand renfort de la Lithuanie; Oginski est arrivé avec trois hommes de la garde d'honneur. »

Le duc de Bassano accourut un jour tout essoufflé chez moi m'annoncer la nouvelle d'une grande victoire remportée par les Français à Mojaïsk; je n'en ferai certes pas le détail, cela rentre dans le domaine de l'histoire et ressort de la plume d'une femme; mais je fus péniblement impressionnée d'une phrase de Napoléon au sujet de la bataille de Mojaïsk, appelée Borodino par les Russes : « *C'était le plus beau champ de bataille qu'on pût voir!* » Beau! couvert de tués, de mourants, de blessés !

Le duc espérait que bientôt Moscou serait pris et qu'il irait y traiter de la paix. Le temps allait bientôt prouver qu'une capitale de moins ne pouvait décider du sort de la guerre.

Un matin j'étais allée chez ma grand'tante, supérieure du beau couvent des Bénédictines (fondation des Pac), qui avait été pris par les Français pour y établir un hôpital, et l'on envoya *parquer* toutes les pauvres saintes brebis dans le couvent des Bernardines. A toutes les réclamations que nous faisions en faveur de la pauvre supérieure (au couvent dès l'âge de 4 ans), les Français ne faisaient que rire, disant que cette réunion de religieuses n'en serait que plus gaie ; ce ne fut qu'au retour des Russes que j'obtins pour ma grand'tante, sa rentrée dans sa propriété. Il me semble voir encore cette bonne petite vieille, blanche comme la cire la plus transparente, sous son voile de gaze noir et son capuchon bordé d'hermine, me comblant de pains-d'épices, d'excellents petits pains au lait du plus pur froment. Cette fondation était très-riche, comme toutes celles que les Pac ont fondé en Lithuanie ; la belle église de Saint-Pierre et Saint-Paul, près de Vilna, enrichie des dépouilles des Turcs, conquises par le hetman Pac. Le couvent des Camaldules, avec une superbe église, ornée de marbre et de tableaux d'Italie, souvenir des Pazzi de Florence, près de Kowno. Le couvent et l'église ont été donnés aux moines grecs, et toutes les pieuses fondations confisquées au profit du gouvernement en 1835. Ma grand'tante traversa pour la première fois de sa vie toute la ville sans la voir dans la voiture de son frère le comte de Ziberg, dont les stores étaient baissés. Elle était toujours accompagnée de sa favorite, une toute jeune et charmante religieuse qui aimait beaucoup à me questionner sur mes toilettes de bal et me disait naïvement : « Comme cela doit bien vous aller ! » Je pensais, sans le lui dire : « Ma pauvre sœur, elles vous siéraient bien aussi. » C'est au couvent que j'appris la première nouvelle de la prise de Moscou, évacuée par les Russes, le 7 septembre, sans avoir livré de bataille. Le duc de Bassano vint ensuite me confirmer cette nouvelle, mais il n'avait pas l'air extrêmement satisfait, et je remarquai comme un nuage sur le front du diplomate ministériel. Il regrettait que mon père fût absent (il était allé pour quelques jours à la campagne) pour lui demander des détails sur les localités de Moscou. Il ne parlait plus de son prochain départ. Quelques jours après il vint me lire de nouvelles lettres de Moscou, sur le terrible incendie qui l'avait presque entièrement consumé. Ces détails sont trop connus, ont été traités par les témoins oculaires, pour que j'en reparle dans ces mémoires.

CHAPITRE XIV.

La comédie bourgeoise à Vilna. — Nouvelles alarmantes de l'armée. — Apparition de Cosaques. — Charpie. — Prince Joseph Poniatowski. — Dîner d'adieu chez le duc de Bassano. — Napoléon aux portes de Vilna. — Retraite des Français. — Départ du comte Tisenhaus avec le gouvernement provisoire de Lithuanie. — L'auteur reste à Vilna.

Pendant qu'il se passait des événements de cette grave importance, on nous faisait jouer la comédie à Vilna : *Les femmes de Desmoustiers*, la *Revanche*, les *Ricochets*, car il fallait s'amuser et s'étourdir ; l'horizon s'obscurcissait chaque jour davantage. Pourquoi Napoléon, se fiant aveuglément à son étoile, n'avait-il pas voulu s'arrêter à Smolensk et suivre les conseils de tous ses généraux ? Il en sentit l'opportunité, disant plus tard : « Est-ce que mon frère Alexandre veut me faire jouer le rôle de Charles XII ! » Il croyait à la paix, et cet espoir lui fit perdre un temps considérable à Moscou... et puis reprendre, dans une saison si avancée, la même route à travers un pays saccagé, détruit! Comme l'automne avait été plus beau qu'à l'ordinaire, Napoléon disait à son secrétaire interprète d'un air incrédule :

« Hé bien! où sont vos froids, vos gelées? »

L'hiver ne tarda pas à lui donner un terrible démenti, dès le commencement de décembre, en signalant toutes ses rigueurs plus intenses que jamais. Si Napoléon eût eu la moindre prévision de l'avenir, il aurait vu surgir des steppes neigeuses et glacées de la Russie, le tombeau de Sainte-Hélène !

Enfin arriva le moment où les communications avec la grande armée se trouvèrent interrompues; les partis de cosaques se montraient sur différents points. La maréchale Oudinot, duchesse de Reggio, était arrivée précipitamment à Vilna pour soigner son mari qu'on avait ramené blessé du combat de ***. Je n'oublierai jamais l'expression avec laquelle la maréchale me dit, après m'avoir demandé si j'avais des frères et s'ils étaient au service. « Vos peines vont donc commencer! » Ces mots furent un présage bien vrai. L'empereur Alexandre me parla avec beaucoup d'estime du maréchal Oudinot.

Le duc de Bassano, affectant une tranquillité d'esprit qu'il était loin d'avoir, nous disait que l'Empereur ne tarderait point à prendre ses quartiers d'hiver, que nous aurions théâtre de société pour remplir les soirées, etc., etc. Et mon père, de son côté, songeait à me renvoyer passer mes quartiers d'hiver à la campagne, ce qui ne me souriait nullement. La solitude dans la belle saison, c'est bien; mais dans la neige et les frimas, merci! L'alarme se répandit jusqu'à Vilna, où l'on disait que les Cosaques s'étaient montrés à douze lieues seulement de distance. Les régiments lithuaniens étaient campés autour de la ville. J'allai bravement à cheval avec mon père voir le régiment de mon frère. Mon père me demandait ce que je ferais si les Cosaques se montraient. « Je ne serais pas fâchée, lui dis-je, de voir une escarmouche. » Plusieurs jeunes officiers français, entre autres les aides de camp du maréchal Oudinot, qui étaient tous nos acteurs, nous joignirent; on les envoyait à la découverte avec plusieurs détachements. Ils nous reconduisirent en ville, me demandèrent ma bénédiction et ma main à baiser, pour leur porter bonheur, pleurant de ne pouvoir aller le soir au bal du comte Hogendorp; le petit comte de Termes, entre autres, avait deux ou trois rôles dans sa poche. Voltaire définissait bien les Français : petits-maîtres à la cour, héros aux champs de Mars.

Nous passions généralement nos soirées à faire de la charpie. Le duc de Bassano y travaillait avec nous et ne paraissait jamais de meilleure humeur que quand les affaires allaient le plus mal. Le secrétaire du roi de Naples, M. Lechat, me fit de charmants vers sur la charpie; en voici quelques-uns que j'ai retenus :

> Partout chez Chloris, chez Sophie,
> Comme la neige en ces climats,
> On voit tomber blanche et douce charpie.

. . . .

> Guerrier blessé mais non vaincu
> Ton sort est digne d'envie,
> Puisque la beauté, la vertu,
> Te préparent de la charpie.

La rime n'était pas riche.

Un directeur d'hôpital à qui je fournissais de la charpie qui se faisait chez moi, me donnait des détails affreux sur le dénûment où l'avidité, l'incurie des ordonnateurs français laissaient les hôpitaux. Ceux-ci vendaient aux papeteries toute la charpie envoyée de France, et l'on pansait les blessés avec du foin, de la bourre. Ce brave homme me disait :

« Si le duc de Bassano, au lieu de faire sa cour aux dames, allait visiter nos malades, cela irait autrement. Oh! si l'Empereur était ici! »

Le premier *revenant* de l'armée fut mon cousin le comte Michel Brzostowski. Il avait laissé Napoléon et le quartier-général à Smolensk, et lui-même n'avait pu passer par Minsk, déjà occupé par les Russes. Il nous raconta des choses inouïes sur la grande armée, et que l'on traita de fable : « Figurez-vous, nous disait-il, que c'est le carnaval de Venise ou la rue de Tolède, à Naples; ce n'est plus une armée. Je doute qu'on en veuille donner le spectacle à Vilna. »

Je crois que le duc de Bassano pria mon cousin de modérer ses récits. Ils n'étaient que trop vrais, et nous allions en avoir la triste réalité sous nos propres yeux. Tous ceux qui arrivaient de l'armée étaient dans un état digne de pitié, exterminés par les fatigues, le froid, l'inanition. Cela faisait frémir! Ah! quel fléau que la guerre! Comme les Anglais devaient se réjouir et battre des mains en signe de triomphe. On attendait incessamment Napoléon. L'admirable valeur du *brave des braves*, le maréchal Ney, et les fautes de l'amiral Tchichagoff sauvèrent du gouffre de la Bérésina l'Empereur, qui s'écria : « A présent, j'espère revoir la France ! » Fût-ce un bien pour lui? N'eut-il pas été plus heureux pour Napoléon d'être prisonnier du généreux Alexandre qui lui eut imposé la paix à des conditions honorables pour la France, que de courir sur nouveaux frais les chances de la guerre contre toute l'Europe coalisée.

Mais à peine sauvé des marais de la Bérésina, Napoléon écrivait au duc de Bassano que tout allait bien, que la campagne n'était pas perdue et pouvait encore être très-brillante.

Il se plaignait des Autrichiens. Il y avait de quoi! Il parlait de nouvelles levées d'hommes, d'argent demandé au sénat, de nouvelles victoires pour faire oublier les désastres de la campagne de Russie. Enfin, il était décidé à abandonner les restes de la grande armée, réduite presqu'à zéro pour aller, selon son expression, *peser* sur son trône en France. Mais son étoile, pâlie sous le ciel rigoureux de la Russie, ne devait plus jeter que par intervalles quelques brillants rayons d'autrefois, éclairer les derniers efforts du génie et de l'héroïsme, luttant contre le destin ou plutôt la Providence qui, après avoir élevé cet homme au-dessus de l'univers, allait le laisser tomber bien bas, sur un rocher, dans une île, au milieu de l'Océan, cet homme qui disait étouffer au centre de ses conquêtes dans la vieille Europe! Cependant jamais Napoléon ne s'est montré si grand que dans cette cage de pierre, cette île de Sainte-Hélène où, selon la magnifique expression de Châteaubriant, il était *prisonnier de l'Océan et de la terreur du monde*, lorsque le vautour du malheur lui rongeait le cœur pour assouvir la haine vengeresse de l'Angleterre.

Le 5 décembre, par un froid de vingt et quelques degrés, on sut et l'on se disait à l'oreille, car il était expressément défendu d'en parler, que Napoléon s'était arrêté dans les faubourgs, à la porte de Vilna, avait déjeuné dans sa voiture, causé avec le duc de Bassano, pendant que son cocher tombait mort de froid, que le duc de la Rocca Romana, qu'on appelait l'*Apollon du belvédère,* colonel de la belle garde napolitaine que Murat avait eu l'extravagance de faire venir pour se geler à la fin de la campagne, dans le même équipement qu'à Naples, uniforme de housard amarante et en petit manteau en drap blanc, des chevaux délicats et charmants; enfin ce duc de la Rocca Romana, en assistant au déjeuner de Napoléon eut les pieds et les mains gelés, c'est-à-dire perdus, parce qu'il les mit dans l'eau chaude au lieu de les frotter de neige, prétendant que c'était un conseil perfide qu'on lui donnait là.

Ce même jour, à notre grand étonnement, mon père et moi, reçûmes une invitation à dîner chez le duc, et j'y fis la connaissance du prince Joseph Poniatowski, le Bayard de l'armée polonaise. Il n'était plus très-beau, mais il avait une figure martiale, distinguée, s'exprimant avec élégance en français comme dans sa langue maternelle. J'étais debout devant la cheminée, le prince assis à côté; tout-à-coup, je me sens saisie par la robe; c'était le prince Poniatowski qui éteignait le feu qui avait pris à la frange de ma jupe. Le prince Joseph me semblait seulement trop gai pour la circonstance présente. Il est vrai que par fois il retombait dans la rêverie. Le duc de Bassano affectait aussi de la gaieté et l'esprit libre. Il me dit de deviner qui lui avait demandé de mes nouvelles dans la journée. Je ne devinais pas. « Oh! vous le saurez certainement. »

Il s'éloigna pour parler à quelqu'un qui avait affaire à lui. Je n'y pensais plus, croyant à quelques plaisanteries sur le compte de jeunes Français, mais il revint à la charge en me demandant si je n'étais pas bien curieuse. Je répondis que je ne l'étais pas de mon naturel.

« Hé bien, me dit-il confidentiellement, c'est l'Empereur! Je l'ai vu ce matin, nous avons parlé d'affaires assez sérieuses pendant deux heures. » L'Empereur l'avait plaisanté sur ce qu'il était vêtu si légèrement, malgré le froid extrême, « et cependant, disait le duc, je m'étais permis de garder une redingote fourrée; » et lui avait dit qu'au lieu de faire la cour aux dames de Vilna, il avait dû passer son temps au bivouac; « enfin, je l'ai trouvé *très-bon et très-gai.* » Il y paraissait!

« Il m'a demandé de vos nouvelles, et a dit que

c'était le seul souvenir qu'il emportait de Vilna.

— Assurément, dis-je au duc, je ne m'en serais jamais doutée. »

Quand je le dis à mon père, en revenant à la maison, mon père me dit :

« N'en croyez rien, le duc a dit cela pour vous engager à partir. »

Quant à moi, si préoccupée par les malheurs du temps, je n'en fus nullement impressionnée ni flattée. Dans la suite, je pensai qu'il était possible que M. d'Ideville eut communiqué à l'Empereur ce que j'avais écrit sur lui dans ma petite Nouvelle. L'on sait assez que Napoléon aimait les flatteries, et comme celle-ci était parfaitement naturelle et désintéressée, il aura pu en être flatté. Je regrette de n'avoir pas questionné à ce sujet M. d'Ideville, surtout lorsqu'il m'apprit que le livret avait été brûlé dans les équipages de l'Empereur pendant la retraite. Mais, pouvais-je penser à cela dans un moment pareil de troubles, d'alarmes et de tristesse. On ne voyait dans les rues que la triste procession de soldats, d'officiers dont on ne reconnaissait plus le caractère ni le rang, vêtus qu'ils étaient de la façon la plus grotesque, affublés de chapeaux de velours en place du casque de cuirassier, de manteaux en satin noir sous lequel on apercevait les éperons du cavalier, tirant par la bride son cheval efflanqué glissant à chaque pas sur le sol glacé. D'autres enveloppés d'ornements d'Eglise, de chapes, de chasubles, parements d'autels entassés l'un sur l'autre, pour se garantir d'un froid dont rien ne pouvait préserver. Enfin avec des robes de chambre fourrées de femmes dont les manches étaient attachées à leur cou, ou bien traînant des couvertures de laine, des linceuls, des draps mortuaires, sombres livrées, enseignes funèbres de la mort ; ils s'avançaient, figurant dans cette *mascarade historique* la gloire expirée d'un grand conquérant. Fantassins, cavaliers, artilleurs, ne reconnaissaient plus d'autorité. Sans ordre, sans discipline, presque sans armes, le visage et les mains noircis par le feu du bivouac, privés, par l'excès du besoin et des souffrances physiques, de tous sentiments, hors celui du courage qui n'abandonne jamais le Français, ils marchaient, confusément, jonchant les routes de cadavres et implorant le secours de la patrie.

Ce spectacle était à la fois sinistre et ridicule. Voilà comme j'ai revu cette armée qui avait passé par Vilna au mois de juin, brillante et rapide comme l'éclair! Et cependant ce n'était point une armée vaincue, mais défaite par le climat et le manque total de vivres. Napoléon ne pouvait être vaincu que par lui-même.

Mon père avait donné asile à plusieurs Français qui se mouraient de faim et de froid, entre autres le général Jumilhac, beau-frère du duc de Richelieu, qui s'était recommandé à mon père du nom de la princesse Radzivil, ma tante, qu'il avait connue à Varsovie et dans ses beaux jardins de l'Arcadie. Le pauvre général ne faisait que soupirer après sa bonne princesse, et, dinant avec nous, disait : « Vous ne sentez pas le bonheur de manger à table! » Puis, nous montrant ses mains : « Elles sont propres, mais noircies par le feu du bivouac. C'étaient celles d'un ramoneur. L'empereur Alexandre prétendait que c'était un procédé qu'avaient les Français : « Mes soldats, disait-il, étaient également exposés à la fumée sans noircir leurs mains comme les Français. »

Tout le monde fuyait Vilna, amis, parents, connaissances; on se disait adieu en se demandant, où nous reverrons-nous, quand et comment? On parlait du sort de la malheureuse Pologne devenu si incertain! Que de sang elle avait coûté, et combien elle en ferait verser encore! Je n'ai pas éprouvé un seul instant le sentiment de la crainte, je n'ai pas songé au danger que tout le monde fuyait; mais combien mon esprit a été agité, mon cœur déchiré par tant de séparations douloureuses!

Mes frères partis, mon père au moment de partir, ayant tout à craindre, s'il partait, de perdre ses biens, et s'il restait, d'être envoyé peut-être en Sibérie, où il avait déjà été, sous le règne de Paul Ier; prisonnier de guerre dans les casemates avec tous les officiers de son régiment de la garde polonaise, sous Catherine II. Le duc de Bassano l'engageait à partir et à m'emmener avec lui; mais les desseins de mon père étaient bien différents. Il était décidé à me laisser à Vilna et à partir avec tous les membres du gouvernement provisoire. Il me donna plusieurs conseils relatifs à la conduite que je devais tenir, disant qu'il n'y avait que moi qui pût le sauver, lui, mes frères et sa fortune. Que si les affaires l'exigeaient, il faudrait que j'allasse à Saint-Pétersbourg implorer les bontés de S. M. « Enfin, tâchez de sauver au moins votre dot, et je serai content. »

J'écoutais ce que me disait mon père, assis dans une chambre mal éclairée, moi, marchant et fondant en larmes, ce qui me soulageait, car j'avais une oppression qui m'étouffait. L'idée de me trouver bientôt seule, et dans quel moment ! lorsqu'on ne savait pas encore quel serait le sort de Vilna, sans parents, sans amis, sans protecteurs, était accablante et m'inspirait le plus violent désir de quitter le pays. Je me couchai triste à mourir et me réveillai de même. Ah ! que dans le chagrin le réveil est une chose pénible ! Ce moment où les sens luttent encore avec le sommeil, on éprouve déjà le sentiment de la peine sans pouvoir le définir et dégager les idées qui assaillissent à la fois l'esprit. On ne sait si l'on a souffert ou si l'on s'attend à souffrir; c'est un poids qui reste sur le cœur. Je me levai dans cet état. La matinée se passa dans les préparatifs du départ de mon père. Il m'exhorta au courage et partit non sans émotion.

Le tumulte fut grand ce jour-là dans la ville, car on se disposait à l'évacuer. Le roi de Naples eut la bonté de me faire assurer par son secrétaire qu'on ne défendrait point la ville et que je n'avais rien à craindre. Le roi partit dans la soirée. Les soldats allumaient du feu dans les rues pour se chauffer. La place de l'hôtel-de-ville avait l'air d'un Ténare. On voyait, au milieu des flammes et des étincelles qui en jaillissaient, un millier d'hommes épars, et l'hôtel-de-ville avec sa colonnade, où restaient encore des ornements de fête; le chiffre de Napoléon paraissait recouvert d'un voile à travers le nuage de fumée qui s'élevait jusqu'au ciel. Cet effet de nuit était rembrandtesque.

Toute la nuit on brûla dans les cours de l'Université, en face du château, les équipages de l'Empereur et une foule d'objets, des tentures, des lits-de-camp, etc., etc., au lieu de les laisser aux habitants en dédommagement des pertes que la ville avait essuyées. Un jeune académicien voulut acheter de la sentinelle un magnifique étui de mathématiques en or aux armes impériales; le soldat repoussa du bout de sa baïonnette l'étui dans le feu. La suite du roi de Naples fut embarrassée d'une belle calèche du roi, jaune d'or, et nous voyant à la fenêtre, Mlle Taflin et moi, on dit : « Ma foi, offrons-là à ces dames. » Et nous de fuir ! Cela se comprend pour moi, mais Mlle Taflin n'aurait pas dû faire *la petite bouche*. La calèche resta dans l'hôtel, et Dieu sait qui s'en sera emparé. Le lendemain on vint me réveiller en me disant que les Cosaques étaient dans la ville. Je me levai, j'allai à la fenêtre, et je vis disparaître les *derniers* Français qui étaient sur la place.

Un détachement de chasseurs s'arrêta devant l'hôtel. On doutait encore si c'était des Russes ou des Français, lorsque nous les vîmes bientôt arrêter un officier et un grenadier de la garde française, mais sans leur faire aucun mal. A onze heures du matin, on entendit crier : *Houra !* et je reconnus, à leurs bonnets pointus, à leurs longues piques, mes vieilles connaissances, les Cosaques, qui couraient par les rues et jusque dans les montagnes auprès de la ville, poursuivant les pauvres débris de l'armée française.

CHAPITRE XV.

Triste position des prisonniers français. — Barbarie des Juifs à Vilna. — Fièvre épidémique dans les hôpitaux. — Cadavres français enterrés dans le bois de Zakret.

On fit encore beaucoup de prisonniers et de butin. Les juifs se conduisaient d'une manière barbare. Ils livraient eux-mêmes les malheureux Français, affaiblis et sans défense, aux Russes; les femmes partageaient leur cruauté et massacraient, à coups de pantoufles à talons, ces pauvres soldats. On voyait le sang couler avec l'eau sous les portes cochères.

J'essayai de sortir à pied (mon père avait pris ses chevaux), et cette promenade me donna du noir dans l'imagination. A quelque pas de moi, un Français fut terrassé et dépouillé. J'envoyai inutilement mon domestique à son secours. Je vis dans les rues des cadavres effrayants, assis par terre, appuyés contre les murailles, conservés par le froid et rapetissés dans leurs membres et raides, dans l'attitude où la mort les avait surpris, expirés de besoin, de souffrances, sans aucun secours physique et religieux. On n'osait jeter un regard sur ces malheureux, et quand par hasard on rencontrait ces objets de pitié, la vue s'en détournait involontairement.

Ma femme de charge, personne très-pieuse, me disait avec un soupir :

« Oh! que d'âmes, dans cette guerre, jetées violemment au pied du trône de Dieu! »

Cela faisait frémir rien que d'y songer. Et comment ne pas maudire ce fléau impie qu'on appelle la guerre, la gloire! réprouvé non-seulement par la religion, qui n'appelle point un Dieu de paix, — le père de tous les hommes, — Dieu des batailles, mais par les philosophes tels que Rousseau lorsqu'il dit que *l'instinct moral repousse des cœurs la guerre.* Je ne sais quel auteur a dit : Le temps fuit, mais il a des longueurs cruelles. Cela est bien vrai. Chaque soir, en allant nous coucher, Mlle Taffin et moi, nous nous disions : Voilà une journée de passée! Mais comment se passait-elle? à pleurer, à gémir sur les maux qui sans cesse s'offraient à mes regards, trop heureuses quand nous pouvions les soulager !

J'avais recueilli un pauvre Français dont la tête était dérangée par le désespoir. Il me disait en pleurant à chaudes larmes, que sa tête était perdue, qu'il était un homme mort. Tout en le consolant, je le regardais, et ses yeux égarés, l'expression de son sourire étrange me causèrent une émotion si douloureuse que j'en gagnai une attaque de nerfs. La plupart de ces malheureux tombaient dans l'idiotisme le plus complet ; peut-être était-ce une grâce d'état dans leur cruelle position. Oh ! comment s'empêcher de détester l'auteur de tous ces maux ! Que faisait-il alors ! Il se chauffait à sa cheminée des Tuileries, en disant : « Il fait meilleur ici qu'à la Bérésina ! »

Je me souviens qu'un soir, à une très-petite réunion, nous inventions des supplices pour Napoléon. Un Anglais renchérissait surtout dans le genre sombre de sa nation. Moi, je dis que je voudrais le noyer dans les larmes qu'il avait fait répandre. Etait-ce une exagération? Que l'on compte bien depuis tant d'années de guerres, combien de millions de veuves, de mères, d'enfants, non-seulement en France, mais dans tous les pays en guerre avec la France, ont été voués aux larmes! C'était moins affreux que ce quatrain trouvé sur la colonne de la place Vendôme :

> Tyran, juché sur cette échasse,
> Si le sang que tu fis verser
> Pouvait tenir en cette place,
> Tu le boirais sans te baisser.

Cette image est horrible! Le feld-maréchal Kotousoff, mon ancienne connaissance, vint me visiter couvert de tous ses ordres, étoiles, portrait de l'Empereur entouré de gros brillants, et revêtu du titre de prince de Smolensk, je ne sais trop pourquoi, par exemple. Kotousoff me fit voir chez lui une épée, don d'Alexandre, avec une poignée en diamant et lauriers en émeraudes. Il trouvait les émeraudes trop petites. « Je dirai à l'Empereur que c'est une vilenie, » me dit-il. Cette épée valait soixante mille francs. Il me témoigna beaucoup d'intérêt et voulait se charger de mes lettres pour mon père, dont il blâma le départ. Quelqu'un, déplorant devant lui le désastre de Moscou :

« Qu'est-ce que c'est ! le chemin de Moscou à Vilna, vaut deux fois Moscou. »

Et il se vantait d'avoir dans la même année fait manger du cheval à deux armées, la turque et la française. Ce qui n'empêchait pas l'empereur Alexandre, tout en le comblant de faveurs, de dignités, de dire : « Le vieillard peut être content ; le froid l'a bien servi.

Kotousoff m'engagea à une soirée où il me présenta l'élite des chefs de l'armée russe, en leur disant :

« Voici la jeune comtesse qui *a porté le chiffre à la barbe de Napoléon.* » Et me voilà sans m'en douter érigée en héroïne. Hélas ! ce n'était pas Jeanne d'Arc, mon rêve d'enfance. Toutes ces présentations, ces honneurs, ces compliments, me fatiguaient beaucoup et ne disaient rien à mon cœur. Mes esprits étaient abattus par tout ce que j'avais vu, tout ce que je voyais, tout ce que j'entendais journellement.

On avait bien déblayé les rues, mais l'on ne savait que faire des cadavres au nombre de vingt mille, tant à Vilna qu'aux environs. On les jetait au fur et à mesure dans les tombereaux où en tombant ils rendaient un son creux comme des bûches. On parlait de les brûler sur des bûchers, mais le bois de Zakret n'y aurait pas suffi... Enfin le gouverneur de Vilna fit un forfait avec des terrassiers pour creuser d'immenses fossés, ce qui, à cause de la terre profondément gelée, nécessitait un grand travail évalué à 40,000 francs.

Voilà quels étaient les sujets de nos entretiens. Oh! quelle époque! quelle époque! elle assombrissait tout mon avenir. Je n'avais de goût pour rien, je ne m'occupais plus de musique, de dessin; j'écrivais seulement dans mon journal mes tristes journées. Il me semblait que je ne verrais plus de printemps, de fleurs, que le ciel devait partager la désolation de la terre; le chagrin s'infiltrait dans mon cœur comme cette humidité qui ronge les murs. Enfin je n'osais plus regarder la lune dans la crainte d'y voir quelques signes précurseurs de la fin du monde. Oh! j'avais fait, en restant à Vilna, un grand sacrifice à ma famille.

Une fièvre épidémique, connue sous le nom de fièvre d'hôpital, causa des ravages inouïs sur le passage de la grande armée. Les hôpitaux de Vilna en étaient infectés; un nombre infini de particuliers tombèrent victimes de ce nouveau fléau. Les prisonniers français erraient librement dans la ville. Non, rien n'effacera de mon imagination le souvenir de ces spectres ambulants : je les vois, avec des figures hâves et décharnées, des yeux dont on n'apercevait que le blanc, poursuivre la pitié jusqu'au fond du cœur, et se traînant sous les lambeaux de la misère, aller s'asseoir et se chauffer auprès des tas de fumiers qu'on allumait alors devant les maisons pour chasser le mauvais air, et où souvent ces malheureux cherchaient quelques débris dégoûtants pour assouvir une faim dévorante qui n'était pas le moindre de leurs maux. On pouvait leur appliquer ce vers de La Fontaine :

Ils ne mouraient pas tous, mais tous étaient frappés.

Je sortais un jour du couvent de ma grand'tante, on m'y avait donné une énorme quantité de gâteaux, de pains-d'épices. Je vis à la porte plusieurs prisonniers qui demandaient la charité. Je leur donnai toutes ces pâtisseries, ils se jetèrent dessus avec une avidité qui m'effraya. Ma compagne, qui n'avait pu se débarrasser aussi vite que moi de ce qu'elle portait dans son sac, resta pour ainsi dire, étouffée au milieu de ces infortunés qui se pressaient autour d'elle. J'envoyai mon domestique, qui parvint à la retirer pâle et tremblante d'entre leurs mains. J'avais recueilli chez moi une famille de prisonniers, le mari, la femme et l'enfant. L'homme était de Gênes; il avait servi comme cordonnier dans les troupes. Sous les haillons qui la couvraient, sa femme avait une figure charmante, elle était de Nice; et, avec son doux son de voix du midi, en me parlant des horreurs de son hôpital : Oh! madame, me disait-elle, ça vous ferait *pietà* à voir. L'enfant, avec ses cheveux blonds dorés, ses grands yeux noirs, avait la beauté frappante et expressive des divins enfants des tableaux de Raphaël. Cet infortuné n'avait que deux ans; il ne put survivre à ses souffrances et mourut à la campagne où je l'avais envoyé avec ses parents que je gardai longtemps. Il fallait entendre ces pauvres gens, au milieu des neiges d'un rude climat et d'un hiver rigoureux, il fallait les entendre parler des fleurs, des parfums de leur pays, de la beauté des nuits, de la réverbération des étoiles d'or d'un ciel de velours bleu sur les ondes calmes de la Méditerranée à Gênes la superbe. Ce qu'il y a de bon, c'est que ces braves gens prétendaient que c'étaient les yeux de poissons qu'on voyait briller ainsi dans la mer. Le sentiment de l'infortune avait tellement éteint dans les malheureux prisonniers, celui même de leur existence, que dans cette invincible apathie, ils mettaient le feu sur le plancher au milieu de la chambre, s'asseyaient à l'entour et se laissaient consumer par les flammes. Ainsi fut embrasé l'hôpital de Zakret et bien d'autres. A côté de ces affreux tableaux de la misère, les Cosaques, enrichis de pillage, vendaient des lingots d'or, d'argent, des cordons de perles, des montres pour la plus modique valeur en papier monnaie. Mon valet de chambre fut au moment d'acquérir à vil prix de superbes perles, mais il n'avait pas d'argent sur lui; le temps d'aller courir en chercher, le Cosaque trouva un autre chaland. Cependant ils continuaient à piller même en Lithuanie, et comme je demandais sans cesse des sauves-gardes pour mes connaissances, Kotousoff me disait : « Voyez ces coquins, ils n'en ont jamais assez, mais je leur ferai rendre gorge. » En effet il obligea les Cosaques à fournir des lin-

gots d'argent pour les statues des douze apôtres
à l'église de Sainte-Marie de Casan, à Pétersbourg.
On a vu des Cosaques vendre à Vilna des enfants
de Français qui avaient quitté Moscou pour suivre
l'armée. Ces petits infortunés, passant du sein maternel sur les bras de leurs étranges protecteurs,
n'ayant de voix que pour se plaindre, ne pouvaient
dire le nom de leurs parents, qui, sans doute,
avaient péri dans la retraite.

CHAPITRE XVI.

Arrivée de l'empereur Alexandre. — Visite du comte Tolstoï. — Alexandre passe la soirée chez l'auteur. — Entretiens. — — Anecdotes. — Le cocher de l'Empereur Ilia. — Levrette inconnue. — Bal chez le prince Kotousoff. — Le grand-duc Constantin danse avec l'auteur.

Enfin, un matin on vint saluer mon réveil avec ces mots radieux ! « L'Empereur est arrivé la nuit !

— Ah ! m'écriai-je en pleurant, l'ange est ici, nous sommes tous sauvés ! »

Le comte Tolstoï me fut envoyé dans la matinée pour me remercier au nom de S. M., me dire mille choses gracieuses. Je le priai d'être l'interprète de mes sentiments de reconnaissance pour une bonté si adorable. Le comte ne se souvint que sur l'escalier de la commission de l'Empereur et revint bien vite me dire que S. M. demandait si elle ne me dérangerait pas en venant passer la soirée chez moi.

Impossible d'exprimer la bonté, la grâce que l'Empereur eut pour moi dans la charmante soirée qu'il nous fit passer. M¹¹ᵉ Taffin s'émerveillait que je n'en eusse pas la tête tournée et que toute autre femme l'aurait eue à ma place. A dire la vérité, un particulier aimable qui aurait voulu me plaire, n'aurait jamais fait autant de frais pour y réussir. Et cependant je craignais de le revoir à cause de mon père, de mes frères...

D'abord, en arrivant, S. M. me dit qu'elle était venue pour me témoigner sa reconnaissance; qu'elle était touchée au-delà de l'expression, et le répéta plusieurs fois avec un air si doux, si charmant, en posant ma main sur son cœur. Je répondis que je me trouvais bien heureuse d'avoir pu lui donner cette légère preuve de mon dévouement, et que je n'avais guère espéré dans le temps en être si bien récompensée.

« Quel courage vous avez montré en ne craignant point celui devant qui les hommes même tremblent!... »

Dès que nous fûmes assis, je racontai tout ce qui s'était passé aux présentations et pendant le séjour de Napoléon. Cela amusait l'Empereur, qui me fit répéter deux fois ce que Napoléon avait dit de S. M., et ne put s'empêcher de sourire lorsque je lui dis ce mot de Napoléon : « L'empereur Alexandre est fort aimable ; il vous a toutes gagnées ici, mesdames ; êtes-vous bonnes Polonaises ? »

On sait qu'Alexandre avait l'ouïe un peu dure, et il m'en coûtait d'élever la voix ; cela me semblait trop hardi... Mlle Taffin me dit à demi-voix : « Parlez plus haut, vous lui avez dit plusieurs choses charmantes qu'il n'a point entendues. »

L'Empereur voulut savoir quelle impression Napoléon avait produite sur moi. Je dis que son extérieur n'avait point répondu à l'idée que je m'étais faite de son génie. Alexandre me dit qu'il avait éprouvé la même impression, et que la présence de S. M. m'inspirait plus de crainte.

« Oh ! me dit Alexandre, avec le ton d'un doux reproche, comment puis-je vous inspirer ce sentiment ?

— Oui, sire, celui de vous déplaire.

— Avez-vous remarqué, me dit ensuite Alexandre, les yeux de Napoléon, gris-clairs et dont on ne peut soutenir le regard perçant ? »

L'Empereur parla de cette campagne avec la plus grande modération et la plus exacte impartialité. Je voudrais rapporter chacune de ses paroles ; elles pourraient servir de leçons aux princes. Il disait « qu'on ne pouvait sans être à sa place se faire une idée de cette responsabilité d'un souverain qui doit rendre compte à Dieu de la vie de chaque soldat ; que cette campagne lui coûtait dix années de vie, parce qu'il n'avait pas l'heureuse philosophie de Napoléon, et qu'il avait bien souffert ces six mois, ayant eu beaucoup de peine à contenir les esprits politiques de Pétersbourg, qui n'étaient pas contents des premières opérations militaires.

» Du temps de l'impératrice Catherine et de l'empereur Paul I*er* (il prononça ce nom avec le calme de l'innocence), on se mêlait davantage des intrigues de cour ; mais à présent chacun veut être initié dans les mystères du gouvernement. Et le moyen de contenter tout ce monde-là ; il n'y en a pas deux qui soient du même avis ; il y eut un moment où je n'étais pas tranquille. »

On sut plus tard que l'alarme s'était répandue de la marche des Français sur Pétersbourg, et que l'impératrice mère voulait partir avec tous ses établissements :

« Madame, lui dit Alexandre avec beaucoup de fermeté, je vous en prie comme fils, à présent je vous ordonne comme souverain de rester. »

Et la ville se tranquillisa.

« Je n'ai rien négligé, poursuivit S. M., pour avoir la paix et ne pas verser le sang de mes sujets. Je faisais d'immenses sacrifices pour conserver le commerce sans lequel mes Etats ne peuvent se soutenir. J'ai envoyé Balacheff faire des propositions très-avantageuses à Napoléon, mais celui-ci ne pensait pas au rétablissement de la Pologne et voulait la guerre à tout prix. Alors on s'en est tenu à ce plan dont le succès a été dû à la persévérance. J'étais résolu à me retirer au fond de mes Etats, à sacrifier même Pétersbourg, s'il le fallait, car je ne perdais rien de l'Empire, Pétersbourg étant bâti sur territoire suédois, plutôt que de renoncer à ce plan qui a dérouté Napoléon. Nous n'avons pas voulu risquer de batailles, ayant affaire à une armée formidable, exercée à la guerre depuis vingt ans, commandée par les plus habiles généraux et le plus grand capitaine de l'Europe, dont les talents et le génie ne s'étaient point démentis jusqu'alors... »

L'Empereur m'expliqua les fautes de Napoléon, parla de son orgueil si fatal à l'Europe, en prince vraiment éclairé et rempli d'humanité.

« Quelle carrière il a perdu! disait-il; après tant de gloire acquise, il pouvait donner la paix à l'Europe, et il ne l'a point fait! Le charme est rompu. »

L'Empereur répéta plusieurs fois ce mot dans la soirée, ce qui prouvait que lui-même s'était trouvé sous le charme.

Combien son cœur sensible a souffert du spectacle de la misère! Il a recueilli en route plusieurs prisonniers sur son propre traîneau; il en amena un dans un château de mon père où il passa la nuit, donnant de l'argent pour qu'on eut soin de ce malheureux. Un Français me contait qu'il avait rencontré dans la rue le *frère* du grand-duc qui lui avait ordonné de se rendre aux cuisines du château, où l'on me donna, dit-il, *fièrement à chiquer*. On ferait des volumes de tous les traits de bienfaisances de l'Empereur. C'était Alexandre qui témoignait de la compassion aux soldats de Napoléon; c'était le monde renversé. L'Empereur crut bien faire de confier aux ordonnateurs français le soin des hôpitaux, en leur allouant une somme considérable pour fournir à leurs besoins. Ces misérables, au lieu de répondre à cette noble confiance et de soigner leurs malheureux compatriotes, couraient les rues en traineaux en disant à leurs conducteurs qui ne les comprenaient pas : « Doucement, mon cher, ne me versez pas ; au café de Milan ! ou de Venise ! » où ces messieurs allaient se régaler au dépens de la bourse de S. M. et au détriment des pauvres malades.

Comme l'on servait le thé et que M{ne} Taffin présenta une tasse à S. M., elle ne voulut pas être servie avant moi, disant que, *quoique barbare du Nord*, il savait ce que l'on doit aux dames. Il me parla ensuite de mon père, ce qui me fit battre le cœur, me dit de l'engager à revenir, assurant qu'il avait oublié le passé ; que, d'ailleurs, il ne pouvait en vouloir aux Lithuaniens d'avoir cherché à recouvrer leur nationalité et qu'on avait abandonné sans les instruire du parti qu'on prendrait ; mais nous ne les abandonnerons plus.

Vint le tour de mes frères ! de mes frères armés contre lui ! J'étais au supplice ; il fallait me tirer les paroles l'une après l'autre, et Alexandre en parlait comme de la chose la plus naturelle du monde et de ce régiment de mon frère comme s'il avait été levé à son service. Je répétai à S. M. que j'avais entendu dire que mon frère était resté du côté de Wilkomir.

« Ah! j'en suis bien aise, me dit l'Empereur avec un accent de bonté adorable. »

Il n'y avait pas une goutte de fiel dans ce cœur angélique. Le fait est que les équipages de mon frère avaient été pris, que lui s'était sauvé, et que son cocher avait été tué en disant, pauvre homme : « Sauvez les chevaux de M. le colonel. » Quant au régiment, il ne s'était pas battu, parce que mon frère avait relâché, et très-bien fait vu la circonstance, ce millier de jeunes et braves cultivateurs, en les renvoyant chez eux cultiver leurs champs au lieu de les laisser exterminer sur les grands chemins sans aucun but ni résultat. Mon frère rejoignit seul les Français, et on parlait de le faire passer au conseil de guerre. Il répondit à l'interrogatoire qu'on lui fit subir : « Mon régiment a eu le sort de la grande armée. » On se tut. Mon frère s'en fut à Paris et y reçut la croix de la Légion-d'Honneur. Il y a des êtres privilégiés!

Mon autre frère, qui fit don patriotique à Varsovie de sa compagnie d'artilleurs, n'obtint en retour aucune faveur; c'est qu'au lieu d'aller à Paris, il se dirigea sur Vienne, où était ma mère, et l'Autriche ne porta jamais bonheur à personne.

Vers onze heures, l'Empereur me dit de *le chasser*, de *le mettre à la porte*, parce que les moments lui paraissaient si courts, qu'il pouvait m'importuner, et assurait que depuis longtemps il n'avait passé une si charmante soirée.

Son cocher favori, Ilia[1], que j'avais fait régaler

---

[1] On me conta un trait touchant d'Ilia. L'Empereur parcourait les rues de Pétersbourg en dorochka ou en traineau à un seul cheval conduit par Ilia. Celui-ci un jour le mène dans une rue écartée, sale et mal bâtie.

« Pourquoi me conduis-tu dans ce quartier, demande Alexandre.
— Je le dirai plus loin. »
Arrivés près d'une chaumière, Ilia arrête.
« Sire, dit-il, voici la demeure de la veuve de mon ancien maître qui m'a cédé à Votre Majesté. »
L'Empereur ne dit rien, mais rentré au château, il remit au bon Ilia une somme pour son ancienne maîtresse et l'assurance d'une pension.

A la mort d'Alexandre, Ilia conduisit le corps de son maître adoré de Taganrog à Pétersbourg, et malgré la rigueur du froid et son âge avancé, il couchait toutes les nuits sous le char qui portait cette précieuse dépouille.

et qui s'était amusé pendant toute la soirée avec mon valet de chambre turc et mes femmes, leur contait toutes sortes d'histoires sur Pétersbourg; que les mœurs y étaient très-mauvaises, ce qui avait attiré des malheurs sur la Russie. Ce qu'il y eut de plaisant, c'est qu'une jolie levrette était entrée en frétillant après S. M.; je crus qu'elle lui appartenait; cette levrette passa dans l'antichambre, où on lui présenta de la crème, des biscuits; elle disparut sans qu'on sut à qui elle appartenait.

Le jour de l'anniversaire de la naissance de S. M., il y eut grand dîner chez le prince Kotousoff, qui occupait l'appartement du roi de Naples; le soir, illumination, changement de décoration à l'hôtel-de-ville, où était représentée en transparent la Russie coupant les têtes de l'hydre; comprenne qui voudra; bal chez le prince. L'Empereur me dit que je devais être surprise de voir ce bal après ce qu'il m'avait dit la veille, que la musique et la danse lui semblaient bien contraires dans ce moment, et il avait refusé le bal de la noblesse.

Je croyais rêver en me retrouvant dans ce

salon où, six mois auparavant j'avais vu une société bien différente ! Ces contrastes frappants entre les deux empereurs, la rapidité avec laquelle ce changement de scène s'était opéré, enfin le lieu même me faisait une impression que je ne puis rendre. En voyant tant de militaires russes et seulement quatre ou cinq polonais, je me croyais transportée à Pétersbourg. Je dis à l'Empereur que, sans quitter Vilna, j'avais vu presque toute l'Europe. Il me rendit aussi une remarque qu'on lui avait faite, que Napoléon était le meilleur allié de la Russie, parce qu'il avait fait périr son armée.

Kotousoff ne faisait que me reprocher mon air grave et solennel ; c'était plus fort que moi, je ne pouvais feindre la gaieté ; et je me persuadais que le grand monde ne me convenait pas, puisque, malgré tous les agréments qu'il me procurait, et certainement il est flatteur d'être distinguée par un souverain si aimable, je n'en sentais pas moins le vide de ces honneurs, de ces plaisirs, et que rien de tout cela n'excitait mon orgueil et ne satisfaisait mon cœur.

En arrivant au bal, l'Empereur passa dans le

cabinet du prince, où il signa l'acte d'amnistie ; c'était dignement célébrer son jour de naissance. Kotousoff, en sortant du cabinet, me dit :

« Nous avons travaillé pour vous. »

On apporta ensuite aux pieds de S. M. les drapeaux pris sur les Français. J'examinais la physionomie d'Alexandre ; je n'y vis pas une nuance d'orgueil satisfait ; il me semblait y voir comme un sentiment de pitié pour les vicissitudes de la guerre, et la crainte de fouler ces étendards noircis par la fumée des champs de bataille où ils avaient présidés à la victoire.

Kotousoff présenta ensuite à l'Empereur la jeune femme d'un militaire qui avait accompagné courageusement son mari dans toutes les rencontres. Moi, je l'admirais, mais l'Empereur, se tournant vers moi :

« Je n'approuve pas ce genre de courage dans une femme. On peut en montrer de plus méritoire et plus en rapport avec son sexe. »

J'espère que la pauvre femme n'aura pas entendu ou compris ce compliment, qui n'en était pas un pour elle.

Le grand-duc Constantin était à ce bal. Il dansa

un quadrille avec moi. Ah! quel danseur! dans le tour de valse, il bousculait les autres paires en criant :

« Allez donc! allez donc! vous autres. »

Il se croyait à une parade. Il y en avait une tous les jours sur la place de l'hôtel-de-ville. L'Empereur s'y rendait à pied avec son état-major, après le compliment d'usage, *zdarowa rabiata?* vous portez-vous bien, enfants? et me saluait toujours en passant devant mes fenêtres. Le grand-duc affectait de me saluer jusqu'à terre.

CHAPITRE XVII.

Lettre de l'auteur pour rappeler son père. — Billet de l'auteur au comte Tolstoï. — Réponse du comte. — Visite de l'Empereur. — Craintes de l'auteur à l'égard du séquestre des biens de sa famille. — Alexandre la rassure. — Conversation intéressante. — Le charme est rompu. — Instruction profonde et variée d'Alexandre. — Moreau. — Prière pour l'Empereur. — Lorgnon d'Alexandre.

L'Empereur allait partir pour l'armée; Kotousoff aussi; il vint un soir, par la porte de communication, m'apporter les compliments de S. M., qui sortait de chez lui, et me dit qu'ils avaient lu la lettre que l'Empereur m'avait promis de faire passer à mon père partout où il se trouverait (je le croyais à Vienne), et S. M. me dit en souriant :

« Nous avons eu pendant toute la campagne des canaux ouverts avec l'Autriche. »

Digne beau père ! cela était vraiment touchant ! Ma lettre fut approuvée; je l'avais écrite avec beaucoup de circonspection; j'engageais mon père à revenir, mais sans nommer l'Empereur; je disais seulement :

« Je vous fais part de l'intéressante visite que je viens de recevoir; que puis-je vous dire de plus ! »

Mon père reçut cette lettre à Varsovie qui était encore au pouvoir des Français. On en fit grand bruit; il fut obligé de montrer ma lettre et eut beaucoup de peine à sauver de la corde le juif qui l'avait apportée, et que ses médailles d'or impériales n'empêchaient pas de regarder comme espion. Mon père se rendit à Vienne, de là à Paris, ne croyant pas devoir abandonner la cause polonaise qui ne pesait pas d'un grain dans la balance des événements qui allaient agiter l'Europe entière. Moi, je voulais quitter Vilna et la contagion des hôpitaux, contre laquelle on se précautionnait en brûlant du fumier dans toutes les rues, ce qui rendait l'air encore plus pestilentiel.

Je savais que l'entourage de S. M. avait fait une cabale pour l'empêcher de venir passer ses soirées chez moi, ainsi qu'il me l'avait demandé au bal avec une grâce timide, en me priant de l'encourager, etc., etc. Cependant il était indispensable dans les intérêts de ma famille que je visse l'Empereur, pour lui parler de mon père qui, n'ayant aucune connaissance de la proclamation amnistive, pourrait n'être pas de retour pour le terme fixé de deux mois. J'écrivis donc un billet fort élégant au comte Tolstoï :

« De grâce, monsieur le Comte, obtenez pour moi de S. M. l'Empereur qu'il daigne m'accorder un moment d'audience. Je pars, mais je ne me consolerais jamais d'être partie sans avoir eu le bonheur de revoir S. M., d'implorer sa protection et de lui exprimer encore une fois toute ma reconnaissance. »

Je reçus la plus aimable réponse : le comte me disait, en m'appelant *Excellence,* que S. M. ainsi que tous ses sujets n'aura jamais à cœur que de faire ce qui pourra m'être agréable, et que S. M. viendrait dans la soirée chez moi.

J'attendis l'heure indiquée avec bien de l'émotion : je craignais l'Empereur, parce que j'avais des grâces à lui demander, et le cœur me battit bien fort quand j'entendis le traineau entrer sous la voûte et que je vis paraître S. M. Mais son air de bonté ne tarda pas à me rassurer. Toujours aimable et gracieux avec tant de naturel et de dignité, il savait imposer et inspirer la confiance tout à la fois. Il témoigna être fort touché du billet que j'avais écrit au comte Tolstoï, et dit qu'il avait voulu me faire ses adieux la veille, mais que la mort du duc d'Oldenbourg l'en avait empêché, qu'il avait eu beaucoup d'occupations (Kotousoff le faisait travailler jusqu'à onze heures du soir).

Je commençai par parler des affaires de mon père, et comme la timidité me faisait parler bas, S. M. crut entendre que je demandais à le rejoindre et dit :

« Quel mal y aurait-il à cela, et qui pourrait trouver à redire qu'une fille allât voir son père. »

C'est alors que je lui fis entendre mes craintes relativement à la fortune. S. M. assura qu'on ne se servirait pas de mesures si rigoureuses; que le délai de deux mois n'était que pour la forme, pour empêcher l'argent de sortir hors du pays à l'avantage des armées étrangères; d'ailleurs il ne s'agissait que de *séquestre* et pas de *confiscation*.

Quand une de mes cousines sollicita pour son mari, blessé pendant la campagne en Prusse, la permission de revenir en Lithuanie, l'Empereur ajouta, *avec la restitution des biens.* La même grâce fut accordée à tous les Polonais, Lithuaniens, qui avaient servi Napoléon. Quelle clémence! quelle magnanimité!

Comme j'observais à l'Empereur qu'il s'exposait en allant visiter en personne les hôpitaux, le duc d'Oldenbourg venait de mourir du typhus :

« Mon beau-frère n'était pas fort sain. Il n'y a rien à craindre quand on jouit d'une bonne santé et qu'on n'a point d'appréhension. »

S. M. me fit des détails à faire dresser les cheveux sur la tête, sur ces piles de cadavres entassés les uns sur les autres, où se remuaient quelques têtes de survivants. Je lui demandai s'il avait été reconnu?

« Dans une chambre d'officiers, mais je passais généralement pour l'aide de camp de M. de Saint-Priest. »

Une chose me toucha vivement. Un jeune Espagnol me remit une lettre pour sa femme, en me disant que c'était l'adieu d'un mourant. Je promis de la faire passer. Je travaillais par contenance à de la charpie, car il n'y avait plus de blessés, il n'y avait que des morts! S. M. prétendit que pour s'en servir on voudrait être blessé. La conversation prit une tournure sérieuse. L'Empereur parla en véritable sage qui ne veut que le bonheur de l'humanité. Il paraissait ne rêver qu'aux moyens de ramener l'âge d'or sur la terre; quel charmant rêve pour un souverain! Il voulait que tous les hommes s'aimassent en frères, s'aidant dans leurs besoins réciproques, et que le commerce libre fût le lien général de la société. Je me permis de dire que si l'on suivait à la lettre la morale de l'Evangile, si douce, si naturelle, à la portée de chacun, on n'aurait pas besoin d'autres lois pour gouverner les hommes.

L'Empereur déplorait le malheur d'un souverain qui est souvent si mal secondé dans ses vues philanthropiques, par des égoïstes qui négligent le bien de l'Etat pour ne songer qu'à leur fortune.

« J'ai quelquefois, disait-il, envie de donner de la tête contre le mur, et si je pouvais changer honorablement de condition, je le ferais volontiers, car il n'en est pas de plus dure que la mienne, et je n'ai aucune vocation pour le trône. »

Que ce langage était surprenant dans la bouche du prince qui triomphait de son plus terrible adversaire, du dominateur de l'Europe. Quelle âme angélique! quels beaux et nobles sentiments il découvrit par son amour pour la paix, son mépris pour le luxe, l'ambition, les courtisans, les chambellans, gentilshommes de la chambre qu'il appelait frotteurs de parquets de cour! Il s'indignait que Napoléon se fît servir par tous ses grands dignitaires, ravalât le personnage d'ambassadeur en se faisant escorter à cheval par Caulaincourt. Heureusement que l'on comprend aujourd'hui chez nous qu'une charge à la cour ne dispense pas d'un emploi plus utile à l'Etat. « Qu'ai-je besoin de tous ces messieurs, ne suis-je pas mieux servi par mon valet de chambre! »

Alexandre professait le même dédain pour toutes les distinctions honorifiques, et il avait tort, puisque c'est avec ces rubans, ces croix, qu'on mène et qu'on récompense les hommes d'Etat et les militaires. Alexandre venait d'accorder je ne sais quel cordon rouge ou bleu au prince Wolkonski. Celui-ci en témoigna une joie qui surprit au dernier point l'Empereur.

« Mon cher Wolkonski, comment peut-on se réjouir à cet excès pour un morceau de ruban!

— Mais, Sire, dit à son tour le prince, c'est pour la faveur qui y est attachée, et me vient de Votre Majesté. »

Je souhaitais la paix au printemps.

« Et pourquoi pas en hiver?

— Le plus tôt sera le mieux.

— Ce n'est plus Napoléon, dis-je, qui aura la gloire de pacifier l'Europe.

— Qu'importe que ce soit lui ou moi, pourvu qu'elle se fasse. »

Il répéta encore le mot :

« Le charme est rompu, et puis nous verrons ce qui réussira le mieux de se faire craindre ou de se faire aimer. »

Toute la pensée de la Sainte-Alliance était dans ce mot.

Alexandre dit : « Je vois à présent la vérité de ce que me disait Talleyrand à Erfurt, que la France avait besoin de paix. Alors je me défiais de toutes ces barbes grises en politique, et je croyais qu'il voulait me tendre un piége. »

L'Empereur parla ensuite de l'éducation moderne qu'il trouvait très-superficielle : « Nos jeunes gens croient tout savoir quand ils ont appris à danser et à parler français. » Il s'entretint aussi de la philosophie de Voltaire, de Rousseau (il aimait assez ce dernier), de Châteaubriand, de Mme de Staël, qu'elle était revenue de ses idées sur le suicide; de Kant et de sa philosophie incompréhensible, de Pestalozzi, du systéme algébrique de Puffendorff, qui lui semblait trop machinal et ne donnant point à penser.

Cette conversation savante n'était guère à la portée de mon instruction et de mon intelligence de jeune fille qui, il faut bien le dire, ne devait son éducation qu'à elle-même, à son goût pour l'étude. J'ai eu plusieurs gouvernantes françaises, jamais de maître de langue, pas une ne savait l'orthographe et n'était en état d'écrire un billet qu'avec un dictionnaire en main, si ce n'est la première, élevée à Saint-Cyr, et encore!... Elles faisaient des *cuirs*, comme l'on dit. L'une disait l'oc-céan gijantesque; l'autre, pomme pourite; escouer pour secouer; tancher pour fâcher; aveigner. La dernière avait été fille de boutique dans un magasin de modes à Paris, et me contait comme quoi elle avait un jour jeté un encrier sur une robe de satin gris et rose de Mme la princesse de

Guéménée. Il lui fallut, rouge et tremblante, rapporter cette robe de malheur à la princesse, qui était à sa toilette à se faire friser, crêper, poudrer, et mangeait des pêches confites. Elle fit un cri en apercevant la tache. Mais en voyant l'affliction de la petite modiste, elle se tourna vers ses femmes : « Voyez, leur dit-elle, si l'on peut réparer l'accident. » Il s'agissait d'un lé à remettre, et il y avait encore de cette étoffe chez le marchand de soieries. — « Eh bien ! dit la bonne princesse, pour punir cette enfant de sa maladresse, qu'on lui donne la tache, » et elle y ajouta deux pêches.

Mlle Boutfroy me disait souvent :

« Qu'avez-vous tant à écrire ?

— Mais c'est pour me former le style, pour m'instruire.

— Hé ! vous en savez assez. »

J'étais née avec de véritables dispositions. Si elles eussent été cultivées, j'aurais eu peut-être du talent. Mais, à quoi bon !

L'Empereur s'interrompant tout-à-coup :

« J'ai bien pris mon temps, dit-il, pour faire un cours de morale près d'une jolie femme. Si l'on m'entendait, on me ridiculiserait. »

Je dis que j'en ferais mon profit et deviendrais meilleure, grâce à S. M.

« Ah ! vous n'en avez pas besoin, vous êtes bien meilleure que nous. »

Puis il retombait sur le même sujet sans s'en apercevoir, s'interrompait en riant et disait qu'on ne pouvait pas s'entretenir chez toutes les dames de choses si sérieuses. Il y en a beaucoup à qui il faut *des historiettes.*

« Vous ne sauriez croire, me dit-il, à quel point les mœurs des hommes sont dépravées. Ils ne veulent pas croire que l'on puisse aimer une femme pour elle-même, une femme qui n'est pas notre épouse, notre mère, notre sœur, notre... » Mais il ne voulut pas prononcer le mot de maitresse. Et puis, parlant des paysans russes :

« Oh ! *mes barbes,* dit l'Empereur avec enthousiasme, ils valent bien mieux que nous; c'est là qu'on trouve encore les vertus primitives, patriarchales, un véritable dévouement au souverain, à la patrie. Ils ne se sont pas laissé prendre à l'appât de la liberté que leur offraient les Français. Les Juifs ont montré aussi un attachement étonnant. »

Je répétai : « Oh ! oui, bien étonnant ! » et puis,

m'apercevant de ma naïveté, j'ajoutai : « Mais non pas, si j'en juge d'après moi. »

Il me baisa la main pour me remercier, et, en vérité, il n'y avait pas de quoi.

L'Empereur disait : « Les Français ne savent pas comme Napoléon les estime peu. Je lui ai entendu dire à lui-même : Vous ne connaissez pas les Français; il faut les mener, comme je le fais, avec une main de fer. »

Mlle Taffin se mit alors à vanter le civisme de Lucien Bonaparte. Il ne dit rien.

« C'est Moreau qui est un grand homme. Je voudrais être Moreau. »

Il aurait pu ajouter : « Si je n'étais Alexandre. »

On voit que l'Empereur avait déjà des vues sur Moreau.

La modestie de ce prince souffrait toujours quand on lui adressait quelque chose de flatteur. Je disais qu'un de ces jours, ma compagne et moi, nous avions cherché dans l'histoire quel prince pouvait être mis en parallèle avec lui. Il ne me laissa pas achever.

« Trêve de compliments, je vous en prie, dit-il en baissant la tête. »

Nous parlions du personnel de Napoléon; je disais qu'il est rare qu'un souverain réunisse tous les avantages.

« Mais cela n'est pas sans exemple, dit Mlle Taffin en regardant l'Empereur.

— Ah! sans doute, repris-je en saisissant son idée. »

L'Empereur nous comprit très-bien, car il se couvrit le visage des deux mains en rougissant avec une grâce inexprimable. Nous nous mîmes à rire tous trois.

Quel charme c'était d'entendre un souverain, jeune, beau, puissant, parler en termes recherchés, élégants, de religion, de morale et de science. Il laissait voir une grande tolérance d'opinions religieuses.

« Je crois qu'il est indifférent à Dieu qu'on l'invoque en grec, en latin, pourvu que ce soit avec un cœur sincère, et ce ne sont pas les longues prières qui peuvent le toucher.

— J'en fais cependant de bien longues pour Votre Majesté.

— Dieu exaucera sans doute les prières d'une personne aussi pieuse que vous. »

Voici la prière que j'avais composée pour l'empereur :

« Mon Dieu, protégez toujours Alexandre ! Puisse la Providence l'assister de sa force dans les combats et de sa sagesse dans les conseils. Préservez son esprit de l'enivrement de la victoire, si dangereux aux princes et si préjudiciable au bonheur des peuples ; daignez lui prêter vos lumières dans l'emploi qu'il exerce en votre nom, et tenez toujours son cœur entre vos mains puissantes. »

Personne ne savait comme l'Empereur mettre dans la conversation ce charme, cet abandon qui en bannit la gêne, la froide étiquette. Nous étions là, autour d'une petite table ronde couverte de brochures, de figures de mode, de caricatures qui le faisaient rire, entre autres d'un élégant en chenille qui lui fit dire :

« Nous autres chauves, nous avons beau faire, nous avons toujours le front découvert. »

Il y avait beaucoup d'intelligence dans son regard, surtout quand il voulait bien saisir ce qu'on lui disait, et ses yeux bleus avaient quelque chose de céleste. Il regarda à sa montre ; il était onze heures :

« Puis-je rester encore sans vous déranger? »

Puis, après un moment de silence, il me dit avec son air si doux, si séduisant et même timide :

« J'ai une petite grâce à vous demander. »

Très-étonnée, je levai les yeux sur lui.

« C'est que vous pensiez quelquefois à moi.

— Ah! Sire, dans tous les instants de ma vie. »

Nous étions touchés tous les trois dans ce moment. Qui ne penserait à un prince si adorable? C'était à joindre les mains et à prier! Et quel sentiment pouvait valoir celui-là, que l'éditeur de mes premiers souvenirs sur l'empereur Alexandre comparait au culte de Las Cases pour Napoléon; ni cette comparaison, ni cette interprétation de mon dévouement ne me déplut en aucune sorte. L'Empereur s'était levé, et se baissant, paraissait chercher quelque chose à terre. Je posai un flambeau sur le tapis, et je trouvai un petit lorgnon que j'eus la sottise de remettre à S. M.

Ma sœur me gronda bien de *ma probité*, et je m'en repens aujourd'hui, d'autant que ce lorgnon valait à peine quatre francs, que l'Empereur en perdait sans cesse, et tous ses aides de camp en avaient pour souvenir. Enfin S. M. me quitta en fermant la porte pour m'empêcher de le reconduire, et nous laissa pénétrées de tant de grâce et de bonté. Je ne revis l'Empereur qu'un instant à la chapelle; il partit seul, sans escorte, mais, qui aurait voulu faire du mal à cet ange qui ne respirait que pour le bonheur général? Cela s'est vu plus tard. L'Empereur m'avait demandé quels étaient mes projets, si je comptais rester à Vilna. Je répondis que le séjour de Vilna était trop triste actuellement pour y passer même l'hiver, et que je comptais retourner à la campagne.

« Et de quel côté?

— Vers la Courlande.

— C'est plus éloigné du passage des troupes, mais cependant vous pourriez être inquiétée par quelques goujats; je n'ai pas non plus d'anges dans mon armée.

— Sire, je ne crains rien, je me mets sous la protection de Votre Majesté. »

Là-dessus, remerclments de ma confiance.

CHAPITRE XVIII.

Départ de l'auteur pour la campagne. — Escorte de Cosaques. — Inquiétude au sujet du séquestre. — L'auteur envoie son écuyer au quartier-général russe. — L'Empereur envoie un décret et un passeport à l'auteur. — Déchéance de Napoléon. — Entrée des souverains alliés à Paris. — Modestie d'Alexandre.

Je partis immédiatement pour la campagne avec une escorte de Cosaques que l'Empereur m'avait fait donner pour ma sûreté, disant qu'il n'avait pas d'anges non plus dans son armée; mais elle me fut parfaitement inutile et m'en débarrassai au plus tôt, au grand déconfort de MM. les Cosaques qui se plaisaient fort chez moi et que j'envoyai cueillir des lauriers à leur régiment.

Le jour de mon arrivée à R***, fut un jour de tristesse. Ce grand château désert où je ne retrouvais plus ni mon père ni mes frères; l'accueil morne et triste de tous les employés de la terre et autres serviteurs, n'étaient pas propres à dissiper la mélancolie de mon âme triste, comme le son funèbre d'une cloche. Les gens d'affaires, malgré les promesses de l'Empereur, se montraient inquiets relativement au séquestre. Je n'avais en effet aucune garantie. Et le régisseur, dans son inquiétude, crut bien faire de confier à un voisin une grande partie de blé, etc., que celui-ci ne rendit jamais. Enfin, pour les calmer, je m'adressai de nouveau à mon bon protecteur, le comte Tolstoï, en demandant un passeport pour aller chercher mon père et le ramener au terme indiqué. Je chargeai de ma missive l'écuyer de la maison, homme intelligent; il prit deux bons chevaux de l'écurie, partit et rejoignit le quartier-général en Prusse, à Johannisbourg. Le bon comte Tolstoï donna l'hospitalité à l'homme et aux bêtes, obtint le passeport, que je ne tardai pas à recevoir, avec une lettre de sa part et bien des détails sur le quartier-général.

Peu de temps après, on m'envoya le décret par lequel S. M. préservait du séquestre la fortune de mon père, lors même que son retard se prolongerait au-delà du terme fixé. Je donnai à cette occasion une fête à tous les gens de la maison, et nous allâmes à l'église rendre grâce à Dieu, entendre une messe à l'intention du bon Empereur. Il y eut dîné pour les pauvres de la paroisse, à qui je fis une distribution d'argent, et bal pour tous les hommes de la terre avec leurs femmes et leurs enfants ; comme il y avait quinze grandes fermes à faire valoir, la réunion fut assez nombreuse. La seconde classe eut son bal le lendemain. Le régisseur, très-brave homme, faisait la mine ; mais je trouvai qu'il ne fallait pas regarder à la dépense et à l'argent quand on en établissait des tonnes dans mon cabinet au risque de me faire égorger. Pour tuer le temps et me désennuyer, je mariais tous ceux qui en avaient le désir, et je leur signais sans y regarder de longs registres *d'ordinaire* annuels qu'ils rédigeaient à leur profit bien entendu. Et puis c'étaient des bals, des trousseaux à donner ! On appelait cela le temps de ma régence, et l'on aurait voulu qu'il durât toujours. Je ne dépensais rien pour moi.

Je venais d'apprendre que mon père avait quitté Vienne pour Paris. Je n'osai profiter de mon passeport, moi, qui me faisais tant de joie d'aller revoir ma mère après une séparation de huit années. Encore ce sacrifice ajouté à tant d'autres! Un ancien a dit : L'homme qui n'a pas souffert, que sait-il? Oh! je *savais* beaucoup.

Dans l'intervalle, mon frère aîné était revenu de Vienne, mais il n'avait pu rentrer dans les propriétés dont mon père lui avait fait le partage, qui valaient plus d'un million et qui avaient été séquestrées. Mon frère s'adressa à ma tante, la princesse Radzivil, très-considérée à la cour de Russie; mais elle répondit :

« Mon cher neveu, vous avez une jeune demoiselle d'honneur dans la famille qui a plus de crédit qu'une vieille dame à portrait. »

Ma tante avait la décoration en diamants du portrait de Catherine II. Force fut à mon frère de recourir à moi. J'écrivis, et le résultat fut qu'on lui rendit immédiatement ses biens.

Les gazettes nous tenaient au courant des événements politiques. Napoléon était parvenu à obtenir de la France de nouveaux sacrifices; il avait encore frappé du pied la terre, et il en était sorti cette fois, non des hommes, mais des enfants qui savaient à peine se servir de l'arme qu'on leur mettait au bras. Cependant la valeur innée chez les Français, soutenue des débris de la grande armée, justifia, par ses mouvements habiles, le grand talent du capitaine qui les dirigeait. Les généraux alliés opérèrent un mouvement de retraite. Puis la garde nationale prenait une attitude guerrière qui aurait peut-être causé la ruine de cette immense capitale sans la fuite de Marie-Louise. Alexandre, loin de partager l'opinion des alliés, les fit revenir à la sienne, qui était de marcher rapidement sur Paris, pendant qu'un corps de troupes tiendrait Napoléon en échec, et ce fut, de l'avis même des généraux en chef, un trait de véritable génie militaire, auquel fut attribué le brillant résultat de la campagne.

Après des efforts inouïs de courage et de talent, Napoléon avait dû céder à l'impérieuse voix de la destinée et se retirer à l'île d'Elbe. Son impassible moitié, Marie-Louise, qui ne sut être ni épouse ni mère, n'essaya pas même de conserver à son fils l'héritage de la France et de se défendre dans Paris. Elle n'aimait pas Napoléon, à la bonne heure ; mais elle aurait dû garder au moins les convenances. Quand on apprit à Parme la nouvelle de la mort de Napoléon, Marie-Louise se montra publiquement ce jour-là en calèche ouverte, ce qui révolta tous les habitants. Après la mort de son chevalier Neiperg, qui, lui, était aimé à Parme, elle se hâta de lui donner un successeur en épousant M. de Bombelles, son chambellan. Elle avait déjà quarante-huit ans. Il faut avoir la bosse du mariage. L'histoire l'a jugée, n'en parlons pas.

Les trois souverains alliés entrèrent à Paris. Ce fut là pour Alexandre une nouvelle occasion de déployer la magnanimité d'un vainqueur généreux. Il dit à la députation de Paris :

« Ce n'est point à la France que nous faisons la guerre, mais à l'homme qui, se disant notre ami, notre allié, est venu attaquer, ravager nos États et y a laissé des traces de son passage que le temps seul pourra effacer. J'aime les Français; je ne reconnais parmi eux d'ennemi que Napoléon. Paris peut compter sur ma protection. Je veux rendre le bien pour le mal. La France a besoin d'un gouvernement stable qui puisse assurer son repos et celui de l'Europe. »

Quelle modestie dans son triomphe, dans ses réponses, dans toutes ses actions! Combien j'y applaudissais de loin! Je ne sais plus quel chef de députation dit à Alexandre : « Sire, nous vous attendions depuis long-temps, » ce qui était éminemment français et patriote. La réponse de l'Empereur fut beaucoup plus française, selon moi :

« On ne doit s'en prendre qu'à la valeur française, » répondit Alexandre.

Au reste, qu'il me soit permis de le dire, le patriotisme est un mot en France, mais le principe n'y existe pas. La patrie, c'est le nom d'une dynastie, d'un parti, soit Bourbon, soit Bonaparte, soit républicain. Paris, c'est la France; mais la véritable patrie, la mère des Français, n'est qu'un mot et n'y allume pas dans le cœur de ses enfants ce feu sacré qui brûla les Espagnols et ne s'est jamais éteint dans celui des Polonais. Patrie! c'est l'union et la force! Qu'elle soit donc la devise de tous les Français, sans mélange d'opinion. France! voilà le seul cri de guerre et d'honneur pour tout ce qui porte un nom français.

CHAPITRE XIX.

Napoléon à l'île d'Elbe. — Châteaubriand.

J'écrivais dans mon journal de 1814 :

« J'avoue que l'infortune de Napoléon, grande comme sa destinée, m'inspire un enthousiasme que ses plus brillants succès, sa gloire, faite pour éblouir, n'ont pu me faire éprouver au temps de sa prospérité. Je déteste les Français s'ils insultent à ses malheurs, comme on le dit. Quelle nation inconstante et légère! Ce sont les Athéniens de nos jours. Ils en viendront à le regretter. » (Ceci était prophétique.)

On fit descendre la statue de Napoléon de la colonne de la place Vendôme, digne piédestal de cette grande figure qui avait fait dire à Alexandre ce mot plein d'esprit et de finesse :

« Si j'avais monté aussi haut, la tête m'aurait tourné. »

Par un effet des vicissitudes humaines et des décrets de la Providence, à l'instant où son rival heureux et modeste contemplait cette pompeuse effigie, Napoléon signait peut-être l'acte provoqué par les artisans mêmes de sa fortune, l'acte qui l'arrachait aux grandeurs, au pouvoir suprême, son abdication à Fontainebleau... Toujours influencé par la générosité de son caractère, ce fut Alexandre qui insista auprès de ses alliés sur les conditions les plus avantageuses pour un ennemi dont il respectait la gloire et les malheurs. On sait combien Alexandre témoigna d'intérêt, de considération à l'impératrice Joséphine, son fils Eugène et la reine Hortense. Cette noble conduite fut blâmée par Walter-Scott, qui s'exprimait ainsi sur le compte d'Alexandre :

« Membre actif et important de la confédération européenne, Alexandre n'avait pu se dépouiller de cette sensibilité fastueuse qui se plaît à faire une scène théâtrale d'un acte de bienveillance. L'air contagieux de Paris, les flatteries, un succès inespéré, l'envie de montrer de la magnanimité, ont entraîné Alexandre au-delà des règles de la sagesse et de la prudence. »

On reconnaît là le sentiment de la jalousie qui distingue l'esprit national anglais qui ne pouvait pardonner à Alexandre des succès qui blessaient l'orgueil et la suprématie de l'Angleterre. Et puis, son noble refus d'être le geôlier de Napoléon, condamnait la conduite déloyale du gouvernement anglais envers un ennemi malheureux et trop confiant. Prétendre aujourd'hui que Napoléon n'eut jamais de génie et que ce sont les circonstances qui l'avaient fait illustre! certes ce n'est pas Alexandre qui aurait dit cela. Celui qui s'était élevé des derniers rangs de l'armée sur le pavois des nations conquises, qui, comme chantait Béranger, *de son pied marquait la poussière sur le bandeau des rois*, manquer de génie! Qui en avait donc? Assurément pas les peuples, les armées ni leurs chefs, qui s'étaient laissé battre et vaincre.

J'ai entendu attribuer aux lieutenants de Napoléon, les victoires du grand capitaine, de la *famosa spada al cui valore ogni vittoria era e certa*. Sans doute, ils étaient, comme leur chef, fils de leurs œuvres; mais Napoléon était la tête et eux le bras intelligent dans toutes les opérations militaires. C'est lui d'ailleurs qui les avait formés à l'art glorieux mais funeste de la guerre. On peut appliquer à Napoléon ce proverbe vulgaire : « Qui trop embrasse mal étreint. » Quelle entreprise gigantesque de soutenir une guerre acharnée aux deux extrémités de l'Europe, l'Espagne et la Russie. Nouveau colosse de Rhodes, Napoléon était à cheval sur l'Europe, un pied sur Madrid, un pied sur Moscou; l'Europe a regimbé... On sait quelle en fut la suite... Selon l'immortelle expression de Béranger, Châteaubriand *semait fleurs et diamants sur la rouille du vieux trône des Bourbons.* Mais il pouvait le faire sans jeter de la boue sur celui de Napoléon. Je n'ose dire le coup de pied de l'âne au lion mourant, puisqu'il s'agit du pied de Châteaubriand et du coup qu'il a donné à Napoléon dans son œuvre de *Bonaparte et des Bourbons,* qui n'est pas digne de l'auteur du *Génie du christianisme.* Et puis, il se trouva lésé, il cria à l'ingratitude, se posa en victime de sa modestie affectée... Cependant, sous les Bourbons, il fut pair de France, ministre, ambassadeur, décoré du Saint-Esprit, que lui fallait-il encore? gouverner la France! pour son bien, sans nul doute.

CHAPITRE XX.

Alexandre accueille les Polonais. — Noble refus de Kosciusko. — Louis XVIII. — Dîner aux Tuileries. — Congrès à Vienne. — Le prince de Metternich ennemi des Polonais. — Tentative de réconciliation entre Alexandre et Elisabeth. — Mme Narischkin. Ses infidélités. — Générosité d'Alexandre.

L'Empereur Alexandre, pendant son séjour à Paris, accueillit avec bonté, avec distinction, les restes de l'armée polonaise. Il leur promit une patrie, il offrit à Kosciusko le rang de vice-roi. Kosciusko demanda si la Pologne serait réintégrée dans ses anciennes limites. Sur la réponse d'Alexandre, il refusa la vice-royauté. Ce fut Zaionczek qui l'accepta... Kosciusko se retira et mourut en Suisse. Il possédait dans les faubourgs de Paris une modeste maison qui fut respectée même des Cosaques, et qui n'avait eu pourtant pour toute sauve-garde que le nom de Kosciusko écrit sur la porte d'entrée.

Le bon ordre et la subordination établis dans les troupes alliées inspiraient tant de confiance aux

Parisiens, que le jour même de l'entrée des armées, toutes les boutiques s'ouvrirent, et trois jours après on y voyait étalés des services de porcelaine représentant l'entrée des souverains alliés dans Paris. Certes, c'était de la prévision. Un soldat russe fut puni de mort pour avoir pris un pain sur l'étal d'un boulanger. Le jour même de l'entrée on vint prévenir au théâtre l'empereur Alexandre que la garde impériale, campée aux Champs-Elysées, n'avait point encore de rations et que les soldats commençaient à murmurer. L'Empereur aussitôt manda les employés français, leur dit qu'il ne serait pas responsable des désordres qui pourraient avoir lieu si on laissait ses troupes manquer de vivres. Sur-le-champ, tous les fiacres de Paris furent mis en réquisition pour transporter aux Champs-Elysées toute espèce de comestibles. Ces soldats russes, qui avaient vu leur propre pays ravagé par les Français, ces soldats, à leur tour, vainqueurs en France, passèrent ainsi la journée, excédés de fatigue et de besoin, sans se laisser aller au moindre excès. Quels hommes! quelle armée! Et qu'il était grand le prince qui avait ainsi formé ses soldats.

Les troupes polonaises qui avaient été jusqu'alors au service de Napoléon, demandèrent à passer à celui du généreux Alexandre, vers qui se dirigeaient toutes les espérances pour lesquelles ces braves avaient si longtemps et en vain répandu leur sang. L'Empereur accueillit leur hommage avec satisfaction et leur donna son propre frère pour chef. C'est une chose à observer que ce fut Alexandre qui obligea le gouvernement français à payer aux Lithuaniens les arrérages de leurs pensions militaires. Mais il ne voulut pas recevoir les membres du gouvernement provisoire de Lithuanie, disant qu'il n'avait jamais entendu parler d'un tel gouvernement dans ses États. Cependant avec sa magnanimité accoutumée, il permit à tous ces messieurs de retourner en Lithuanie et d'y rentrer en possession de leurs biens. En visitant les chefs-d'œuvre qui décorent Paris, Alexandre s'empressa de voir celui qui éternise la mémoire de Louis XIV, et la magnificence véritablement royale et bienfaisante de ce prince, l'hôtel des Invalides : c'était la seconde fois qu'on y voyait paraître un souverain russe. L'Empereur trouva les vieux enfants de la victoire profondément tristes; on venait enlever les trophées de leur gloire. Consolez-vous, mes braves, leur dit Alexandre, dont le cœur vibrait toujours aux nobles émotions, j'intercéderai auprès des souverains pour qu'ils vous laissent quelques-uns de vos glorieux souvenirs. Et il fit laisser aux Invalides douze canons russes. On offrit à Alexandre de changer le nom du pont d'Austerlitz. « Non, dit ce prince, il suffit qu'on sache que l'empereur Alexandre y a passé avec son armée. » Au discours de M. Lacretelle, Alexandre répondit « qu'il s'était toujours plu à rendre justice aux travaux, aux progrès des Français dans les sciences et les beaux-arts, et se réjouissait avec eux d'avoir recouvré la liberté de la pensée. Mon bonheur, ajouta Alexandre, comme mon seul désir, est de pouvoir être utile au genre humain. Voilà l'unique motif qui m'a conduit en France[1]. L'Empereur visita

---

[1] Voici un passage remarquable d'un discours prononcé par M. de Montmorency à sa réception à l'Académie française : « C'est encore au roi que nous sommes sûrs de plaire, que de rendre justice à son allié fidèle, à ce prince si tôt et si cruellement ravi aux plus hautes destinées. Daignez en croire, messieurs, d'augustes confidences qui retentissent encore au fond de mon âme ; ce que je puis révéler aujourd'hui sans indiscrétion, mais avec

avec empressement tous les établissements de Paris, consacrés aux sciences, aux beaux-arts, à l'humanité. Partout sa puissance, son affabilité, excitaient l'étonnement et l'admiration. Les savants, les gens de lettres ne se lassaient pas d'admirer cet esprit fin, délicat, observateur, et s'émerveillaient de l'éloquence noble, élégante, avec laquelle le souverain russe s'exprimait dans une langue qui était pour eux-mêmes l'objet d'une constante étude. Ce fut Alexandre qui fit sortir

une profonde douleur, tous les intérêts de l'humanité étaient chers et sacrés au cœur généreux d'Alexandre. A l'époque de la Restauration, un membre de l'Académie française, remarquable par la finesse de son goût et de son esprit, fut présenté à S. M. l'empereur Alexandre : « Sire, dit M. Suard, au prince dont son nom avait attiré l'attention bienveillante, Votre Majesté se trouve dans un pays qu'elle doit aimer, puisqu'elle aime la gloire qui s'y distribue. Si votre auguste aïeule a mérité l'immortalité en Russie, c'est en France qu'elle l'a obtenue. » Ceux qui entendaient ces paroles, où respiraient la grâce la plus piquante et un patriotisme adroit qui cherchait, au profit de la France, le secret d'un grand cœur, virent le noble prince sourire en même temps sans doute à la France et à cette promesse de gloire. Elle n'aura point été faite ni reçue en vain. Ce qu'Alexandre a donné en exemple aux trônes, en paix, en repos au monde, en générosité, en désintéressement, en services à la France, la poésie, l'éloquence et l'histoire le rendront à sa mémoire en éloges, en reconnaissance, en immortalité. » Que cet éloge est beau et qu'il est vrai!

de captivité le vertueux évêque de Troyes, l'abbé de Boulogne, et admit à sa table l'abbé Sicard, directeur de l'institut des sourds et muets, décoré par ce prince de la croix de Saint-Wladimir. Désirant aussi témoigner aux Polonais qui se trouvaient à Paris l'intérêt qu'ils lui inspiraient, Alexandre engagea la princesse Jablonowska de donner un bal pour les réunir en sa présence. Au bal, il parut très-occupé de la jolie Mme Walewska; en dansant la polonaise avec cette dame, Alexandre était bien capable de lui faire ses excuses d'avoir agi contre Napoléon. Le grand-duc Constantin qui suivait de près, disait en riant : « Voyez-vous mon frère, il veut aller en tout sur les brisées de Napoléon. »

Louis XVIII, rendu au trône de ses ancêtres, Alexandre s'empressa d'aller à Compiègne où l'entrevue des deux monarques fut aussi touchante qu'affectueuse. A la demande du roi de France, Alexandre accorda la liberté à cent cinquante mille Français prisonniers en Russie. « N'importe, dit Louis XVIII, sous quels drapeaux ils ont combattu, mais ils sont malheureux, je ne dois plus les regarder que comme mes enfants. »

Louis XVIII était rentré à Paris. A un dîner aux Tuileries, offert aux souverains de la Sainte-Alliance, il passa le premier pour aller à table. Alexandre dit en souriant à quelqu'un placé près de lui :

« Nous autres, barbares du Nord, nous sommes plus polis chez nous. »

Je ne sais plus dans quel ouvrage M. de Châteaubriand admire cette incivilité de Louis XVIII. Elle prouvait qu'il ne se croyait pas encore maître chez lui et seulement l'hôte des souverains qui l'avaient rétabli sur le trône de ses pères.

CHAPITRE XXI.

Retour d'Alexandre. — Il refuse le titre de *Béni*. — Récompense à l'armée. — Mesures de sagesse. — Congrès. — Elisabeth. — M*^{me}* de N***.

Après un voyage intéressant en Angleterre, où cependant les Buldogs firent un accueil beaucoup plus chaleureux à Blucher qu'aux souverains alliés, Alexandre revint en Russie en passant par la Hollande où il fit un pieux pèlerinage à la maison qu'avait occupée Pierre-le-Grand à Sardam. Si l'incomparable modestie d'Alexandre le porta à se soustraire à la pompe des hommages publics à son retour dans la capitale de l'Empire, elle ne put cependant le dérober aux sentiments d'amour et d'admiration qui éclataient partout en sa présence. Quel moment pour le cœur d'une mère que celui où l'impératrice Marie pressa entre ses bras ce fils si digne d'elle par ses vertus, si digne par sa haute sagesse du titre de pacificateur de l'Europe, ce prince enfin l'honneur et la gloire de la Russie.

Lui seul par l'influence de son caractère, heureux mélange de fermeté, de douceur et de persévérance, lui seul, guidé par la religion, avait détruit l'ouvrage de la puissance et du génie.

Après des tentatives superflues, les souverains de l'Europe s'étaient soumis au charme fatal qu'exerçait sur eux celui qu'ils regardaient comme le fléau de Dieu. Alexandre crut et leur dit : « Il n'est pas invincible, mettons notre confiance dans la Providence. » On crut à sa parole. Et Alexandre vit se réaliser le mot qu'il m'avait dit un jour : « Nous verrons ce qui réussira le mieux de se faire craindre ou de se faire aimer. » On craignait Napoléon ; on le trahit, on l'abandonna. On aima Alexandre, et il obtint l'admiration et la confiance des souverains alliés, et fut l'âme de leurs conseils pendant toute sa vie. Le synode, le conseil d'Etat, le sénat, envoyèrent une députation pour offrir à S. M. le surnom de Béni, titre glorieux, mais qui ne pouvait blesser la modestie de l'Empereur, puisqu'il marquait que toutes ses grandes actions étaient marquées du sceau de la Providence. On voulut également élever un monument avec cette inscription : *A Alexandre le béni, empereur de toutes les Russies, magnanime régénérateur des puissances de l'Europe, la Russie reconnaissante.*

Alexandre accueillit avec bonté la députation, et répondit par un ukase dont voici à peu près la teneur : « En recevant la requête des réunions de l'empire, j'ai ressenti la plus vive satisfaction. Elles m'offrent un titre d'autant plus flatteur, que toutes mes pensées, les vœux de mon âme, tendent à attirer sur mon peuple les bénédictions du Tout-Puissant. Mais en acceptant ce surnom, je démentirais mes propres principes en donnant un exemple si contraire aux sentiments de modération, d'humanité que je m'efforce d'inspirer à mes fidèles sujets. Elevez pour moi un monument dans vos cœurs, comme il en est un pour vous dans le mien. Que la Russie soit heureuse, et qu'avec elle et moi soit toujours la bénédiction de Dieu. »

Alexandre se délassait des travaux de la guerre en travaillant à réparer les maux qu'elle avait apportés dans l'empire. Il institua des récompenses nobiliaires, des croix pour le clergé, la classe des marchands, l'armée, etc. Sa Majesté remit dans tout l'empire les arrérages d'impôts depuis l'année 1813, ainsi que les amendes, peines, etc. Elle étendit sa clémence sur tous ceux qui s'étaient laissés entraîner dans le parti ennemi. Alexandre ordonna un travail d'indemnités pour les provinces qui avaient fait des avances au gouvernement. Ainsi Alexandre soutint des guerres onéreuses, sans prélever ni contributions nouvelles ni charges extraordinaires. Aussi ses lauriers ne furent-ils jamais baignés des larmes de ses sujets. La bénédiction du pauvre accompagna toujours ses entreprises. Puisse sa bonté paternelle et touchante revivre dans le cœur de ses successeurs! puissent-ils sentir, comme ce grand prince, que la gloire, cette fumée enivrante, si elle cause un moment d'ivresse, ne peut cependant satisfaire pleinement le cœur d'un souverain, et que c'est le bien-être, les bénédictions de ses peuples, qui seuls peuvent le remplir d'une joie douce, pure, inaltérable, comme les récompenses célestes dont ils sont et le présage et le garant.

En traversant la Pologne pour se rendre au congrès de Vienne, l'Empereur s'arrêta à Pulhavi. Les princes Czartoryski, où s'était rassemblée la famille de la princesse, composée de ses deux fils, de la princesse de Wurtemberg, de la comtesse Zamoyska, ses filles, un grand nombre de personnes de distinction, ma tante la princesse Radzivil, son fils le prince Antoine, la comtesse Rosalie Rzewuska, le général Krasinski, enfin, la députation de Varsovie, venue pour exprimer à S. M. les sentiments de reconnaissance, de vénération et de confiance de ses compatriotes. Alexandre répondit en termes flatteurs :

« J'espère que le succès justifiera la confiance de votre nation ; le bonheur des Polonais sera ma récompense. Assurez bien les habitants de Varsovie de ma sollicitude pour eux, et que si je retarde mon arrivée dans leur ville, c'est uniquement pour consolider leur bonheur. »

A l'instant du départ, la princesse Czartoryska et toute sa société devancèrent l'Empereur au bac sur la Vistule, sans d'autre but que de jouir encore de sa présence. Malgré la fraîcheur de la soirée, l'Empereur ne voulut point garder son manteau en présence des dames, qui, encouragées par les expressions aimables qu'il leur adressait, lui demandèrent la permission d'enlever quelques plumes à son panache. Alexandre s'empressa aussitôt de les satisfaire avec cet air séduisant qui ne le quittait jamais.

Les puissances de l'Europe étant convenues de se réunir à Vienne, soit en personne, soit par l'organe de leurs ministres, pour y discuter les droits, les intérêts des nations, on agita d'abord la question du rang qu'il convenait de leur assigner. Avec cette modestie qui le caractérisait, Alexandre, loin d'exiger la prééminence qui lui était due à tant de titres, pour éviter tout ce qui pouvait choquer les amours-propres, Alexandre proposa d'admettre simplement l'ordre alphabétique qui l'éloignait beaucoup du premier rang. Grand homme au conseil, on retrouvait dans Alexandre le prince aimable, l'homme séduisant, dans toutes les réunions, les fêtes splendides où il se plaisait à paraître et qui firent de Vienne un séjour enchanteur. Plusieurs années après, je demandais au comte Salmour, Piémontais de beaucoup d'esprit, quelle avait été la représentation de l'empereur Alexandre parmi les princes réunis au congrès. Il était, me dit M. de Salmour, le primo-amoroso de la troupe des souverains. L'impératrice Elisabeth se trouvait également à Vienne.

On avait cherché à réconcilier l'Empereur Alexandre avec son auguste épouse. Mais, hélas! les affaires diplomatiques les plus épineuses s'accommodent plus facilement que celles du cœur. Alexandre était encore trop jeune pour se faire un sentiment du devoir. Elisabeth ne l'était plus assez pour l'inspirer, et d'ailleurs elle apporta, dit-on, dans le rapprochement qu'on espérait amener, la froideur d'un cœur blessé à vif et depuis tant d'années. Cependant les relations de l'Empereur avec la belle Mme N*** avaient cessé, son amour et son indulgence n'ayant pu résister aux infidélités qu'il avait tant de fois pardonnées. Une dame qui visait au cœur d'Alexandre trahit un jour la confiance de Mme N***, et ayant réussi à s'emparer de la correspondance de son amie avec son amant, elle la remit, comme preuve de trahison flagrante, à l'Empereur, dans un bal masqué. Celui-ci, bouleversé à cette vue, lui dit : « C'est un cruel service que vous me rendez, madame. » Et il pardonna, car il avait la tête perdue pour cette femme, comme il l'avouait au duc de Vicence.

Mme N*** portait ces mots généreux d'Alexandre

dans un petit médaillon de cristal qui aurait dû lui servir de talisman contre les récidives ; mais il n'en fut rien. Le baron d'Oxful, que j'ai rencontré il n'y a pas longtemps aux eaux d'Allemagne, me parlait en soupirant de ses amours avec Mme N***, de sa disgrâce auprès de l'Empereur, etc., etc., et me dit qu'il en était question dans les Mémoires de Caulincourt. Mme N*** eut deux filles d'Alexandre ; l'aînée mourut en bas âge ; la seconde, jolie comme les anges, ressemblait tellement à l'Empereur, que, lorsque la pauvre Impératrice la rencontrait dans les jardins, elle ne pouvait s'empêcher d'embrasser cette enfant, qui lui retraçait l'image fidèle d'un époux adoré et si volage. Elle-même, pauvre princesse ! qui aurait eu tant besoin d'une telle consolation dans son malheur, n'avait eu que deux filles mortes de la dentition.

Rien n'était plus plaisant, assure-t-on, que la jalousie de M. N*** pour le compte de son auguste maître. L'Empereur, un jour, plaisantait sur la belle coiffure du grand chambellan, avec le frère de celui-ci, grand diseur de bons mots, qui dit à S. M. :

« Je le crois bien, Sire, il est coiffé de main de maître »

Tout courtisan qu'il était, et peut-être parce qu'il était courtisan, M. N*** se refusa à l'adoption d'un petit garçon dont Mme N*** voulait gratifier Alexandre, qui s'en défendait et pour cause, mais qui, avec sa faiblesse ordinaire pour une femme qu'il n'aimait plus, ne pouvait estimer, finit par vaincre les refus de M. N*** de donner son nom à un enfant qu'il savait bien n'être pas celui de son auguste maître, en plaçant sur la tête de cet enfant une somme considérable aux lombards, dont il jouit aujourd'hui avec le beau nom de la famille N***.

Mme N*** fut éloignée de Pétersbourg avec une pension de deux cent mille francs, tant pour son entretien que pour celui de la fille d'Alexandre, qui fut élevée à Paris.

Il ne m'est jamais arrivé de rencontrer Mme N***, même pendant son séjour à Vilna, au retour d'un voyage aux eaux ou pour autre cause de santé, en 1807 ou 1808. Elle y joua le rôle d'une Montespan et était au pinacle de sa faveur. Toutes les autorités étaient à ses pieds. Le directeur général des postes de Lithuanie faisait antichambre chez elle tous les jours pour lui remettre les dépêches apportées de Pétersbourg par courrier et recevoir les siennes. On joua la comédie de société pour l'amuser, et elle s'amusa à se moquer des acteurs, fit cadeau d'un châle à Mme Benigsen, qui eut la platitude de l'accepter. Toutes les dames de Vilna se crurent obligées d'imiter la coiffure à la Van Dyck de Mme N*** et jusqu'à son attitude du bras arrondi sur la poitrine, le cou penché à la *Vénus de Médicis*. Que ne pouvaient-elles lui emprunter sa beauté! Elle avait une tête admirablement belle et régulière, un teint éblouissant de blancheur; elle était belle encore à soixante ans, sans jamais avoir employé d'autre cosmétique que de l'eau de fraises, dont on lui faisait une provision pour toute l'année. Elle avait soin cependant, dans son intérieur, de s'entourer de femmes très-laides comme pour lui servir d'ombre au tableau. Il arriva un jour qu'Alexandre surprit aux pieds de sa maîtresse un fort joli homme, M. P***. Mme N***, avec une grande présence d'esprit, dit à l'Empereur : « Voilà ce pauvre P*** qui me demande la main de Mlle *** (la plus laide de toutes ses demoiselles de compagnie); vous devriez bien, Sire, en faveur de ce mariage, accorder à P*** la place de consul à Memel. »

M. P*** n'osa pas démentir Mme N***, et l'Empereur fut très-satisfait de lui accorder la grâce qu'il n'avait pas sollicitée. J'ai connu plus tard ce couple à Memel; la consulesse était malheureuse comme les pierres; son mari ne pouvait pas la souffrir. J'ai vu chez cette dame un beau portrait de Mme N*** dans tout l'éclat de sa jeunesse.

On m'a conté qu'après la mort d'Alexandre on trouva dans un réduit secret de son appartement un portrait de Mme N*** au sortir du bain, enveloppée d'un drap de batiste qui se collait à son beau corps en petits plis transparents, les bras croisés sur le sein et retenant le drap, la tête couverte d'un mouchoir de soie pourpre, enfin belle à ravir. Je voudrais savoir si elle a posé dans ce costume devant son peintre, comme la princesse Pauline Borghèse pour Canova.

Je faillis cependant rencontrer Mme N*** sur le Rhin, que nous descendions chacune dans notre bateau jusqu'à Cologne. Les équipages de l'ex-maîtresse impériale, elle voyageait avec un grand train, courrier en avant, suivaient la chaussée. Le hasard voulut que nous descendissions pour la couchée au même hôtel, à Coblentz, belle vue sur le Rhin et le pont. Tout le premier avait été retenu pour Mme N*** et sa suite. Mon mari ne voulut jamais occuper le second, et me donna mille raisons que je trouvai très-mauvaises : comme quoi cela n'était pas convenable, et force me fut d'aller gagner au fond de la ville un fort triste et mauvais hôtel. Je perdis ainsi l'unique occasion de voir, ce que je désirais extrêmement, la beauté qui avait inspiré à Alexandre une si grande passion, ou pour mieux dire une si grande faiblesse, et qui n'avait pas même eu la vertu de lui rester fidèle. Les maîtresses de Louis XIV valaient mieux. Enfin j'aurais aperçu cette charmante Sophie, que j'aurais reconnue sur-le-champ. Cela s'était passé en 1821.

Madame N*** était charitable, avait un bon cœur, un grand désintéressement. Un Français, professeur de sculpture, très-intime dans la maison, nous conta qu'étant venu visiter madame N*** pendant ses couches, il la trouva tout en larmes :

« Jugez de ma peine, lui dit-elle, toute la cour et la ville viendront me visiter, et mes dentelles sont en gage ! »

Mme N*** n'osait s'adresser, ni à son mari ni à l'Empereur, et ce fut le pauvre professeur qui vint à son aide. Il est de fait que l'Empereur payait toutes les dettes de Mme N***.

CHAPITRE XXII.

Napoléon débarque en France. — Trahison de Talleyrand. — Magnanimité d'Alexandre. — Nouvelle guerre. — Waterloo. Alexandre protége la France.

On sait que ce fut pendant le congrès de Vienne qu'éclata, comme un coup de foudre, la nouvelle inouïe du débarquement de Napoléon en France. Les uns étaient terrifiés de cette audace ; d'autres la traitaient d'insigne folie et disaient que Napoléon *serait pendu à la première branche d'arbre.* Les souverains allemands disaient *Mein Gott.* L'empereur Alexandre se montra très-froid et dit qu'il n'entrait pas dans ses desseins de faire couler le sang de ses sujets dans cette nouvelle collision. Le véritable motif était qu'il avait découvert une perfidie de Talleyrand et du gouvernement français, qui voulaient mettre la Russie en dehors de la politique européenne.

Dans cette extrémité et la crainte de perdre un allié si puissant, Talleyrand s'humilia, fit patte de velours ; et la magnanimité d'Alexandre prit le dessus sur la trahison. Je ne parlerai ni des Cent-Jours ni de la bataille de Waterloo. C'est le domaine de l'histoire. Après des efforts inouïs de génie, Napoléon dut se soumettre à ce qu'il appelait sa *destinée* et qui était la volonté de *Celui* qui dit à l'Océan : Tu n'iras pas plus loin !

Je ne suis Française que par adoption ; hé bien ! je n'ai jamais pu entendre prononcer ce nom de Waterloo, dernier soupir de la gloire napoléonienne, voir les gravures de la funeste bataille où retentit ce cri digne de l'antiquité : *La garde meurt et ne se rend pas !* sans éprouver une profonde émotion. Je ne puis pardonner aux Anglais cette victoire dont Wellington fut redevable aux secours des Prussiens, comme le fit observer au noble duc l'empereur Nicolas, grand admirateur de Napoléon. Me trouvant à Londres pendant l'*Exhibition*, au théâtre de l'Opéra, il y avait une foule compacte à traverser, et je trouvais un singulier plaisir, pour me faire place, à donner de *petites boxes* dans le dos des uniformes rouges en me disant : « Bon pour Waterloo ! » Une de ces écrevisses, jeune garçon blanc et rose comme une jeune fille, riait à se pâmer de celle qu'il avait reçue. C'était plus que fou, de mauvais goût, de mauvais ton, je le sais sans qu'on me le dise, mais je n'étais plus *moi*, je me prenais pour un revenant, un ressuscité de Waterloo voulant venger l'injure faite à sa nation, à son héros jusqu'alors invincible, par l'aveugle et inconstante fortune. Si cela eût été possible, j'aurais fait main basse sur toute la chambrée britannique, moins les charmantes ladys, les misses aux tailles diaphanes, aux boucles flottantes, au teint de coldcream. Quand je contai mes prouesses à mon fils, qui ne s'en était pas aperçu, il en fut exaspéré.

Voici un autre trait de patriotisme au sujet de Waterloo. Le héros anglais duc de Wellington, demanda à Mme Jaquotot, célèbre artiste sur porcelaine, de faire son portrait, et quel uniforme mettre pour la séance? « Mais, rouge, » dit Mme Jaquotot. Le duc (il venait toujours à cheval), arrive un beau matin, demande une chambre pour faire sa toilette, et ne tarde pas à paraître, écarlate comme un homard cuit à point. Mme Jaquotot, assise à son chevalet, jette les yeux sur son modèle et aperçoit sur la bandouillère le néfaste Waterloo en lettres d'or. Elle prend son parti.

« Votre grâce m'excusera, dit-elle, mais ce rouge est écrasant dans un portrait. J'aimerais mieux l'uniforme bleu. »

Wellington comprit, sourit et alla changer d'uniforme.

J'ai été bien satisfaite de l'amende honorable de la reine Victoria au tombeau de Napoléon[1]. Honneur à Napoléon III ! Le prince Jérôme a été bien noble aussi en refusant d'aller saluer la reine d'Angleterre !

Voici encore, à propos de Waterloo et de son héros, un mot très-piquant de l'empereur Nicolas : Le duc de Wellington avait été chargé par son gouvernement de complimenter Nicolas sur son avénement au trône. Le noble duc avait plus de présence d'esprit sur un champ de bataille que dans les salons. Causant avec l'impératrice Alexandra, il lui dit :

« Votre Majesté a dû être bien embarrassée au moment de cette conjuration à Pétersbourg. »

---

[1] Ce serait un magnifique sujet de tableau.

L'Impératrice fit semblant de n'avoir pas compris Wellington, et c'est ce qu'il y avait de mieux à faire. Mais il revint à la charge, en brave guerrier qu'il était, et renouvela la question intempestive. Nicolas, qui n'était pas loin, l'entendit, en deux bonds se trouve près de Wellington et lui dit :

« Oui, monsieur le duc, très-embarrassée, pour le moins autant que votre grâce à Waterloo, avant l'arrivée de Blucher. »

Après une si longue absence, tant de gloire acquise, tant de preuves de modération, de générosité envers les Français qu'il défendit contre les souverains alliés de toute la suprématie de sa puissance, car il ne s'agissait de rien moins que de déchirer la France, — l'Angleterre prenait la Normandie, la Bretagne ; la Prusse les départements du Nord et le Rhin ; l'Autriche rappelait de vieux droits sur la Bourgogne, la Lorraine, la Franche-Comté ; enfin on réduisait Louis XVIII au royaume d'Yvetot, lorsqu'Alexandre mit sa puissante épée dans la balance et déclara qu'il l'emploierait à sauver la France des empiètements de ses ennemis, et que sa volonté était que la

France restât grande et forte, — Alexandre allait rentrer dans ses Etats en passant par Varsovie.

Satisfait d'avoir terminé avantageusement, pour le bonheur de l'Europe, la campagne mémorable de 1815, et de recueillir, pour prix de ses travaux, une paix longue et solide, Alexandre allait se délasser des fatigues de la guerre et des soucis de la politique en faisant des heureux. Il était attendu à Varsovie pour le couronnement; il s'y rendit en effet, après avoir célébré à Berlin les fiançailles de son auguste frère le grand-duc Nicolas avec la princesse royale de Prusse, affermissant ainsi son alliance avec cette puissance par les doubles liens du sang et de la politique.

L'empereur Alexandre arriva à Varsovie le 26 octobre 1815. Il y fit son entrée à cheval, portant l'uniforme polonais et la décoration de l'Aigle-Blanc. Toutes les rues et les fenêtres, sur le passage de Sa Majesté, étaient ornées de fleurs, de chiffres, de draperies. Les différentes députations attendaient Sa Majesté auprès d'un arc de triomphe qui portait cette inscription : *Hic ames dici pater atque princeps.* L'Empereur ne voulut pas recevoir les clefs de la ville, que lui présentait le président de la municipalité, et répondit au discours de ce magistrat : « Je n'accepte point les clefs, parce que je ne suis pas venu ici en conquérant, mais en protecteur, en ami qui désire vous voir tous heureux. » Mais il accepta l'offrande du pain et du sel, comme le don le plus utile de la Providence. Enfin les Polonais retrouvaient un roi, un père. Dans la soirée de ce jour mémorable, toute la ville fut illuminée en transparents allégoriques; une foule innombrable, circulant dans les rues, faisait entendre des cris d'allégresse et le nom d'Alexandre répété à l'envi. L'Empereur fut touché de ces preuves d'attachement et d'enthousiasme sur lesquelles il ne comptait pas, croyant, avec sa modestie ordinaire, que les Polonais lui préféraient Napoléon.

Alexandre accorda aux Polonais une constitution basée en partie sur le Code Napoléon, un sénat, le droit d'assembler des diètes. Il nomma le général Zaionczek[1] à la première place du royaume, celle de lieutenant-général, et lui apprit

---

[1] Le général Zaionczek a passé une partie de sa vie au service de France; c'était un des officiers les plus distingués de l'armée française : Napoléon l'estimait beaucoup.

lui-même sa nomination. Le vieux guerrier représenta à l'Empereur que sa fortune était trop bornée pour lui permettre d'accepter ce rang. « C'est un mérite de plus à mes yeux, répondit l'Empereur, en assignant au général (à qui plus tard il conféra le titre de prince) un revenu de 200,000 florins de Pologne sur l'Etat.

L'Empereur et Roi ayant admis en sa présence une députation des départements et villes du royaume, le palatin Malachowski exprima, au nom de ses compatriotes, les sentiments d'amour, de vénération et de reconnaissance dont ils étaient pénétrés pour le noble vainqueur qui rendait à leur patrie une nouvelle existence politique. Il ajouta qu'en mémoire d'un jour si heureux, dans chaque département, tous les habitants s'étaient cotisés pour assurer le sort d'une famille indigente de laboureurs, et qu'ils en offraient l'hommage à Sa Majesté... L'Empereur répondit :

« Je reçois avec sensibilité l'expression des sentiments que vous me manifestez. Je sais que ce pays a supporté de grands revers dont il faut effacer la trace. Pour le soulager promptement, j'ai donné l'ordre aux armées russes de se retirer.

En vous occupant de la classe intéressante des cultivateurs, vous avez fait la chose la plus agréable à mon cœur. Tout ce que vous entreprendrez à cet égard sera l'objet de ma plus vive sollicitude. Je suis toujours disposé à recevoir toutes les requêtes qui me seront présentées, soit par les particuliers, soit par les départements. Je me ferai rendre compte de vos demandes par des personnes désignées à ce sujet, et j'y donnerai toute mon attention. Mes désirs n'auront jamais d'autre but que la prospérité de votre pays et le bonheur de ses habitants. »

Le séjour de l'Empereur à Varsovie fut célébré par des fêtes brillantes chez le général Krasinski, le comte palatin Potocki, la princesse de Wurtemberg. Il y eut aussi bal paré, donné par la ville, dans la grande salle de spectacle, et où l'on vit l'assemblage le plus séduisant du goût et de la richesse, des grâces et de la beauté. Ma mère qui, à cause de sa mauvaise santé, n'alla point à ces fêtes, eut l'honneur d'être présentée à Sa Majesté, chez sa sœur, la princesse Radzivil, et de remercier l'Empereur de toutes les bontés qu'il avait eues pour sa famille. L'Empereur autorisa ma mère à annoncer son arrivée à Vilna ; il daigna lui parler de moi avec son indulgence ordinaire. On savait que l'Empereur ne s'arrêterait qu'un jour à Vilna et coucherait à Towiany.

Mon père forma le projet de partir aussitôt après le bal, qui devait avoir lieu à l'arrivée de Sa Majesté, pour se rendre à Towiany avec moi et plusieurs autres personnes. Il espérait pouvoir entretenir l'Empereur des différents abus qui s'étaient glissés dans le gouvernement, et de la manière dont quelques agents du pouvoir répondaient aux vues pleines d'équité et de modération d'un si bon monarque. Il courait aussi des bruits inquiétants à Vilna. On disait qu'il se formait à Pétersbourg un parti de Russes mécontents de l'intérêt que l'Empereur accordait aux Polonais, et de tout ce qu'il faisait pour le royaume. L'Empereur lui-même ne se faisait pas illusion à cet égard, puisqu'à Varsovie il demandait aux Polonais de ne pas le compromettre avec les siens dans leurs discours patriotiques. J'ai su plus tard, à Paris, et je le tiens d'une personne digne de foi, qu'en 1815 le maréchal Soult avait surpris des papiers très-importants qui dévoilaient des projets sinistres. Le maréchal s'empressa de les faire parvenir à l'empereur Alexandre, qui lui fit dire, en le remerciant, que le danger n'était pas aussi réel qu'il le pensait. Quelle fatale sécurité, et qu'on a de peine à la comprendre! Comment l'empereur Alexandre, avec cette sagacité qui le distinguait, cette rare pénétration de jugement qui le portait à désirer avec raison d'éteindre dans les autres contrées de l'Europe le foyer des révolutions, ne voyait-il pas le feu qui couvait dans ses propres Etats! Son cœur, il faut le croire, abusait son esprit et se refusait à croire à une si monstrueuse ingratitude de la part de ses sujets.

Je vis le comte Michel Oginski (auteur d'intéressants mémoires), à son retour de Varsovie, où il s'était présenté à l'Empereur à la tête de la députation de Lithuanie, qui fut parfaitement accueillie. L'Empereur la reçut solennellement dans la salle d'audience et debout près du trône.

M. Oginski nous dit qu'à l'endroit de son discours, où il comparait la rapidité des victoires de S. M. au vol de l'aigle, — comparaison un peu usée et pas très-juste, — l'Empereur prit une contenance assez fière; mais qu'il eut les larmes aux yeux lorsque M. Oginski parla de la reconnaissance des Lithuaniens. Qu'il était donc adorable avec cette sensibilité angélique! M. Oginski avait pris pour devise : Reconnaissance et confiance; elle convient à tous les Polonais. Il y en avait cependant encore beaucoup de *mécréants*. Nous appelions ainsi ceux qui s'obstinaient à douter des bonnes intentions de l'Empereur, parce qu'il ne les déclarait pas ostensiblement, en défendant qu'on en fît mention dans les différents discours qui lui étaient adressés, et la raison, c'est qu'il ne fallait pas le compromettre *avec les siens.*

CHAPITRE XXIII.

Alexandre à Varsovie. — Proclamation du royaume de Pologne. — Discours. — Retour d'Alexandre à Vilna. — Présentation de la noblesse à la cour. — Tout est oublié. — Visite de l'Empereur à l'auteur. — Toujours beau et jeune. — Bal et illumination. — Course de l'auteur à Towiany. — Arrivée d'Alexandre en traîneau sur un chemin d'étoupes. — Admiration d'Alexandre pour l'Angleterre. — L'Empereur pardonne, mais n'oublie pas. — Chagrin de l'auteur.

Nous eûmes à notre tour la joie de revoir notre bon souverain; c'était au mois de décembre 1814.

A peine arrivée dans la nuit, un aide de camp vint m'annoncer que S. M. viendrait me voir à une heure après midi. Je fis avertir ma sœur, qui logeait dans la même maison, d'être prête; ma demoiselle de compagnie était partie pour la Podolie.

La présentation des hommes eut lieu de bonne heure au château. L'Empereur dit en peu de paroles :

« J'ai à me plaindre de plusieurs personnes,

à me louer de bien peu, mais je veux passer l'éponge sur le passé. »

En voyant mon père, l'Empereur lui dit : « Ah ! c'est vous, comte, le passé est oublié, tout est oublié. » Mais à l'accent, à l'air grave, on pouvait juger qu'oublier signifiait pardonner. Mon père le sentit si bien qu'il n'osa se trouver chez moi pendant la visite de S. M. On fit généralement la remarque que l'Empereur, sans montrer de fierté, avait quelque chose de plus solennel qu'à l'ordinaire; ma sœur l'attribua à sa présence près de moi, qui, selon elle, n'eut pas l'air de satisfaire S. M. Quant à moi, je ne m'en aperçus pas. L'Empereur était toujours aussi beau, aussi resplendissant de jeunesse, de fraîcheur que jamais. Mon frère, qui avait dix ans de moins, disait : « Mais il a l'air plus jeune que moi. »

L'Empereur me parla de ma mère dont il avait fait connaissance chez sa sœur, la princesse Radzivil; beaucoup de Varsovie, dont il paraissait engoué, comme d'une maîtresse nouvelle; de Willanow où il avait trouvé tous les souvenirs du grand roi Sobieski; il avait continuellement le mot de *royaume* à la bouche; cependant, toujours avec sa bonté inaltérable, il fit l'observation que Varsovie brillait sans doute par ses fêtes, le rassemblement de la noblesse, mais qu'il était aisé de voir que le royaume avait beaucoup souffert et exigeait de grands soins et une administration paternelle et entendue.

Je demandai à l'Empereur s'il était vrai que Londres eût plu davantage à S. M. que Paris : « Oui, me dit-il, j'ai trouvé Paris sale au moral[1] comme au physique. » Ensuite, il tomba à bras raccourcis sur les Français en général, leur reprochant leur frivolité, leur avidité, etc., etc.

Je ne pus m'empêcher de dire : « Sire, je reconnais cependant un mérite aux Français, c'est d'avoir su apprécier les bontés de Votre Majesté pour eux. »

Alexandre rougit extrêmement et baissa la tête. « Je vous avouerai, mademoiselle, que je n'ai fait que mon devoir. Les Autrichiens, les Prussiens voulaient user du droit de représailles,

---

[1] Pétersbourg n'était pas fort propre non plus, sous le rapport de la moralité, d'après le dire du cocher de S. M., le favori Ilia. Alexandre n'avait pas vu apparemment les quais de la Tamise : ce sont de vrais cloaques.

mais ce droit m'a toujours semblé affreux, et l'on ne doit se venger qu'en faisant le bien. »

Le jour même il y eut bal offert par la noblesse dans une salle particulière, assez basse, mal ornée, qui avait l'air guinguette. Je le dis à l'Empereur, que cela fit rire. Il dansa une valse avec moi, un quadrille avec Mme Abramowiez et puis les polonaises officielles.

Mon père sachant que l'Empereur devait s'arrêter à Towiany, avait eu l'idée d'y aller avec moi et mes frères; et Mesdames Moriconi, à qui j'avais communiqué ce projet, en furent si enchantées, qu'elles nous promirent un relais sur la route. Mais voyant l'air froid de S. M. à son égard, mon père crut plus convenable de ne pas se mettre en avant. Il fut décidé que je ferais ce petit voyage avec ma tante, la comtesse Kossakowska et mon beau-frère le comte Gunther.

En dansant la polonaise avec le prince Wolkonski, je lui parlai de ce projet comme d'une chose manquée, S. M. devant partir très-matin. « Non, me dit le prince, n'y renoncez pas, je tâcherai de retarder le départ. » L'Empereur, qui nous suivait, entendit quelques mots et demanda de quoi il était question. « D'un petit complot avec le prince, » lui dis-je. Sa curiosité mise en jeu, Alexandre vint me prendre pour la polonaise suivante, et il fallut bien lui avouer la surprise arrangée avec les dames de Towiany.

Il en parut bien satisfait et promit aussi de retarder son départ, me disant mille choses gracieuses que je ne puis répéter à cause de leur exagération d'amabilité, enfin que je n'avais qu'à partir en sortant du bal, me mettre dans une bonne voiture, enveloppée de bonnes pelisses, etc., etc. Ainsi fut fait, mais l'homme propose et Dieu dispose. Notre berline cassa, pas loin heureusement de le terre de ma tante, et son fermier nous prêta son briska où nous nous entassâmes assez grotesquement, au grand déconfort de nos toilettes du soir; j'avais un par-dessus en velours vert, garni de blondes, chapeau pareil avec des marabouts verts, le tout empaqueté dans une serviette. Ce qu'il y eut de très-plaisant c'est que depuis le dernier relais jusqu'à Towiany, on s'obstina à nous prendre pour l'Empereur, et les vedettes placées pour avertir de son arrivée, couraient devant nous à bride abattue malgré nos rires extravagants et nos cris. Il ne faisait cependant pas si obscur pour ne pas distinguer un mauvais briska d'une calèche, et notez que l'Empereur voyageait en traineau, et se plaignait même qu'on eut imaginé de lui faire un chemin d'été en hiver, en jetant de la bourre et des étoupes sur la neige, ce qui, assurément, ne faisait pas glisser les traineaux. Enfin, toujours riant, nous arrivâmes grand train devant le perron, où toute la société s'était précipitée pour recevoir l'Empereur... Peu s'en fallut qu'on ne nous tourna le dos dans ce désappointement.

A peine eûmes-nous le temps de changer de costume que le véritable Empereur arriva, assez étonné de nous trouver déjà en place, malgré l'accident que nous lui racontâmes. Il s'étonnait aussi que notre teint ne se fût pas ressenti des brises hivernales. « Pour moi, dit-il, mon visage est comme un incendie. » L'Empereur ne retrouva plus le vieux comte; il était mort. Mlle Dorothée Moriconi était remplacée par sa sœur, la comtesse Félicie Plater, bien charmante personne. Mlle Grabowska, nièce de la comtesse Moriconi, était absente et mariée au prince Constantin Radzivil.

L'Empereur causait toujours avec les dames ; il me fut impossible de trouver un moment pour lui présenter mon beau-frère, qui se tenait à l'écart avec les autres hommes.

Alexandre s'étendit longuement et avec une véritable prédilection sur l'Angleterre, la beauté de ses enfants, la beauté des parcs où l'art consistait seulement à faire valoir la nature, la sagesse des institutions constitutionnelles faisant respecter l'individualité de chaque citoyen. C'est, je crois, au retour de son voyage d'Angleterre, où S. M. fut cependant moins fêtée que le héros prussien Blucher, qu'on accablait de présents, de toats auxquels il prenait largement part en criant à chaque banquet : *Der teufel Napoléon;* le peuple s'attelait à sa voiture ; les belles Anglaises se disputaient les lambeaux de son uniforme, comme plus tard elles convoitaient les boutons du fameux paletot Menschikoff, que l'Empereur, causant avec Mme de Staël sur le gouvernement représentatif de l'Angleterre, se plaignant de n'avoir pu l'introduire encore dans son empire, répondit par ce mot charmant à Mme de Staël, qui lui disait avec tant d'esprit :

« Sire, votre caractère est la meilleure des constitutions.

— Je ne suis, dans tous les cas, qu'un heureux accident. »

Puis vint le souper; enfin on alla se coucher et dormir qui put; mais quant à ma tante et moi, nous reçûmes toutes ces dames, obligées de leur raconter Vilna et le bal, ce qui nous fit deux nuit blanches de bon compte. Et il fallut être sur pied de bonne heure pour assister au départ de S. M. Je me trouvais si fatiguée que je fus obligée de boire quelques gouttes de vin pour prendre des forces. Ainsi je n'étais pas aussi vaillante qu'un soldat, ainsi que le prétendait l'Empereur. Comme je lui demandais ses ordres pour Vilna, il se tourna vers les dames en les prenant pour juges :

« Mademoiselle, dit-il, ne veut pas me donner de commissions pour Pétersbourg et elle m'en demande pour Vilna. »

Ce mot me fit un mal que je ne puis définir. J'étais déjà bien tourmentée de ne pouvoir lui parler de mon père, de mes frères. Eh! que pouvais-je dire? Mon père et ses fils étaient Polonais avant d'être sujets du gouvernement de Russie;

mais, d'un autre côté, ils avaient trahi le serment de fidélité dû à l'empereur Alexandre. Ce prince avait un caractère magnanime; il pardonnait mais n'oubliait pas. Le souvenir de ses anciennes bontés pour mon père et sa froideur actuelle pour lui; le mot que j'avais essayé de provoquer n'avait point été prononcé..... le mécontentement de mon beau-frère, qui ne s'était pas présenté au lever de S. M.; enfin la pensée des reproches que j'allais essuyer à Vilna, sur mon silence, joint à mes dispositions nerveuses, tout cela me bouleversa complètement. Je sentis que j'allais éclater, et voyant la porte de la salle à manger ouverte, je m'y précipitai pour essuyer mes yeux et me remettre un peu, lorsque l'Empereur, qui s'était aperçu de la singulière altération de ma figure, entra après moi pour me demander ce que j'avais.....

C'était bien le cas de l'expliquer franchement à S. M. qui, je crois, n'en aurait pu être offensée; mais je n'en eus pas le courage. C'est un singulier caractère que le mien. Une grande énergie morale et une timidité insurmontable qui m'a fait bien du tort dans bien des circonstances de ma vie. En sa qualité de maîtresse de maison, la comtesse vint aussi me trouver; je rejetai cette indisposition sur la fatigue de l'insomnie et du voyage. L'Empereur, en rentrant au salon eut la bonté d'ajouter que la chaleur de l'appartement m'avait fait mal, et que lui-même avait été obligé en allant se coucher de faire ouvrir les fenêtres de sa chambre.

Mais je n'en avais pas fini avec ma crise nerveuse. Il me prit une violente palpitation de cœur, et sentant les larmes me gagner, j'entraînai la bonne Mme Félicie dans la chambre de billard et nous nous assîmes dans l'embrasure d'une croisée. Mon amie ne faisait que me dire : « Au nom du ciel, retenez-vous ! vous perdrez votre réputation, vous ne trouverez pas de mari. » Cette idée de mari me parut si bouffonne dans ce moment que je partis d'un éclat de rire, si bien que Mme Félicie ne savait plus qu'imaginer pour me calmer.

L'Empereur, déjà en habit de voyage par-dessus son uniforme, vint à nous, et demanda si j'étais sujette *à cela*. Je répondis que j'avais souvent des maux de nerfs; Mme Plater l'assura de son côté. L'Empereur avait l'air pensif, et sa physionomie exprimait le doute et la surprise. Quant à moi, une fois la crise passée, j'en étais désolée, je craignais de m'être couverte de ridicule aux yeux de S. M., car, de deux choses l'une : ou il pouvait croire que j'avais joué cette scène pour l'intéresser, ou que j'étais folle de lui, et, d'une manière ou de l'autre, il ne pouvait que se moquer de moi, ce qui était fort agréable ! Pour le reste de l'assistance, comme les chœurs de l'Opéra, je me souciais fort peu de ce qu'on pouvait penser. Personne ne savait combien ma santé avait été ébranlée et se ressentait encore des horribles scènes et tableaux de 1812.

En nous faisant ses adieux, l'Empereur, par plaisanterie, me plaça en sentinelle auprès de Mme Moriconi pour l'empêcher de sortir ; mais en montant en traîneau, il nous aperçut au perron et cria : « La sentinelle n'a pas fait son devoir. — Sire, lui dis-je en riant, on a forcé ma consigne, » et tout fut dit.

Le reste de la journée, je fus très-gaie et *causeuse*. La bonne Mme la générale me dit : « Vous êtes sage à présent — Ah ! chère maman adoptive, *tu quoque mater!* m'écriais-je, que pensez-vous de moi. » Pourquoi aurais-je pleuré le départ de S. M. qui s'en retourne heureux, triomphant à Pétersbourg, quand je n'ai pas versé une larme lorsque l'Empereur allait courir les chances de la guerre. Le boulet qui frappa Moreau à ses côtés pouvait l'atteindre également. C'était péremptoire.

CHAPITRE XXIV.

L'auteur revoit Alexandre à Varsovie au bal. — Visite de l'Empereur. — Son admiration pour l'armée polonaise. — Ma tante la princesse Radzivil et son fils le prince Antoine, époux morganatique de S. A. R. la princesse Louise de Prusse. — Invitation de l'Empereur pour aller à Pétersbourg. — Dîner chez M. Novosiltsoff. — Plaisanterie de l'Empereur et discussion avec la tante de l'auteur — Bal et valse avec un anglais. — Plaisanterie de l'Empereur. — Il valse avec l'auteur. — Grande revue. — Visite d'adieu d'Alexandre. — Il parle du général Walmoden. — Moralités. — La maîtresse du grand-duc Constantin, Joséphine.

L'année suivante je revis notre cher Empereur dans son royaume, dont il était si fier, sa conquête en un mot. Je revenais des eaux d'Allemagne avec mon père, qui consentit à s'arrêter trois semaines à Varsovie, mais en gardant l'incognito et sans se présenter à la cour. Cela m'attristait de paraître dans un monde brillant sans la protection, l'appui si doux d'un père, d'une mère. C'est alors que les succès qu'on obtient sont agréables lorsqu'on voit ses parents en jouir. Autrement, à qui pouvais-je désirer de plaire. Ce fut ma tante qui me conduisit au bal du vice-roi, et me présenta à l'Empereur, qui me prit à danser, me disant mille choses amicales, en me serrant la main, avec une timidité que je ne comprends pas même aujourd'hui, et qui m'intimidait aussi, car je ne trouvais rien d'équivalent aux expressions dont il se servait pour m'exprimer le plaisir de me revoir, son désir de se présenter chez moi comme autrefois; il demandait de lui donner du courage, parce qu'il fallait toujours être *sur son grand sérieux* avec moi. Jamais je ne fus si sotte; cependant, je lui dis simplement que je ne faisais pas mystère de la joie que j'éprouvais de revoir S. M. à Varsovie. Il me fit remarquer avec une certaine coquetterie son uniforme polonais. Je dis que je l'avais déjà vu.

« Et où cela?

— Mais de ma fenêtre, sur la place de Saxe, à la parade.

— J'ai cependant bien regardé et je ne vous ai point aperçue.

Le surlendemain, comme j'achevais ma toilette pour aller dîner chez ma mère, — on dînait alors à deux heures; je logeais dans la même maison, dans deux mauvaises chambres donnant sur la porte cochère et au rez-de-chaussée, — j'aperçois le coupé de S. M. attelé de quatre chevaux qui enfile la voûte. « Mon Dieu, m'écriai-je, comme il est insupportable, cet Empereur, de venir ainsi sans s'annoncer. » Il n'en faisait pas d'autres à Varsovie, surprenant les dames qu'il honorait de ses visites à leur toilette, l'une en papillottes, l'autre au sortir du bain, qui en robe-de-chambre chinoise, qui en peignoir, etc. Cela le divertissait extrêmement.

J'espérais que S. M. monterait chez ma mère, qui avait un bel appartement. Il m'avait dit de l'encourager à le recevoir; mais, point du tout; c'était bien chez moi qu'il entrait, et ma femme de chambre n'eut que le temps de ramasser les vêtements épars sur les meubles. Comme il s'aperçut de ma confusion : « Mon domestique polonais, me dit S. M., m'a bien dit que c'est ici que vous logiez. Nous irons après chez maman; » mais ma mère se hâta de descendre, et j'eus alors la représentation de la scène du baise-main dont l'Empereur m'avait parlé en riant, à Towiany, que ma mère n'avait jamais voulu consentir à se laisser baiser la main, qu'elle avait pourtant très-belle, « comme la vôtre, » ajouta l'Empereur. S. M. se mit à parler à ma mère de la conduite que j'ai tenue en 1812 (toujours l'histoire du chiffre), « c'est vraiment de la vénération que moi et les miens nous avons pour elle. » Il fut ensuite question des troupes polonaises, que l'Empereur admirait beaucoup, en ajoutant cependant qu'il était très-difficile. Je ne pus m'empêcher de relever ce mot en plaisantant. « Comment, me dit-il, vous prétendez que je ne suis pas difficile, et que je ne sais pas me mettre en colère. » Je dis à cela que c'était une prétention de sa part. Alors, avec un air de malice enfantine : « Est-ce qu'on ne vous a pas parlé du beau tapage que j'ai fait à Vilna à cause de la garnison. » Je répondis que j'en avais été informée à mon retour de Toviany, et que j'avais bien regretté de n'avoir pas été témoin de cette scène admirablement bien jouée. Il se mit à rire, et se tournant vers ma mère :

« Mademoiselle se moque de moi.

— Sire, c'est parce que vous l'avez gâtée, » dit ma mère en souriant.

Voici toute l'histoire : L'Empereur voulant retarder son départ, ainsi qu'il me l'avait promis, et ne sachant à quoi tuer le temps, s'avisa de commander, le matin, la parade sur la place de l'hôtel-de-ville. Comme on ne s'y attendait pas, les soldats n'eurent pas le temps de se faire beaux et *astiquer* leurs armes; le pauvre général en porta la peine et fut impérialement grondé; mais après la parade, l'Empereur le fit venir dans son cabinet et l'assura qu'il n'oublierait pas ses vingt ou trente ans de services.

Nous dîmes à l'Empereur que ma tante allait venir dîner avec nous et qu'elle ferait de beaux cris en le trouvant chez moi. C'était la manière de ma tante de faire de petits cris, et le prince de Ligne en a parlé dans ses mémoires, en la surnommant *Armidowska*. « Qu'elle ne crie pas, dit S. M., car elle-même est venue me trouver par un escalier dérobé. » Etant au château chez la femme du maréchal de la cour, ma tante aperçut l'Empereur qui se promenait sur la terrasse; elle alla le rejoindre, et S. M. la fit monter dans son appartement.

Dans le même moment, les deux battants de

la porte s'ouvrirent, et ma tante, appuyée sur le bras de son fils, le prince Antoine Radzivil, entra pompeusement en faisant les cris que j'avais annoncés.

« Comment! avant moi, dit-elle, voyez quelle conduite, et dans de si vilaines chambres!

— Je ne suis pas venu admirer les appartements, » répondit Sa Majesté.

Le prince Antoine voulut baiser la main de l'Empereur, qui l'embrassa cordialement. Mon cousin apportait les compliments du roi de Prusse à Sa Majesté.

Le prince Antoine était marié à une princesse royale de Prusse, la sœur du prince Louis, tué à Iéna, et non morganitiquement, car elle portait le nom de Radzivil et donnait à ma mère le titre de tante dans les lettres qu'elle lui écrivait pour lui annoncer la naissance de ses enfants ou leur mariage.

En revenant des eaux, nous nous étions arrêtés deux jours à Posen, où mon cousin était vice-roi et où nous fûmes reçus par la princesse avec la plus gracieuse hospitalité, son équipage à nos ordres, diners, bals, etc. On comprend que c'était un mariage d'inclination; mon cousin était très-beau, rempli de talents, violoncelliste consommé à jouer des duos avec Romberg, etc. Il dessinait bien le portrait au crayon et voulut faire le mien.

Je revis plus tard la princesse à Berlin, portant encore le deuil de son mari. Je lui écrivis pour lui demander à la voir à mon passage, et je donnai cette lettre à porter au domestique de place. Celui-ci, tenant ma lettre à la main et hochant la tête, me dit enfin : « Madame, cela ne se passe pas ainsi. Il faut que vous écriviez à la dame d'honneur pour obtenir une audience. » Je souris et lui dis : « Allez toujours, mon cher. » Qui fut bien étonné, ce fut le domestique de place en me rapportant un autographe très-aimable de la princesse.

« Madame,
 « Je suis bien reconnaissante que vous ne pas-
» siez pas Berlin sans me procurer l'avantage de
» vous revoir. Je conserve un souvenir bien
» agréable des moments que vous nous avez ac-
» cordés à Posen. La famille de mon mari, et
» vous surtout, Madame, avez bien des droits à

» mon attachement. Ma fille est toujours très-
» souffrante, et c'est pourquoi je vous propose
» de venir dîner chez moi après demain. J'aurais
» préféré demain, mais fort souffrante encore à
» la suite d'une longue maladie, je suis trop
» éprouvée pour espérer de vous revoir plus tôt.
» Je compte donc sur l'avantage de vous recevoir
» après demain.

» Agréez, en attendant, les assurances de la
» haute considération de votre très-dévouée cou-
» cousine.

» Louise de Prusse,
» P^{sse} Radzivil. »

Mon père, en revenant une fois des eaux, s'étant trouvé malade à Dresde, la princesse Louise, qui s'y trouvait aussi, ayant appris son indisposition, lui envoya ses enfants encore en bas âge avec leur bonne anglaise.

En 1813, le comte Pzezdziecki, cousin du prince Antoine Radzivil, ayant été blessé pendant la campagne, fut recueilli et soigné au palais de la princesse. Sa femme courait le chercher partout et arriva à Berlin. M. P*** était à la fenêtre; il reconnut le petit coupé jaune et l'attelage; il se mit à crier : « C'est ma femme! c'est elle! » On crut qu'il avait le transport au cerveau ; cependant à sa prière on courut arrêter le coupé jaune. Mme P*** rejoignit son mari et reçut également une bonne et franche hospitalité. Peut-on être plus aimable, avoir plus de bonté!

Je ne revis plus alors sa fille aînée Vanda ; elle était souffrante. Pauvre Vanda! elle avait été aimée du prince royal, et l'impératrice Alexandra s'intéressant au bonheur de son jeune frère, négocia ce mariage avec le roi à la condition que la jeune princesse serait adoptée par l'un des membres de la famille royale. La fierté déplacée de mon cousin fit manquer le mariage. Il dit : « Pourquoi ma fille doit-elle renoncer au nom de son père? » J'aurais eu une cousine sur le trône de Prusse. Le jeune prince se consola et finit par épouser une princesse de Weimar. La pauvre et intéressante Vanda mourut de consomption.

S. M. se mit à faire les honneurs de ma vilaine chambre et à présenter des chaises à tout le monde, même à ma petite chienne, disant qu'elle voulait être aussi de la société. L'Empereur était de la plus belle humeur du monde; on causait, on riait tous à la fois; on eût dit une réunion de famille ou de fous. On parla du mariage prochain du grand-duc Nicolas et de la princesse Charlotte de Prusse, dont j'avais vu le buste, et qui m'avait paru charmant, chez la princesse Louise, à Posen. L'Empereur vanta beaucoup son caractère aimable et doux. Il dit à ma tante :

« Quand viendrez-vous à Pétersbourg? Venez-y avec votre nièce; je vous donnerai comme autrefois des petites pierres pour votre Arcadie. »

Ces petites pierres étaient des obélisques, des colonnes en granit.

« Hé mon Dieu! répondit ma tante, je voudrais bien y aller avec ma nièce, mais on ne me laissera pas partir. Envoyez-moi un ukase en forme.

— Bien, bien, dit S. M., je vous enverrai un petit mandat. »

Ma tante se mit ensuite à parler de son entrevue sur la terrasse. Il faudrait un Tasse pour la décrire. L'Empereur avait l'air d'un Renaud au clair de lune; que n'étais-je Armide! L'Empereur coupa court aux compliments avec un petit air impatient et lui dit :

« Laissez-là votre poésie, je ne lis jamais les

vers que l'on fait pour moi. Parlez-moi de la revue; comment avez-vous trouvé mes soldats. »

La princesse lui en dit son opinion et que *Hurlubrelu* (elle appelait ainsi le grand-duc Constantin) avait été resplendissant de joie et d'orgueil aux manœuvres. « Eh bien! il ne faut pas regretter pour eux votre Garenne » (très-jolie villa aux environs de Varsovie). L'Empereur dit cela avec une mine malicieuse en me poussant doucement pour que je fisse attention à la princesse, qui se récria aussitôt qu'elle n'était pas moins fâchée qu'on eût occupé militairement une maison qu'elle venait d'acheter.

L'Empereur se leva en disant : « Il n'y a si bonne compagnie qui ne se sépare, » et qu'il lui fallait retourner au château où ses enfants (les militaires) l'attendaient à dîner.

Nous suivîmes S. M. jusqu'à sa voiture, et ma tante, en le regardant monter, chantait une litanie à sa façon : « Il est beau, il est adorable, il est unique, il est aimable, » et nous répétions après elle.

Le prince Antoine dîna aussi chez ma mère où ma tante aimait à dîner parce que mon père avait amené un cuisinier qui le suivait partout, même à Paris; et elle appelait ces dîners les festins de Lucullus, ce qui flattait médiocrement mon père qui ne se croyait pas obligé de faire les honneurs de Varsovie à sa belle-sœur.

Après dîner, on apporta à ma tante un billet de M. Novosittzoff, résident impérial à Varsovie, le même qui, comblé par l'Empereur, lui dit un jour, ce qui était une véritable effronterie : « Sire, je dois jusqu'à l'habit que j'ai sur moi.

— J'en suis bien fâché, » répondit l'Empereur en lui tournant le dos. M. Novosittzoff invitait la princesse à dîner chez lui le jour suivant avec l'*Ange des anges,* et la priait d'amener sa nièce, parce que l'Empereur aurait du plaisir à la voir et savait l'apprécier.

Ma mère et moi devinâmes sur-le-champ de quelle source partait cette invitation. M. Novosittzoff me connaissait à peine. Quelle bonté remplie de délicatesse dans les attentions les plus indirectes! J'en étais vraiment honteuse. Plus on m'élève et plus je me fais petite, mais dans le cas contraire, oh! comme je sais bien me grandir! Il y avait à Varsovie peut-être plus de cent femmes aussi jolies, plus jolies que moi, et bien plus dignes de toutes ces faveurs de notre souverain chéri. Quant à l'esprit, je n'ai jamais cherché à faire briller le mien, n'étant occupée, dans mes entretiens avec Alexandre, qu'à écouter, retenir jusqu'à ses moindres paroles pour les inscrire dans mon journal; d'ailleurs toujours intimidée, décontenancée dans les courts tête-à-tête, partant fort peu aimable; et je me demande encore aujourd'hui comment j'avais pu mériter une si honorable et constante bienveillance.

Ma tante vint me prendre pour aller à ce dîner. Je partis avec un battement de cœur parce que j'avais mis beaucoup de précipitation à m'habiller, et je ne sais combien de personnes étaient après moi; ma mère, qui avait voulu présider à ma toilette, sa femme de chambre, la mienne, toutes les mains étaient en activité; l'une attachait le chiffre, l'autre cousait une garniture de blonde, celle-ci passait un collier de perles, et j'étouffais au milieu de cela, bien rouge d'avoir été tiraillée en tout sens. J'avais une robe en gaze lilas brochée garnie de rubans lilas et de larges blondes, sur la tête une guirlande de pampres et de grappes de raisins.

Nous arrivâmes chez M. Novosiltzoff qui vint recevoir ma tante et la remercier de m'avoir amenée. C'était bien d'un courtisan! Tout le ministère et beaucoup de sénateurs étaient rassemblés, mais, en fait de dames, il n'y avait que la vice-reine, Mme Sobolewoska, la femme du ministre résident du royaume à Pétersbourg et puis la nièce de M. Novosiltzoff faisant les honneurs de la maison. Je fis bien vite connaissance avec elle et Mme Sobolewoska, parce que nous faisions cause commune, nous avions peur toutes les trois. Mme N*** me dit que j'avais bien tort, puisque l'Empereur m'avait nommée des premières lorsque son oncle lui demanda s'il pouvait inviter des dames.

On ne tarda pas à annoncer S. M. M. Novosiltzoff et sa nièce allèrent au-devant de l'Empereur qui s'approcha d'abord des dames au nombre de quatre. Ma sœur m'écrivit plus tard que ce dîner de quatre dames avaient dû me faire bien des jalouses.

L'Empereur me demanda si j'avais été à la dernière revue, et prétendit que c'est Morphée qui m'en avait empêchée. Il voulut savoir si je connaissais les environs de Varsovie. Je dis que le mauvais temps m'avait empêché de les parcourir, mais qu'en général je leur préférais ceux de Vilna. Il sourit, comprenant ma pensée et fut de mon avis.

S. M. fut placée à table entre la vice-reine et Mme N***; ma tante, près du grand-duc, qui prétendit que je ne lui avais pas rendu son salut, et dit à ma tante : « Dites donc à votre nièce qu'elle ne soit pas si chiche de révérences. » Ma tante me le redit à travers la table, et j'en fis trois ou quatre en riant. Le général *Je Sire* était assis près de moi et me disait des bêtises à mourir de rire, et qui faisaient hausser les épaules à sir Wyllie, le médecin de l'Empereur; comme quoi le colonel de chasseurs (l'Empereur en portait l'uniforme ce jour-là) avait appris à conjuguer, en polonais, le verbe aimer à mon intention, et le général le conjuguait lui-même. Le diner fut détestable et tous les plats froids.

En sortant de table, on se groupa dans le salon. L'Empereur causait avec ma tante, près de la cheminée; moi, plus loin, avec le vénérable général Zaionczek, vice-roi. J'entendis l'Empereur m'appeler. Je m'approchai; il me dit : « Priez votre tante qu'elle vous mène voir ses maisons. » Je crus qu'il s'agissait encore de la Garenne, mais non, il s'agissait de ses maisons en ville, et l'Empereur disait que ma tante en avait fait un don patriotique, et qu'en récompense elle recevrait une capote et une amazone en drap d'uniforme. La princesse ne goûtait pas trop cette plaisanterie (ni moi non plus, pour parler franchement); mais comme elle avait une grâce à demander, elle n'en témoigna rien; c'était quatre verstes de terrain à obtenir sur le domaine impérial, pour agrandir l'Arcadie, et l'Empereur aurait une rente de 150 fr.

Rien de plus plaisant que la manière dont cette grave affaire fut traitée. Nous rions tous comme des fous. La princesse commença à dire en russe : « *Skaji mue zdielat schto Radzivilowa chochit,* » que l'Empereur ordonna à Novosiltzoff d'exécuter tout ce que lui dira Mme Radzivil. J'observai qu'on ne pouvait pas demander davantage en moins de paroles.

« Sans doute, dit le ministre, car il faudra bien que je fasse tout ce que demandera la princesse, si S. M. me l'ordonne.

— Est-ce ma faute, dit la princesse, si je n'ai pu terminer cette affaire avec deux primats et Davoust. Ils ont tous dégringolés ; mais vous, Sire, j'espère que vous ne dégringolerez pas. »

L'Empereur assura qu'il ferait son possible pour empêcher la chose, et il fallait voir avec quel sérieux l'Empereur défendait ses intérêts, prétendant que sur quatre verstes de terrain on pourrait faire manœuvrer toute l'armée polonaise. Je ne sais plus qui gagna la partie.

Il y eut pendant le séjour de S. M. beaucoup de bals, diners, revues auxquels j'étais obligée de prendre part, malgré mon peu de goût pour les fêtes et la dissipation qui ne me laissaient qu'un grand vide dans l'âme.

A l'un de ces bals, comme je valsais avec un Anglais de ma connaissance, M. Wenworth de Beaumont, l'Empereur, qui valsait avec la belle Mme Zamoyska, vint près de moi pour me dire que c'est moi qui avait fait valser en mesure M. Wenwotrh et que c'était un prodige parce que jamais Anglais, depuis qu'il y en a au monde, n'a valsé en mesure. Et comme S. M. me prenait pour faire quelques tours, je lui dis que c'était pour s'en assurer. S. M. me dit qu'elle se piquait de valser aussi bien que l'Anglais, et, après deux tours, me demanda ce qui en était. Je répondis que M. Wenworth se trouverait fort honoré d'une telle émulation. Et S. M. prétendit qu'il n'y avait pas de mérite à bien valser avec moi. Le fait est que l'Empereur était bon valseur et l'on prétendait qu'il aimait particulièrement à valser avec Mme Zamoyska et moi, parce que nous étions toutes deux de taille grande et svelte.

Comme je demandais à S. M. si elle avait été satisfaite de la revue du matin, elle me dit que oui ; « et vous, y avez-vous eu du plaisir? — Sire, comme Polonaise, j'aurais eu du plaisir, mais comme Lithuanienne, j'ai éprouvé un sentiment de peine et d'envie. » Il comprit sur-le-champ ma pensée, et tout en dansant la polonaise, il me serra la main avec expression en prenant un air véritablement solennel et me dit : « Soyez tranquille, c'est une chose arrangée. » Et puis me parla à l'oreille craignant d'être entendu de ceux qui suivaient. Il m'assura que nous aurions le même corps de troupes en Lithuanie, la même organisation; « vous trouverez déjà des gouverneurs lithuaniens, etc., etc. » Et moi, j'assurais l'Empereur qu'il y trouverait le même zèle et que certainement les Lithuaniens ne le céderaient en rien aux Polonais. J'ajoutai que c'était une idée qui me faisait mal, que S. M. pût croire être mieux aimée à Varsovie qu'en Lithuanie. Alexandre daigna encore me rassurer à ce sujet en me recommandant de ne pas le compromettre avec *les siens,* comme si nous n'étions pas tous, *siens,* tant Polonais que Lithuaniens. Cette distinction donnait à penser. Elle était peut-être involontaire, point calculée, mais elle dérivait d'une force morale et d'une conviction intérieure...

Avant de quitter Varsovie, S. M. me demanda *la permission* de me faire ses adieux. La veille de son départ, il était déjà deux heures et je ne comptais plus sur sa visite, lorsque le petit postillon russe fit entendre un cri. Mon père était chez moi et n'eut que le temps de s'enfuir et de se cacher derrière un paravent, chez ma Victoire. Le domestique demanda si j'étais en bas, et S. M. descendit aussitôt et fit un faux pas sur le degré de la porte. C'eût été une belle chose de le voir tomber. Je crois qu'il ne me l'aurait pas pardonné de sa vie; il n'en faut pas tant souvent pour s'attirer la disgrâce d'un souverain, et cependant il n'y aurait pas eu de ma faute. Que n'allait-il chez ma mère !

En entrant, Alexandre me remercia de *mes bontés* et me pria de le considérer comme un ancien ami. Il me demanda si j'avais été à la parade, qu'elle avait été fort belle et que le général autrichien Walmoden ne pouvait revenir de son étonnement de voir tant de belles troupes organisées en si peu de temps. L'Empereur ajouta d'un air très-fier : « Je ne voudrais pas rompre la bonne intelligence entre les deux puissances, mais je crois, le cas échéant, qu'on se battrait bien. » Avec la Gallicie en perspective, pensais-je. Et puis l'Empereur s'avisa de me demander s'il n'y avait pas de projets de mariage pour moi, qu'il en avait parlé à ma tante qui lui avait dit que je refusais tous les partis. « Vous avez bien le droit d'être difficile, ajouta-t-il, mais n'y aurait-il pas quelqu'un d'assez heureux pour vous convenir; je désirerais tant vous voir heureuse et établie comme vous méritez de l'être. »

Cher bon prince! Il ne savait pas que justement ses assiduités innocentes et amicales avaient été interprétées à mon désavantage et m'avaient privée du seul parti qui aurait pu convenir à mon cœur, puisque cœur il y a.

Je répondis donc à S. M. cette bêtise banale, qu'on ne peut pas commander à son cœur. Je lui dis aussi ce que j'avais dit à mon père, qui en fut touché, car il aimait toujours l'Empereur, que je regrettais de n'être pas homme, que j'aurais levé un régiment à mes frais pour son service.

« Oh! ne dites pas que vous êtes un être inutile, me dit Alexandre, vous pouvez faire tant de bien dans votre position de femme, par l'influence de votre exemple, de votre sagesse, etc., etc.; » ce qui le conduisit à parler morale, religion, de la force des consolations qu'elle donne dans le malheur, de l'attrait qu'inspirent les personnes vertueuses au point que l'on croit respirer auprès d'elles une atmosphère de morale (il prétendit avoir lu quelque part cette expression), tandis que d'autres ont beau être aimables, il y a en elles quelque chose qui repousse parce qu'il ne peut y avoir de sympathie entre les âmes que par le rapport de la morale. Une première faute en entraîne toujours une autre et on roule, on roule vers le précipice.

Je fus bien étonnée en apprenant que cette homélie lui avait été inspirée en venant chez moi d'un déjeûner auquel le grand-duc l'avait convié chez sa maîtresse, une Française, femme ou veuve d'un courrier, pour faire donner au fils qu'il avait eu d'elle le titre de comte de Strelna. Cette femme s'était faufilée chez ma tante, et lui disait dans sa petite visite du matin : « Si je vous ennuie, princesse, dites-moi seulement : Joséphine, allez-vous-en. » Voilà qu'un beau jour, ma mère et moi, nous trouvons la princesse un peu soucieuse. « Joséphine sort de chez moi, nous dit-elle, elle m'a arraché la promesse de la présenter dans les premières maisons de Varsovie et je n'ai osé la refuser à cause de *Hurlubrelu,* » c'est ainsi qu'elle appelait le grand-duc, même en sa présence.

Nous nous récriâmes là-dessus, connaissant bien les dames de la société de Varsovie incapables de se départir de leur dignité pour aucun prince du monde. « Vous aurez, dit ma mère à sa sœur, le désagrément de trouver toutes les portes fermées, et c'est encore ce qui pourra arriver de moins fâcheux; mais il restera toujours votre carte accolée à celle de la maîtresse du grand-duc. »

Ma tante se rendit à nos raisons. « Je vais écrire à Joséphine, dit-elle, que je ne puis faire de passe-droit à la vice-reine et que c'est à elle qu'appartenait cette présentation. » En conséquence, Joséphine s'adressa à la vice-reine, qui répondit en femme adroite, qu'elle prendrait les ordres de S. A. I., qui fit répondre, de son côté, en remerciant Mme Zaionczek et que rien ne pressait...

S. M. me reparla ensuite du voyage à Pétersbourg. « Dans le cas que votre tante n'y aille pas, ne pourriez-vous engager votre sœur à être de la partie. »

J'objectai que ma sœur avait des enfants. « Eh bien! croyez-vous qu'il y ait malédiction à Pétersbourg pour les enfants. »

Je n'osai dire à S. M. le véritable motif; ma sœur n'était pas riche et le séjour de Pétersbourg est très-dispendieux. Je pris alors la liberté de lui recommander mon beau-frère. L'Empereur témoigna du regret que les places de gouverneur de Vilna et de Minsk fussent données; il offrit celle de Grodno, mais elle ne pouvait convenir à mon beau-frère.

Ce prince était adorable par l'air d'intérêt qu'il semblait prendre aux demandes qu'on lui adressait. Ses refus mêmes avaient tant de grâce, qu'on pouvait croire qu'il lui en coûtait de refuser.

L'Empereur se levant pour partir, je demandai la permission de faire descendre ma mère; mais il voulut monter chez elle. Le domestique croyant que S. M. allait partir, avait fait avancer la voiture et ouvert la portière, et ma petite chienne avait sautée dedans; il fallut l'en retirer de force. Ma mère vint au-devant de S. M. qui causa quelques instants debout. Je témoignai le désir d'avoir une petite plume de son plumet polonais; il me tendit gracieusement son chapeau très-accoutumé à être ainsi *plumé* par toutes les dames de Varsovie. Il nous fit ses adieux en promettant de revenir passer quelques mois à Varsovie. Que n'en a-t-il eu l'heureuse inspiration, au lieu de songer à abdiquer, de céder l'empire à son frère Nicolas et de se réserver le royaume de Pologne, puisqu'il aimait les Polonais et surtout Varsovie! Il vivrait peut-être encore! Combien de révolutions, de malheurs évités!

CHAPITRE XXV.

Lettre de l'auteur à l'Empereur. — Réponse d'Alexandre. — Arrivée de l'auteur à Paris. — Présentation à la cour de Louis XVIII. — Retour à Varsovie. — Visite de l'Empereur Alexandre inquiet au sujet de la France. — Regrets d'Alexandre sur la mort du duc de Berry. — Mariage du grand-duc avec avec Jeannette Grudzinska. — Grande revue à Powonski. — Caractère du grand-duc. — Bontés de l'Empereur.

A l'époque de mon mariage, me trouvant à Vilna, le Juif à médailles, commissionnaire de l'Empereur, vint me dire que S. M. l'avait chargé de compliments pour moi et de lui apporter une lettre de ma part. J'écrivis, en effet, à S. M., mais je n'ai point conservé de copie de ma lettre. Le Juif me rapporta fidèlement la réponse charmante que j'insère ici.

« C'est moi, Madame, qui me trouve infini-
» ment heureux d'être autorisé à vous offrir par
» écrit mes plus sincères remerciments pour la
» lettre charmante que je viens de recevoir de
» votre part et qui m'a causé la plus vive satis-

» faction. Ayant été à même de vous apprécier,
» mes vœux pour votre bonheur n'étaient que
» trop naturels à une occasion comme celle de
» votre mariage. J'ose encore les répéter ici,
» ainsi que pour le voyage que vous allez entre-
» prendre. Puisse la divine Providence conduire
» tous vos pas et vous protéger en toute chose.
» Veuillez me conserver une place dans votre
» souvenir, en vous persuadant du prix que j'y
» mets, et recevoir l'hommage de l'attachement
» respectueux que je vous ai voué.

» Alexandre. »

L'écriture, très-belle, ressemblait à la mienne. Cette lettre fut montrée à Louis XVIII avant ma présentation, ce qui m'attira, je suppose, la faveur de trois ou quatre paroles insignifiantes, mais que les dames qui me présentaient, la comtesse César de Choiseul, aujourd'hui princesse Jules de Polignac, la comtesse Auguste de Choiseul, née d'Egua, Portugaise (et l'on observa à la cour que les trois dames de Choiseul étaient étrangères et que moi, d'une grande taille avec mes cousines fort petites, j'avais l'air d'une grande prêtresse avec des enfants de chœur), mes cousines affirmèrent donc que le roi m'avait fait un discours.

Etant à Paris et ayant entendu parler d'une liste de plusieurs ambassadeurs à Pétersbourg, dont on laissait le choix à l'empereur Alexandre, je tourmentai M. de C*** pour qu'il sollicitât à y faire placer son nom. Dénué d'ambition et craignant d'ailleurs d'augmenter les embarras de sa fortune par les dépenses inévitables d'une grande représentation, M. de C*** se refusa de faire cette demande, et alors je pris sur moi de l'adresser directement à l'Empereur, en lui parlant de tout le bonheur que j'aurais de lui faire ma cour à Pétersbourg. Ma demande était tardive. Quand je revis, l'année suivante à Varsovie, S. M., elle me fit l'honneur de me dire que lorsque ma lettre lui parvint, elle avait déjà fait choix de M. de La Ferronnays, qui lui était connu, en parla avec éloge, sachant que cette nomination serait agréable au roi, qui avait eu la bonté de la lui soumettre.

Il y eut, comme toujours pendant le séjour de S. M., plusieurs bals. A l'un d'eux, j'étais arrivée si tard, que l'Empereur, ne m'ayant point aperçue (il s'était retiré comme de coutume, à onze heures), le lendemain, envoya son domestique savoir si je n'étais pas indisposée, et qu'il viendrait me demander des nouvelles de ma santé dans la matinée. Ma mère et moi reçûmes S. M. dans le beau salon de ma mère, chez qui je logeais d'ailleurs. La conversation roula principalement sur la politique. L'Empereur me parut très-impressionné sur ce qu'il appelait *l'esprit démagogique* qui régnait en France qu'il considérait comme un foyer permanent de révolutions. « Que veulent donc les Français, me disait-il, ils jouissent d'un beau pays, d'un heureux climat, de tous les avantages du ciel et de la terre, d'autant de liberté qu'ils peuvent en désirer raisonnablement, etc. » Il déplorait la mort tragique du duc de Berry, dont le caractère, disait-il, s'était modifié et offrait dans l'avenir des garanties de bonheur pour la France. Le duc de Berry était bien éloigné du trône.

Ce fut à Varsovie qu'on reçut la nouvelle de la naissance du duc de Bordeaux, de l'enfant surnommé *Dieudonné*, et qu'on regardait comme un gage de paix pour la France, de tranquillité pour l'Europe. Ondoyé de l'eau du Jourdain, comme son cousin le roi de Rome, les deux augustes enfants devaient subir le même sort, vivre, mourir dans l'exil, loin du trône et de la patrie de leur berceau.

Dans une visite que me fit encore l'Empereur, il me parla du mariage de son frère Constantin avec Jeannette Grudzinska et de toutes les difficultés qu'il avait rencontrées pour conclure cette union, à cause du premier mariage du grand-duc avec une princesse de Cobourg (morte en Suisse l'an 1860). « Mais enfin mon frère est heureux et de la bonne manière; je n'aimais pas beaucoup son ancien bonheur. » Il vanta le caractère de la princesse de Lowitch. « Elle a été un peu triste dans les commencements de son changement d'état, » me dit S. M. Ce qui causait cette tristesse, c'était le séjour de la Joséphine à Varsovie, pour qui le grand-duc avait conservé une sorte d'affection comme à la mère de son fils, et s'en excusait d'une singulière manière en disant à ma tante. « Que voulez-vous? on s'attache bien à un chien qu'on a longtemps gardé chez soi. » Très-flatteuse assimilation pour la charmante Joséphine, qui, devenue très-riche par les bienfaits du grand-duc, savait lui tenir tête et lui disait dans leurs fréquentes altercations. « Hé bien, je m'en irai, je retournerai en France, je suis encore assez jeune et assez riche pour épouser quelque pair de France; il y en a qui *sont si gueux!* »

Dans les premiers temps du roman de Constantin et de Jeannette, qui dura plusieurs années, car Jeannette n'était plus jeune quand elle épousa le grand-duc, et jamais très-remarquable de figure, petite, assez replète, blonde et pâle; ses sœurs étaient infiniment plus jolies; la Joséphine s'informait toujours si, dans les visites, tolérées par la mère, que faisait le prince à Jeannette, il se faisait accompagner de son valet de chambre. Le grand-duc était toujours serré, pincé, ficelé dans son uniforme à étouffer, ce qui lui donnait, il faut croire, cette voix toujours rauque et enrouée.

« Eh bien! disait la Joséphine, s'il n'y vient pas, on peut être tranquille, elle n'est pas sa maîtresse. »

Cependant on se disait à l'oreille : Le grand-duc veut acheter la Garenne pour y établir Jeannette. Il n'en fut rien.

Je me souviens que j'assistais un jour à une magnifique revue présidée par l'Empereur. J'étais avec ma tante et la princesse Sapieha dans l'élégant équipage (une corbeille traînée par six beaux chevaux anglais) de la toujours charmante comtesse Zamoyska, qu'on prenait, à quarante ans, pour une jeune femme à marier. Une espèce de fiacre suivait derrière. Nous entendîmes une voix plaintive en sortir :

« Chère Mme Zamoyska, ayez la bonté de me prendre avec vous. »

C'était Jeannette, mesquinement mise, en mantelet de taffetas noir, c'était la future épouse du grand-duc, la future princesse de Lowitch! Dans sa bonté parfaite, Mme Zamoyska n'osa pas refuser, et, en faisant un peu la mine, nous lui fîmes une place entre nous deux, qui avions une toilette élégante.

Une autre fois, je rencontrai Jeannette avec sa mère à Posen. La princesse Louise voulait faire danser une contredanse, mais l'on manquait de danseurs, et je fus celui de Jeannette, qui dansait en perfection. Elle venait, par la protection du grand-duc, d'obtenir le chiffre, dont on faisait litière sous Alexandre Ier, et elle me dit avec humilité :

« Je n'espérais pas d'être votre camarade. »

Elle a bien justifié ce mot de Mme de Maintenon : « Rien n'est plus habile qu'une conduite irréprochable. »

Il prit un jour au grand-duc, je ne sais si c'était avec ou sans valet de chambre, la velléité de passer dans la chambre à coucher de Jeannette, qui se mit résolument devant la porte et lui dit :

« Monseigneur, vous ne franchirez ce seuil qu'après avoir passé par la porte de l'Eglise. »

Et force fut à Constantin de prendre ce chemin pour épouser la fille d'un pauvre gentilhomme campagnard, ainsi qu'il fut marqué par ordre de Constantin dans le contrat de mariage.

Le grand-duc se conduisit très-noblement à l'égard de son beau-père; il lui fit les honneurs de Varsovie, le plaçant au fond de la calèche avec sa fille et se mettant lui-même sur le devant, comme un simple mortel. Les Polonais étaient flattés et se promettaient beaucoup de ce mariage, mais il n'en fut rien; la princesse disait seulement à ses amies de jeunesse :

« Je tâcherai de rendre Monseigneur si heureux que les Polonais s'en ressentiront. »

Brutal avec la belle princesse de Cobourg, qui ne put résister aux procédés inouïs de son auguste époux, Constantin était aux petits soins pour la princesse de Lowitch, courant lui-même aux offices commander les glaces qu'elle préférait ou le bain qu'elle avait demandé. Une fois seulement on se dit à Varsovie que la princesse s'était enfuie du palais sans qu'on sût pour quelle cause ; il l'avait battue peut-être dans un de ses moments de colère frénétique ; mais enfin il la poursuivit, rejoignit sa voiture, s'y précipita à ses genoux en criant : « Pardon ! pardon ! entendu par le cocher. A force de doléances, la princesse de Lowitch obtint de l'Empereur qu'on fit partir la Joséphine. Elle partit donc avec armes et bagages (trente chevaux de poste aux stations qui l'attendaient quinze jours), à la recherche d'un pair de France assez *gueux*, selon son expression, pour l'épouser. J'espère qu'elle n'en aura pas rencontré.

Le grand-duc se trouvait heureux et récompensé de ses soi-disant services qui consistaient à tourmenter de cent mille manières la malheureuse armée polonaise, lorsque l'empereur Alexandre comblait de distinction et de cadeaux magnifiques la princesse sa femme. D'abord ce fut le titre et l'apanage de la principauté de Lowitch, évalué quatre cent mille francs de rente; puis, pour la fête de Constantin, il la décora du grand ordre de Sainte-Catherine, et lui dit d'aller se montrer ainsi parée au grand-duc; pour la fête de la princesse, un riche collier de perles. Alexandre ne croyait pouvoir assez payer à Constantin sa renonciation à l'empire; cependant il n'y avait que deux années de différence d'âge; les chances de la vie étaient donc égales entre les deux frères. Hé bien! au milieu de toutes ces attentions délicates, de toutes ces grandeurs pour lesquelles elle n'était pas née, on la voyait toujours mélancolique. Elle s'ennuyait dans sa gloire, il fallait voir! Elle aimait encore la danse, et personne ne l'engageait; puis il lui fallait quitter le bal à onze heures avec le grand-duc. J'étais un soir auprès de sa mère lorsqu'elle vint lui souhaiter le bon soir avec son air dolent. M°¹° B*** me dit en zézayant : « Ma pauvre fille s'ennuie. » Et s'adressant au général Stanislas Potocki : « Pourquoi n'engagez-vous pas la princesse? — Vraiment, je n'ai garde, répondit le général, pour être mis aux arrêts le lendemain! Si Monseigneur veut que sa femme danse, il faut nous en prévenir. »

CHAPITRE XXVI.

Visite d'adieu de l'Empereur. — Alexandre envoie à l'auteur une note du comte Capo d'Istria au général Pozzo di Borgo. — Le duc de Richelieu. — Audience chez Louis XVIII. — Peu d'amabilité du roi. — *Je verrai, Madame.* — Poëme. — Souvenirs sur les prisonniers français. — Réclamation de l'auteur.

A la visite d'adieu que me fit l'Empereur, je voulus profiter de sa bonté pour en obtenir une lettre de recommandation auprès du général Pozzo di Borgo, son ambassadeur à Paris, ajoutant que je serais heureuse de devoir à sa protection tout le bien qui pourrait m'advenir en France.

M. de Richelieu, alors ministre du roi, ancien gouverneur d'Odessa et presque fondateur de cette ville, était très-dévoué à l'Empereur. On sait que c'est à la prière du duc de Richelieu que les troupes alliées évacuèrent la France. Par son canal, je me flattais d'obtenir pour M. de C*** la dotation de pair, que l'état de sa fortune très-obérée lui rendait nécessaire. L'Empereur me promit *une longue* lettre. C'était toute une note diplomatique du comte Capo d'Istria au général Pozzo di Borgo :

« La comtesse de Choiseul-Gouffier, née com-
» tesse de Tisenhaus, est connue de S. M. l'Em-
» reur sous les rapports les plus favorables. C'est
» elle qui, se trouvant décorée du chiffre de de-
» moiselle d'honneur et ayant dû paraître devant
» Napoléon pendant son séjour à Vilna lors de la
» campagne de 1812, n'a pas ôté son chiffre
» comme toutes ses compagnes l'avaient fait,
» mais a répondu à Napoléon sur la demande
» qu'il lui fit *pourquoi elle le portait* (il n'a pas
» dit cela, voilà comme on fait l'histoire), qu'elle
» s'en trouvait trop honorée pour le jamais quit-
» ter (phrase diplomatique de M. Capo d'Istria).

» La comtesse de Choiseul, ainsi que son mari,
» ont des possessions en Russie. A ce titre, elle
» a sollicité des bontés de l'Empereur l'autori-
» sation de réclamer votre appui, Monsieur le
» général, soit auprès du gouvernement français,
» soit dans tous les cas embarrassants où elle
» pourrait se trouver à la suite d'événements
» imprévus.

» S. M. I. voulant donner à Mme de Choiseul

» une marque de l'intérêt qu'elle lui porte, se
» plait à déférer aux vœux de cette dame et vous
» invite, Monsieur le général, à lui prêter l'assis-
» tance de vos conseils et celle de votre inter-
» vention officieuse toutes les fois que vos soins
» pourront être utiles au succès de ses démar-
» ches. »

A mon retour à Paris, je m'empressai de transmettre cette belle dépêche à l'ambassadeur. M. Pozzo di Borgo accourut chez moi, me fit beaucoup de compliments, m'appela personnage historique : on sait quelle haine (haine de Corse) il avait vouée à Napoléon. Mais lorsque je voulus utiliser cette démonstration de bon vouloir, il se garda bien, en bon diplomate, de répondre par un refus, et dit seulement que le duc de Richelieu allait bondir à la seule demande d'une dotation, et lui dirait que si la Seine roulait de l'or au lieu d'eau, elle serait bientôt à sec. Cependant les fonds du sénat étaient restés disponibles, et l'on sait que sous Napoléon Ier les sénateurs recevaient trente-six mille francs de dotation. Et présentement on en refusait douze à un pair qui ne possédait rien en France et avait perdu sa fortune pendant la

Révolution. Certes, si M. de C*** s'était adressé à Napoléon, de manière ou d'autre, il eut adouci sa position. Sa générosité pour les émigrés est connue. Enfin, n'entendant point parler d'aucune démarche en ma faveur, je pris le parti de m'adresser, selon le proverbe, *à Dieu plutôt qu'à ses saints*. En conséquence, je sollicitai une audience de S. M. Louis XVIII; elle me fut accordée pour le lendemain. L'avoué de M. de C***, qui se piquait de littérature, voulut faire ma requête. J'étais déjà à ma toilette et l'écrit n'arrivait pas. Enfin, une heure avant celle fixée pour l'audience, l'avoué m'envoie une pancarte qui n'en finissait pas et d'un style lourd, un vrai Pandecte. Il me fallut donc, tout en m'habillant, en refaire une autre plus courte des trois quarts et de ma plus belle écriture.

J'arrivai à temps aux Tuileries. Je m'arrêtai quelques minutes dans la salle du trône, fraîchement décorée avec autant de goût que de magnificence, en riches tentures de Lyon, or sur or, beau tapis des Gobelins, le plafond peint, ciselé, éblouissant de dorures, enfin où tous les arts s'étaient réunis pour rendre cette salle digne de la représentation d'un roi de France. Je traversai plusieurs pièces, la chambre à coucher du roi; l'huissier de la chambre m'ouvrit la porte du cabinet de S. M., et je me trouvai en présence du roi.

Louis XVIII était assis devant son bureau, en habit bleu avec des épaulettes, bottes ou guêtres en velours, et à demi-enveloppé d'un manteau. Sa figure me parut moins animée, c'est-à-dire moins rouge qu'à l'ordinaire.

Après que j'eus fait mes trois révérences, le roi m'invita d'un geste à m'asseoir sur un fauteuil placé auprès du bureau. Ma belle-sœur m'ayant expressément recommandé d'attendre que le roi m'adressât la parole, parce que, dit-elle, nos princes craignent toujours qu'on leur manque de respect, j'attendais donc que le *bon jour* bannal sortît de la royale bouche... Louis XVIII garda le silence; je le gardais aussi. Il fixait sur moi ses grands yeux bleus; je crus un moment voir comme une lueur de sourire éclairer sa physionomie sombre et inanimée; mais ce ne fut qu'un éclair; sa figure reprit la même expression. C'était exactement comme si je m'étais trouvée en face de son portrait en tapisserie des Gobelins, que j'avais vu à la dernière exposition. Enfin, pour sortir de cette situation qui commençait à devenir ridicule et m'aurait fait pousser un éclat de rire scandaleux, feignant d'être émue quoique je fusse d'un calme glacial, je dis :

« Votre Majesté daignera excuser une émotion bien naturelle quand on se trouve en présence de son souverain. »

Je disais cela comme femme d'un Français, et j'allais ajouter « et d'un prince tel que Sa Majesté Louis XVIII, » mais quand je vis que sa figure ne se déridait pas, je *rengainai* mon compliment. Il continua à me regarder sans proférer un *traître mot;* il avait réellement l'air pétrifié, et cependant je n'étais pas la tête de Méduse... Je dis enfin d'une voix ferme que j'étais venue réclamer son auguste bienveillance pour M. de C***. Louis XVIII fit alors un geste pour avoir le mémoire qu'il me voyait à la main. Je voulus me déganter pour le lui présenter, mais il m'en empêcha en disant d'un ton brusque : « Non, non ! » Il prit le placet et se mit à lire d'un bout à l'autre et me dit gravement :

« Je verrai, madame. »

Nouveau silence. Je le rompis contre toute étiquette pour dire :

« Votre Majesté m'ordonne-t-elle de me retirer? »

Louis XVIII me salua de la tête, fit entendre une espèce de grognement que je ne pus comprendre; je me levai, fis mes trois révérences à reculons, et je m'enfuis plus légère qu'un oiseau; il me semblait, en vérité, que j'avais des ailes pour sortir de cette audience, aussi aise d'en être quitte que si le roi m'eût dit, au lieu de : *Je verrai, madame,* « qu'il soit fait comme vous le désirez. » Ah mon Dieu! pensai-je en remontant en voiture, que ne puis-je raconter les détails d'une audience chez Louis XVIII à l'empereur Alexandre. Comme il en rirait de bon cœur cet aimable *barbare du Nord* ou ce roi des Scythes, comme M. Bignon se plaisait alors fort impertinemment à appeler l'Empereur de Russie dans ses fades opuscules politiques.

J'eus alors l'occasion de rompre des lances pour Alexandre, contre un ouvrage qui venait de paraître, et dans lequel on parlait de l'Empereur avec fort peu de ménagement et contre la vérité.

C'était un méchant poème intitulé : *Mes souvenirs, ou les Prisonniers français*. L'auteur y assurait que l'empereur Alexandre avait persécuté les prisonniers français en 1812, et même les Polonais qui leur avaient donné asile dans leurs maisons. Voici ce que je fis insérer dans le *Journal des Débats* :

« La curiosité m'a porté à parcourir les *Vieux souvenirs d'un soldat jeune encore*. Comme Polonaise, je ne puis que savoir gré à l'auteur des sentiments de reconnaissance qu'il exprime à l'égard de mes compatriotes; mais comme témoin des événements de la désastreuse campagne de 1812, je n'ai pu lire sans indignation les calomnies aussi absurdes qu'odieuses lancées contre un prince qui, parmi ses plus beaux titres de gloire, s'honorait particulièrement de celui d'ami de l'humanité, et qui, à l'époque dont il s'agit, souvent, au péril de ses jours, d'une vie si précieuse à l'Europe, avait donné les plus généreux secours aux malheureuses victimes de l'ambition.

» Il est donc faux, absolument faux qu'une persécution ait jamais été exercée contre ceux des Polonais qui avaient retiré sous leur toit hospitalier des prisonniers français.

» Je vous prie, Monsieur le rédacteur, de vouloir bien insérer dans votre estimable journal cet article, dans lequel j'ai voulu seulement satisfaire mon cœur et la vérité. »

CHAPITRE XXVII.

L'auteur écrit à Alexandre pour lui demander la faveur d'être parrain de son enfant. — Le comte Schouvaloff désigné pour remplacer S. M. — Difficultés du clergé français.

A la naissance de mon fils, je m'adressai à l'Empereur pour le prier d'être le parrain de mon enfant et de ne pas nommer, pour le remplacer dans cet acte de religion, M. Pozzo di Borgo. J'avais une dent contre celui-ci, d'abord parce qu'il avait été désobligeant à mon égard, puis, parce que j'avais découvert son ingratitude pour Alexandre, qui l'avait protégé, honoré, lorsqu'il n'était rien qu'ennemi enragé de Napoléon, et qui intriguait pour avoir un ministère dans le gouvernement français, parlant avec dédain des Russes, dont il ne pouvait, disait-il à M. de C***, retenir les *noms barbares*. Aussi pourquoi l'Empereur ne nommait-il pas à la première ambassade du monde un des grands seigneurs de l'empire?...

Alexandre, avec sa mansuétude ordinaire, qui

le portait à céder à toutes mes importunités, consentit à ma demande et nomma le comte Schouvaloff, alors à Paris, parrain de mon fils en son nom. J'allais oublier de dire qu'il envoyait pour cadeau de baptême un fort beau fermoir en diamants, estimé 6,000 fr. Ceci était de trop. Mais une chose que nous n'avions pas prévue, ce fut l'opposition du clergé à baptiser un enfant tenu sur les fonts par un membre de l'Eglise grecque. Toutes démarches pour la vaincre furent inutiles, et le comte Schouvaloff vint nous prier de nous en abstenir et de regarder pour le moment la chose comme non avenue.

Mon fils était à peine né, que sa nourrice française me dit un jour : « Madame, est-ce que vous ne pensez pas à faire la bourse du petit ? — Comment, que voulez-vous dire, quelle bourse ? — Mais oui, Madame, votre famille est si riche, si nombreuse, cela ferait une jolie bourse pour votre enfant ; c'est d'ailleurs l'usage en France. — Jamais je ne le suivrai, m'écriai-je, » ne pouvant y croire, lorsque deux ou trois ans après, me trouvant chez des amis à la campagne, leur fille, âgée de huit ou dix ans, demandait à mon fils : « Combien as-tu dans ta bourse? moi, j'ai cinquante francs dans la mienne. » Mon pauvre enfant ne savait seulement pas ce que c'était que bourse et argent. Voilà comme, sans y songer, on implante dans le cœur des enfants le vice de la cupidité. L'histoire des petites chapelles, si spirituellement critiquée par *Nemo,* à ma grande satisfaction, car je n'ai jamais pu souffrir ce genre de mendicité, est encore un de ces abus à réformer. C'est comme aussi je ne puis admirer la toilette raffinée des jeunes communiantes. Elles devraient, ce me semble, être plus occupée de la candeur de leur âme que de la blancheur de leur parure et des plis de leurs longs voiles qu'elles rajustent à tous moments, même à l'Eglise, et fort empressées de courir se montrer dans les rues au risque de crotter leurs souliers blancs; et cela le jour d'une si auguste cérémonie ! On fait spectacle de tout en France, même des choses les plus saintes.

A cette époque, un grand événement agitait les esprits et semblait devoir apporter quelque changement en Europe, y ramener peut-être l'antique époque des croisades et faire renaître l'esprit chevaleresque. On sent bien que je veux parler de la révolte des Grecs, de ces efforts héroïques qui appelaient sur eux non-seulement l'intérêt de la religion, mais celui de tous les amateurs des beaux arts, du merveilleux, de tout ce qui réveille, exalte l'imagination par le charme des souvenirs attachés à cette terre jadis illustrée par tous les genres de gloire. On s'attendait que l'Empereur de Russie, comme chef de la religion grecque, se déclarerait protecteur de ses frères en religion, qu'il ne pourrait résister au désir de secourir les Grecs, d'expulser les Turcs de l'Europe et de se rendre maître d'un si beau pays. J'avoue que dans mon cœur je lui souhaitais cette nouvelle gloire. Mais la politique des souverains de l'Europe envisagea cet événement sous une autre face. On ne vit dans les efforts des Grecs, pour secouer le joug honteux qui pesait sur eux, que ce funeste esprit révolutionnaire qui, depuis quarante ans, travaillait à saper les trônes, à renverser les puissances établies par la légitimité et la sanction divine. Les Grecs furent abandonnés et Alexandre dût renoncer à la gloire qu'il aurait pu se promettre d'une si noble entreprise, pour maintenir la paix en Europe. La France avait alors ses propres sujets d'inquiétude.

L'Espagne, sa voisine, son alliée, à la veille d'éprouver une révolution sanglante et destructive, l'Espagne attirait sur elle l'attention de l'Europe et particulièrement la sollicitude du gouvernement français.

CHAPITRE XXVIII.

Voyage de l'auteur à Varsovie. — Visite du passeport par le grand-duc. — Arrivée de l'auteur à Vilna. — Visite d'Alexandre. — Préoccupation de l'Empereur sur les opérations de la chambre des députés. — Il veut faire la guerre en Espagne. — Affaires de la Grèce abandonnées. — Bal à l'hôtel-de-ville. — Le grand-duc Nicolas. — Son air impérial.

Au printemps de l'année 1822 je dus, pour affaires de famille, me rendre à Vilna. Je courais la poste nuit et jour, en véritable courrier, car je ne mis que quatorze jours de Paris à Vilna, et, dans ce temps-là, il n'y avait de chaussées que jusqu'à Leipsick; très-fatiguée, il me tardait d'arriver à Varsovie, qui était pour moi une étape de repos chez ma bonne mère. J'arrive à la barrière à huit heures du soir; j'exhibe un passeport fort en règle, et je vis avec étonnement que messieurs de la douane se passaient de main en main mon passeport avec un air embarrassé. Enfin, on me dit que, d'après une nouvelle ordonnance de S. A. I., c'est le grand-duc lui-même qui visait les passeports français ou allemands, et qu'il fallait que je me rendisse au Belvédère, résidence d'été de Monseigneur, très-près de Varsovie, mais qui me détournait d'une lieue de ma destination. Très-contrariée de cette vexation que je ne pouvais comprendre, il fallut bien m'y soumettre. Mon postillon ne pouvant causer avec mon domestique français, se mit à me conter qu'il avait déjà mené bien des personnes au Belvédère, surtout des femmes qu'on renvoyait de là chez le commandant, où on les avait deshabillées, examinées... Je crus que cet homme battait la campagne, et que moi certainement j'en serais quitte pour montrer mon passeport. A la barrière, on me donna une garde pour m'escorter jusqu'au Belvédère.

La voiture s'arrêta devant la grille et l'on m'invita à descendre. M'imaginant que j'allais être conduite chez le grand-duc, je m'excusai sur mon costume de voyage; mais on me dit que Monseigneur était au spectacle, et l'on m'introduisit dans ce qu'on appelait en russe la chancellerie du grand-duc, une grande pièce dont les murailles étaient nues et blanchies à la chaux, et l'ameublement consistait en un bureau en drap vert, un canapé et des chaises en cuir noir. Un officier parlant français me signifia que je devais y attendre le retour de S. A. I.

« Mais, monsieur, dis-je à cet officier, espérant d'être délivrée de cette détention, je ne suis pas étrangère ici; je suis connue particulièrement de Sa Majesté et de Monseigneur, attachée à la cour impériale, etc., etc. »

J'eus beau me récrier, faire valoir tous mes droits, l'officier leva les épaules et se hâta de sortir dans la crainte peut-être de se compromettre, et me laissa dans cette chambre éclairée de mauvaises chandelles, sous la garde de deux soldats qui restèrent en faction, droits, presque immobiles, prenant seulement des prises de tabac pour se tenir éveillés pendant trois heures d'horloge. Ma femme de chambre, que j'aurais voulu avoir près de moi, fut obligée de se morfondre dans la voiture. Mon pauvre domestique arpentait le corridor avec ma petite chienne, celle justement à qui l'Empereur avait présenté une chaise. Je ne faisais que me creuser la tête pour m'expliquer la conduite arbitraire, inusitée qu'on témoignait à mon égard. En quoi pouvais-je m'être compromise! Ma conscience ne me reprochait rien, assurément, et je me trouvais aussi fatiguée au moral qu'au physique, n'ayant rien pris depuis le matin. J'étais tentée, pour donner le change à mes esprits, de prendre une plume sur le bureau et d'écrire une diatribe pour décharger ma bile. Comme Monseigneur aurait été content de mon improvisation!

Enfin à onze heures j'entendis des voitures rouler dans la cour, et presque aussitôt un domestique, portant sur le bras le manteau du grand-duc, me remit mon passeport sans un mot d'excuse, de politesse, de souvenir. « Ah! me dis-je, tu es le frère de l'Empereur, mais que tu lui ressembles peu. »

Choquée de ce procédé, je dis à haute et intelligible voix, en présence de plusieurs officiers ou aides de camp qui étaient dans la cour : « Je ne veux pas m'appeler Choiseul, si je ne dis tout ce qui s'est passé à l'Empereur. » Aucun de ces agents du despotisme n'aura osé le redire.

Arrivée chez ma mère, qui allait se coucher, je fus obligée de frapper longtemps pour me faire ouvrir, car l'on ne s'attendait pas à mon arrivée à une heure si indue, et j'appris enfin la cause de cette étrange persécution. Le bruit s'était répandu que le général Berton, après sa conspiration manquée, avait fui la France, déguisé en femme, et devait se réfugier en Pologne pour y monter la tête aux Polonais. Le grand-duc avait donc pris l'alarme. Par un excès de prudence et de zèle qu'il aurait dû réserver pour des circonstances plus importantes que de tracasser de paisibles voyageurs, il s'était mis à faire les fonctions d'un commandant de place. Notez qu'en France on ne songeait plus à Berton. Ma mère me dit : « Que je suis donc fâchée de ne vous avoir pas prévenue par un petit billet qu'on vous aurait remis à la barrière. » Elle me fit prendre deux tasses de fleur d'oranger pour calmer mes nerfs ; j'aurais eu besoin de quelque chose de plus solide pour calmer ma faim, mais l'heure était trop avancée pour se le procurer dans une ville aussi dépourvue de confort.

Tous ceux à qui je contai mon aventure ou plutôt ma mésaventure voulaient me dissuader d'en parler à l'Empereur. C'était chose plaisante que de voir la mine de ces messieurs les militaires, dès les premiers mots; c'est à qui s'enfuirait le plus vite; mais je voulais absolument épargner à d'autres le désagrément que j'avais éprouvé. Et je tins parole.

Quand j'arrivai à Vilna, on attendait l'Empereur pour passer en revue un grand corps de troupes. Ayant appris que j'étais à Vilna, il demanda à me voir, et se présenta chez moi avec sa grâce accoutumée. Dans l'antichambre, il demanda en français à mon domestique, et je ne sais comment S. M. devina sa nationalité, si j'étais chez moi. L'ancien *grognard* répondit : « Oui, monsieur. » Et comme je lui reprochai son manque d'usage, François me dit : « Je ne suis pas obligé de savoir que c'est l'Empereur de Russie. » Et notez qu'il avait vu Alexandre à Erfurth en apportant une dépêche à Napoléon.

Alexandre daigna m'adresser plusieurs questions sur mon enfant, pourquoi je ne l'avais pas amené; je répondis que j'avais craint de l'exposer aux fatigues d'un si long voyage (il n'avait que six mois) et que mon plus grand regret, en revoyant mon souverain, était de ne pouvoir mettre à ses pieds mon enfant. L'Empereur voyant combien j'étais touchée, me dit avec l'accent d'une véritable sensibilité : « Ah! je comprends bien la peine que vous avez dû éprouver en le quittant. » Sa Majesté daigna se souvenir de M. de C***; je dis qu'obligé de suivre les séances à la chambre des pairs, il n'avait pu m'accompagner, « et je crains réellement, ajoutai-je, que Votre Majesté ne soit étonnée de me voir ainsi voyager seule; cependant tout mon désir, comme toute mon ambition, c'est de mériter et de conserver l'estime dont Votre Majesté veut bien m'honorer... » Alexandre voulut bien alors m'assurer que ni le temps, ni l'absence, ni l'éloignement ne pouvaient altérer les sentiments qu'il m'avait voués.

Après avoir causé de choses et d'autres, je pris un air riant et je dis :

« Votre Majesté voudra-t-elle croire pour qui j'ai été prise à Varsovie. Pour le général Berton! »

L'étonnement de l'Empereur fut extrême. Je lui contai, sans omettre un seul détail, jusqu'à la mine des pauvres factionnaires, tout ce qui s'était passé. Tout en m'écoutant, l'Empereur fronçait le sourcil.

« Comment a-t-on pu imaginer que Berton viendrait se jeter à Varsovie ; c'est le lieu du monde qui lui convenait le moins. J'espère que mon frère n'est pour rien là-dedans. »

Je gardai le silence : c'était répondre.

« Vous a-t-il vue ?

— Sire, je n'ai vu que le manteau de Monseigneur au bras du domestique qui me rapporta mon passeport. »

Alors, Alexandre, secouant sa tête d'ange d'un air qui voulait être menaçant, dit, comme se parlant à lui-même :

« Je saurai bien ce que cela signifie, j'en parlerai à mon frère. »

Le lendemain, à un bal offert à S. M. par le Maréchal de la noblesse, M. Karp, et dont je fis les honneurs, je vis à la contenance du grand-duc, lorsqu'il s'approcha de moi en me disant avec sa voix rauque : « Oserai-je ? » qu'il avait reçu la remontrance fraternelle.

Pour mettre fin à l'embarras qu'il éprouvait, et un seul mot d'excuse l'en eut délivré, je rompis la glace en lui parlant de la revue de la garde impériale. C'était le mettre sur son terrain, et il se mit à causer d'assez bonne grâce, car, à défaut d'amabilité, on ne pouvait lui refuser de l'esprit ; mais à quoi employait-il cet esprit ?

Pour en revenir à la visite de l'Empereur, S. M. daigna me parler avec intérêt de mon enfant, du baptême manqué. Je mourais de peur d'en parler la première.

« Dès qu'il s'agit d'opinions religieuses, me dit Alexandre, je ne puis m'en trouver offensé, et je suis sensible à la bonté que vous avez eue de penser à moi. »

Le roi d'Angleterre avait reçu un pareil refus en France.

Je montrai à S. M. le portrait de mon fils fait à six mois ; il le trouva joli, et je dis que ce sera le plus beau jour de ma vie que celui où je pourrai mettre à ses pieds mon mari et mon enfant. Il me demanda pourquoi je ne venais pas à Pétersbourg. Je lui dis que c'était mon projet favori, un de mes châteaux en Espagne.

« Pourquoi en Espagne ? me dit-il avec vivacité. Que trouvez-vous d'extraordinaire à faire ce voyage, vous qui voyagez en courrier. C'est comme d'aller de Vilkomir à Towiany.

— Pas tout-à-fait, Sire; mais je ferai mon possible pour m'y rendre l'été prochain. »

Il parut content.

« Nous ne pouvons pas nous vanter que Pétersbourg approche de Paris pour la beauté et les ressources qu'offre cette grande capitale, mais nous tâcherons de vous recevoir le mieux que nous pourrons. »

Alexandre se persuada qu'il me retrouvait dans le même appartement où il m'avait vue autrefois.

« Avec quel plaisir je vous revois dans cette même chambre! voici le canapé où je vous ai vue assise, la même table ronde, etc. »

Je me gardai bien de lui ôter ses illusions. Il aborda ensuite des questions plus graves et me parla comme à une femme politique, et moi, j'avoue en toute humilité que je regarde comme une manie ridicule pour une femme, à l'exception du génie mâle et profond de Mme de Staël ou de George Sand, de s'ingérer dans les discussions des grands intérêts de l'Europe.

Alexandre me parut vivement préoccupé des débats de la chambre des députés et du talent dangereux des orateurs du parti démagogique, comme il l'appelait. A chaque orateur du parti gauche qu'il citait, j'en nommais de royalistes, disant qu'il ne le cédaient ni en éloquence ni en talents. Puis il en vint aux probabilités de la guerre avec l'Espagne.

« Je suis prêt à y aller éteindre le foyer des révolutions ; mais, comment et par où parvenir à cette Espagne. M'accorderait-on un passage en France, et n'est-il pas dangereux de laisser la France intervenir seule dans une guerre si importante » et il aurait pu ajouter si impopulaire pour la France.

Je n'étais pas initiée dans les mystères du gouvernement français pour répondre à des questions de cette haute importance diplomatique, et je ne pouvais lui répondre comme M. de Chateaubriand à Vérone :

« Sire, je pense que la France doit remonter le plus vite possible par elle-même au rang d'où l'ont fait descendre les traités de Vienne. Quand elle aura repris sa dignité, elle deviendra une alliée plus utile et plus honorable pour Votre Majesté. »

Alexandre parut content du changement de ministère. Je ne pouvais que m'étonner *in petto* de l'extension d'intérêt et de sollicitude, dirais-je de craintes que l'Empereur témoignait relativement à différentes puissances de l'Europe, excepté l'Allemagne, dont il était sûr, et ne sentait pas le volcan qui commençait à chauffer sous ses pieds dans son propre empire. Déjà à son départ de Varsovie, ma mère et moi le voyant passer dans sa voiture de voyage, nous nous attendrîmes jusqu'aux larmes; et puis ma mère me dit :

« Nous sommes folles de pleurer. Il est si jeune, si fort, si beau; Dieu nous conservera cet ange. »

Après s'être entretenu si gravement des affaires européennes, il prit une gaieté à S. M. de parler des amours du roi avec Mme du Cayla. Alexandre me questionna sur cette dame; mais comme je ne la connaissais pas, je ne pus satisfaire sa curiosité. Il n'en revenait pas de son étonnement; il était tout émerveillé, et c'était réellement plaisant de l'entendre faire de malignes réflexions à ce sujet.

« Comment! S. M. Louis XVIII, à 67 ans, a des maîtresses?

— Mais, Sire, dis-je en riant, il ne s'agit que d'un amour platonique.

— Je n'admets pas même celui-là. J'ai 45 ans et le roi 67, et j'ai renoncé à tout cela. »

Et il disait vrai. Je remarquai qu'il n'y avait plus dans son air, où régnait cependant un ton d'amitié, de bienveillance véritable, cette espèce de galanterie, je dirai même de coquetterie qui existait auparavant. Ce n'était plus ces baise-mains continuels, ces regards fins, ce sourire attrayant; enfin, comme il m'en assura lui-même en me quittant, qu'il n'entrait aucune espèce de calcul dans ses sentiments pour moi, et que l'amitié que je lui inspirais était bien pure et bien désintéressée. Il y a bien des femmes que ce langage de la part d'un souverain encore si jeune, si beau, n'aurait pas flatté infiniment, tandis que moi je m'en trouvais honorée.

Je n'eus garde d'omettre la cause des Grecs, dont on s'occupait beaucoup à Paris, beaucoup plus que de l'Espagne.

« Sire, dis-je à l'Empereur, nous croyions déjà Votre Majesté à Constantinople.

— Ah! oui, dit Alexandre, le parti démagogique aurait bien voulu me voir donner ce démenti à mes principes; mais rien ne m'en fera départir, car je ne veux pas troubler la paix du monde. D'ailleurs mon désir d'être utile aux Grecs ne pourrait que leur être funeste. Le premier pas de mes armées sur le territoire turc amènerait la ruine totale du Péloponèse, où la population grecque est fort disséminée, et par conséquent exposée aux attentats des Turcs. Je ne puis m'interposer en leur faveur que par des voies pacifiques. »

La politique de l'empereur Nicolas lui aurait fait suivre un autre plan. Combien je regrette que ce prince ait cédé à l'influence de la Prusse, et que, déjà aux portes de Constantinople, il ait eu l'inutile modération de renoncer à se rendre maître de la Turquie, de la Grèce, rêve de Catherine II, de refouler la Sublime-Porte en Asie, son vrai séjour, car les Turcs ne sont que campés en Europe, selon l'expression de M. de Bonald, et ils ont des prédictions sur ce sort inévitable de leur empire. A cette époque, quelle puissance aurait pu s'opposer à ce grand acte de conquête? Ce n'est pas l'Angleterre; à la haute chambre, quand on discutait la possibilité de la prise de Constantinople, un des orateurs dit : « Et je ne vois pas comment nous pourrions l'empêcher. » La France était trop occupée à se républicaniser à l'intérieur pour se mêler au dehors des affaires de la Turquie. La Prusse se serait tenue *coi*, et c'était son rôle vis-à-vis de la Russie. Pour l'Autriche, on aurait jeté un gâteau au Cerbère autrichien, et Metternich aurait laissé agir Nicolas. Voilà comme j'ai observé la suite des demi-mesures. En 1854, Nicolas voulut reprendre son œuvre de 1829; c'était trop tard! Il eut contre lui toutes les puissances de l'Europe armées ou tacitement malveillantes. Il mourut à la peine.

Il est à présumer que si le règne de Nicolas et celui de Napoléon eussent été contemporains, ces deux princes se fussent entendus pour faire de concert de grandes choses. En 1812, l'armée française ne serait point entrée en ennemie dans l'empire russe; elle eut marché en bonne intelligence avec son alliée et tâché de pénétrer jusqu'aux Indes pour y étouffer dans son repaire le lion britannique.

Alexandre me demanda comment j'avais trouvé ses soldats : « Des géants, hommes et chevaux, » lui répondis-je.

L'Empereur me quitta en me renouvelant ses

protestations d'amitié, en me priant d'être toujours bonne et gracieuse pour lui.

Il y avait une telle foule dans la rue que le cocher de S. M. pût à peine se faire jour pour passer au travers de la populace. Pour moi, je me sentais si fatiguée d'avoir eu à soutenir une si longue conversation, pas remise encore de mon voyage au clocher, que je n'eus rien de plus pressé que de me coucher sur mon grabat. M. Alexandre Dumas a fait connaître aux lecteurs les lits du Nord.

Mon beau-frère vint me voir ; il me trouva beaucoup de fièvre et courut chercher, malgré moi, mon vieux médecin Liboschitz, qui jugea une saignée indispensable. Je m'en trouvai soulagée, et je pus le lendemain me trouver au bal. J'étais en blanc, mon bras avec un bandeau noir ; il y eut des personnes assez simples pour croire à une mode importée de Paris, et la trouver charmante. L'Empereur savait déjà l'histoire de ma saignée, et quand j'allai avec Mme Oginska, femme du sénateur, recevoir S. M., elle daigna s'informer de ma santé avec le plus vif intérêt.

Comme l'Empereur hésitait qui de nous deux il prendrait à danser, je lui montrai, d'un léger signe, Mme Oginska, à qui je savais que cela ferait plaisir, et tandis qu'il s'avançait incertain, moi, je reculais, et tout le monde dans la salle remarqua mon petit manége, et une espèce d'embarras visible sur la figure de S. M. Enfin la musique ayant joué l'air de la *Polonaise*, l'Empereur se décida à prendre la main de Mme Oginska, qui se trouvait près de lui... Il était encore à ce bal d'une beauté éblouissante; on ne lui aurait pas donné trente ans. Hélas! il n'en avait plus que trois à vivre. Destinée! Ses trois frères paraissaient ternes à côté de lui. Le grand-duc Nicolas était cependant bel homme, d'une haute taille, et je lui trouvais même l'air plus impérial qu'à l'Empereur[1]. Il était depuis un mois à Vilna; je l'avais rencontré plusieurs fois dans les rues, à cheval, et il me saluait toujours sans me connaître; peut-être savait-il qui j'étais... Sa figure romaine et un peu longue, la pâleur verdâtre de son teint, qui s'embellit singulièrement avec les années, et l'embonpoint, qui arrondit ses beaux traits régu-

---

[1] On aurait pu mettre sous son portrait ces vers :
   Qui que tu sois, voici ton maître.
   Il l'est, le fut, ou il doit l'être!

liers et bien accusés, me fit une impression pénible. J'y trouvais je ne sais quoi d'inflexible qui me fit penser avec terreur à l'avenir. C'était un pressentiment! A ce bal, il eut l'amabilité de se présenter lui-même, et comme je disais que S. A. I. m'avait prévenue, il prétendit remplir un devoir et regrettait de ne l'avoir pas fait plus tôt. Il avait, comme l'empereur Alexandre, cette exagération de politesse qu'on était étonné de rencontrer après l'imperturbalité des princes français, qui croyaient vous avoir accablé de compliments quand ils vous avaient dit : Bonjour, ou : Comment vous portez-vous? Je causai très-agréablement avec le grand-duc qui avait beaucoup de grâce et de noblesse dans le langage et les manières. Nous parlâmes de Vilna en 1812, et comme je dis que c'était un triste souvenir : « Mais, dit Nicolas, il en a laissé d'aussi agréables. » C'était une allusion flatteuse pour moi, pour Varsovie, qu'il trouvait un séjour charmant, de mon voyage, etc., etc.

L'Empereur me fit ses adieux au bal; il partait le lendemain, à huit heures, pour le congrès de Vérone, et je ne tardai pas à quitter Vilna.

CHAPITRE XXIX.

Maladie de l'Empereur. — Voyage de l'auteur à Saint-Pétersbourg. — Description de cette capitale et de ses environs. — Tristesse d'Alexandre. — Mort de sa fille Sophie Narishkin. — Biographie de la jeune princesse. — L'auteur rencontre Alexandre à Csarzko-Sélo. — L'Empereur donne l'hospitalité à l'auteur. — Visite d'Alexandre. — Vie retirée d'Alexandre et d'Elisabeth. — Présentation de l'auteur chez l'impératrice Elisabeth. — Esprit et grâce d'Elisabeth. — Présentation et dîner à Pawlowski, chez l'impératrice-mère. — Bibliothèque. — Promenade. — Roses.

L'empereur Alexandre, qui avait joui toujours de la meilleure santé, tomba dangereusement malade dans l'hiver de 1824. Des chagrins de famille, des contrariétés, que sa vive sensibilité s'était exagérés peut-être, et auxquels se joignit un refroidissement, développèrent tout-à-coup une maladie violente, qui répandit de justes alarmes au sein de l'auguste famille et de la capitale entière. L'Empereur, depuis quelque temps, avait pris l'habitude de se retirer souvent, même pendant l'hiver, dans sa résidence favorite de

Csarzko-Sélo; il y faisait venir ses ministres et y menait un genre de vie très-solitaire, sans autre distraction que de longues promenades dans le parc, qui a deux ou trois lieues d'étendue. Un jour (c'était à l'époque du mariage de S. A. I. le grand-duc Michel), un jour que S. M. s'était promenée à pied et toujours seule, plus longtemps encore que de coutume, elle rentra au château, saisie de froid, et se fit apporter à dîner dans sa chambre; mais il lui fut impossible de rien prendre, et bientôt un érysipèle se déclara à la jambe avec une rapidité effrayante, puis survint la fièvre, avec délire et transport au cerveau. On transporta sur-le-champ l'Empereur, dans un traîneau fermé, à Pétersbourg, où la faculté rassemblée, craignant la gangrène qui commençait à se manifester, opina de lui couper la jambe. Cependant des remèdes actifs ayant produit l'effet désiré, on se contenta d'établir un cautère, et l'excellente constitution de l'Empereur amena bientôt une heureuse convalescence. La première fois que ce monarque, après sa maladie, se montra dans les rues de Pétersbourg, partout le peuple se mettait à genoux sur son passage, donnant des signes touchants d'une joie excessive, et remerciant le ciel de lui avoir conservé son père.

Cette même année, je réussis à exécuter le projet, formé depuis longtemps, de me rendre à Pétersbourg, et d'y offrir mes hommages respectueux à mon auguste souverain, dans la charmante ville qui fut son berceau, et où reposait son trône. Nous y arrivâmes dans les premiers jours de juillet, à l'époque où il n'y a point de nuit dans ces régions septentrionales. Depuis le dernier relais, c'est-à-dire depuis Strelna, château de plaisance de Monseigneur le grand-duc Constantin, et, dans une étendue de trois lieues de France, on roule sur une chaussée entre deux rangs de *datcha* ou maisons de campagnes charmantes, ayant vue sur la mer, et, du côté opposé, sur des canaux ou bras de la Néva. Ces *datcha* sont séparées entre elles comme du grand chemin par des jardins où domine le bouleau à la blanche écorce, et dont la verdure un peu pâle ressort sur le vert sombre des pins et des sapins du Nord. Des vases de fleurs, élégamment dispersés ou groupés parmi les plantations, y prolongent les riantes images du printemps, qui, pour les habitants du Nord, n'a qu'un sourire, comme l'a très-bien observé une personne spirituelle de ma connaissance. Toutes ces habitations varient d'architecture et de goût. Ici, au milieu d'une masse de verdure, vous voyez un temple grec avec son beau péristyle et ses nobles degrés; plus loin, c'est un pavillon chinois avec ses pagodes et ses clochettes aux sons argentins : ailleurs vous trouvez un chalet suisse, habitation modeste en apparence, qui cache le luxe sous ses dehors trompeurs. Enfin, un belvédère à l'italienne s'élève avec élégance au-dessus des arbres qui l'environnent, et forme un contraste pittoresque avec un château gothique et ses tours crénelées. Partout, dans des serres immenses, se dérobent aux rigueurs d'une atmosphère humide ou glacée, ces fruits que le ciel accorde à de plus heureux climats, et que recherchent à grands frais la sensualité des riches seigneurs russes. En un mot, mille objets, signalant des goûts aussi variés qu'ingénieux, se disputent les regards du voyageur surpris et charmé. Les environs de Paris n'offrent rien, à l'exception des résidences royales, qui approche de la magnificence des environs de

Pétersbourg, où cependant tout est dû à l'art. Ces charmantes créations, nées du caprice et de la richesse, ont été construites sur un terrain ingrat, qui n'était autrefois qu'un vaste marais.

Je fus également frappée de la beauté imposante et régulière de Pétersbourg, dont les rues sont très-larges, à perte de vue, plantées d'arbres, et embellies par des trottoirs en pierre de taille. On remarque sur divers points des canaux bordés de quais, pavés en granit, et communiquant avec d'élégants ponts en fer. Les maisons, sans avoir l'aspect imposant des beaux hôtels de Paris, se distinguent par l'élégance de leurs croisées en glace d'une seule pièce, et par la fraîcheur de leurs ornements. On voit cependant à Pétersbourg un très-grand nombre d'édifices remarquables.

La société la plus distinguée était retirée dans les *datcha;* le petit nombre d'habitants qui restait dans la ville, et presque tous en costume national, donnait à la capitale de l'empire russe je ne sais quel air asiatique qui faisait un contraste singulier avec l'élégance toute européenne de ses bâtiments. On ne rencontrait dans les longues rues ou les immenses quais, que peu d'équipages, quelques voitures anglaises ou faites sur des modèles anglais, mais attelées à la russe de quatre chevaux à longue crinière, courant avec une vitesse extrême, conduits par un cocher à barbe et un petit postillon criard. On ne voyait presque pas de piétons sur ces beaux et larges trottoirs. Le soir, cette ville si belle et si déserte, à la lueur de ce crépuscule qui ne ressemble ni à la lumière du jour, ni à celle de la lune, mais qui répand sur tous les objets une espèce de clarté magique, cette ville, dis-je, faisait sur moi l'effet d'un *panorama*.

En arrivant à Pétersbourg, nous descendîmes, pour quelques jours seulement, à l'hôtel d'Angleterre, situé sur la place de l'Amirauté, en face du palais d'hiver, résidence de S. M. I. Ce palais est bâti dans l'ancien style de l'architecture française; l'Amirauté, située vis-à-vis, est un superbe édifice dû à l'empereur Alexandre; car si Pierre-le-Grand a fondé Pétersbourg, c'est Alexandre qui l'a embelli. Ce prince avait beaucoup de goût pour l'architecture, se connaissait en bâtiments, et aimait extrêmement à faire bâtir. Une promenade, plantée de plusieurs rangs de tilleuls, s'étend le long de l'Amirauté, depuis le château impérial, et sur une place très-vaste, où l'on peut passer cent mille hommes d'infanterie en revue, jusqu'à la Néva. Ce fleuve est bordé de quais en pierres de garnit rose. La Néva, si majestueuse quand elle est calme, si terrible dans ses fureurs, offre à l'œil des flots couleur de saphir, qui sont, pendant une partie de l'année, couverts de vaisseaux sur lesquels flottent les couleurs de toutes les nations; on y voit aussi de jolis yachts se croisant sans cesse dans leur rapide navigation. La Néva fait à la fois l'ornement, la gloire, la richesse et l'effroi de Pétersbourg.

L'empereur Alexandre ne se trouvait point à Pétersbourg lorsque j'y arrivai. Au retour d'une course que ce prince avait faite dans les colonies militaires, et dont il était revenu très-satisfait, S. M. était allée assister à des manœuvres à quelques milles de sa capitale, et l'on ignorait l'époque de son retour à Csarzko-Sélo. Mes premiers hommages s'adressèrent donc à la statue du génie fondateur de Pétersbourg, statue dont il a été publié tant de descriptions, que je ferai grâce de la mienne au lecteur. J'allai ensuite admirer les beaux édifices du quai Anglais, l'Académie, la Bourse, bâtiment immense où l'on voit réunies toutes les productions des quatres parties du monde. Je visitai la superbe église de Sainte-Marie-de-Casan, dont on admire avec raison, à l'extérieur, l'architecture imposante et noble, et qui, dans l'intérieur, éblouit les regards par la quantité de matières d'or et d'argent que renferme cette église : à cet aspect resplendissant on croit pénétrer dans ce temple du soleil qui existait jadis à Lima.

Le *Goscinny-Devor* est une espèce de bazar à l'orientale, où l'on trouve depuis la riche boutique de l'orfèvre et du bijoutier jusqu'à celle du plus simple artisan. Je n'ai jamais vu, même à Paris, un plus grand étalage de fruits qu'à Pétersbourg, au *marché des fruits;* il y en avait de toutes les espèces, entre autres des ananas énormes, du prix de cent francs pièce. Il n'y a que deux promenades publiques à Pétersbourg : la première est le jardin d'été, remarquable par une très-belle grille dorée; il est planté dans l'ancien genre, en charmille et quinconces d'arbres fort tristes et fort sombres; on y remarque quelques médiocres statues de marbre. La seconde promenade est le jardin d'Ekaterinoslaf, situé à cent pas hors de la ville, et où le peuple se rend en foule les dimanches et fêtes. Les voitures des personnes de distinction circulent dans les allées de cette espèce de parc; on y célèbre le 1ᵉʳ de mai, qui est censé ouvrir le printemps à Pétersbourg. Je remarquai dans les nombreuses réunions qui se formaient autour des jeux, des guinguettes, des montagnes russes, etc., un contraste qui me déplut, je l'avoue. Des *murjyk*, de riches marchands de la ville, vêtus du costume national, si avantageux pour leur taille élevée, et portant la barbe longue, qui leur donnait un air imposant et patriarchal, se promenaient gravement, accompagnés de leurs femmes, de leurs filles, habillées à l'européenne. Il n'y a pas le moindre goût dans la parure de ces dernières, mélange disparate de tous les colifichets parisiens, entassés bizarrement en dépit de la mode et des grâces. Et puis qu'on se figure, sous un chapeau orné de fleurs, la figure tartare au nez plat, au teint jaune, et, sous la belle robe brodée, un vilain pied mal chaussé. A côté de ces caricatures, de ces parodies de l'élégance française, on apercevait d'autres femmes, nourrices dans les maisons de seigneurs russes, vêtues de ce charmant costume qui embellit jusqu'à la plus laide figure : le *kakochnik,* bonnet doré couvert de pierreries, d'une forme très-élevée, qui rehausse si bien la taille, le cafetan de soie, qui en marque les proportions avec tant de grâce, et la riche pelisse jetée sur les épaules, et qui garantit dans ce climat, si changeant même pendant la belle saison, des moindres atteintes du froid. Tout, dans ce costume, est noble, riche et gracieux. Je sais bien que si j'avais l'honneur d'être souveraine de la Russie, je m'empresserais de l'adopter.

Sans le savoir, j'avais choisi un triste moment pour venir à Pétersbourg. Alexandre venait de perdre sa fille unique, Sophie Narishkin, âgée de seize ans, seul espoir, seule consolation d'une vieillesse bien éloignée encore, mais qui allait se trouver privée de toute joie, de toute impression de cœur. Alexandre revoyait enfin sa fille après tant d'années d'absence, mais le ciel ne la lui fit qu'entrevoir. Sophie était atteinte d'une fluxion de poitrine gagnée dans ses excursions aux glaciers de la Suisse. Les médecins opinaient à la renvoyer sous un ciel plus doux. Mais sa mère, qui ajoutait foi à d'absurdes prédictions de magnétiseurs de Paris, voulut absolument la marier, si bien que cette jeune personne, portant la mort dans son sein, fut fiancée à un jeune comte Schouvaloff, qui fut chargé de la magnétiser; elle s'éteignit doucement dans ses bras, victime, on peut le dire, des folles superstitions de sa mère qui, la voyant expirer, s'obstinait à la croire endormie. Un magnifique trousseau de 400,000 fr., commandé à Paris, arriva au moment de la mort, et les parures destinées aux plaisirs, à la joie, au bonheur furent remplacées par les ornements funéraires. Alexandre en fit don à ses augustes sœurs. Toute l'aristocratie de Pétersbourg suivit le convoi de Sophie! Les poètes y jetèrent des fleurs d'une triste élégie.

L'Empereur fut instruit brusquement de la nouvelle accablante de la mort de sa fille pendant la parade. Son visage se couvrit d'une extrême pâleur. Il eut le courage de ne pas interrompre l'exercice et laissa seulement échapper ces mots frappants : « Je reçois la punition de tous mes égarements. »

Depuis ce moment, il n'a rien laissé pénétrer d'une si profonde douleur. Seulement, une fois, au retour d'une tournée dans les colonies militaires, la comtesse Ojarowska, femme du général aide de camp de S. M., lui demandant si son voyage lui avait fait du bien : « Oui, Madame, lui répondit Alexandre; quant au physique, je me trouve bien; mais quant au moral, je souffre toujours, et ma douleur est d'autant plus vive que je ne puis l'épancher. » En disant ces mots, des larmes s'échappèrent de ses yeux qu'il se hâta d'essuyer en s'éloignant. Mon Dieu! que j'aurais pleuré, si j'eusse été là, et que j'ai envié Mme Ojarowska! Le respect, je ne sais quelle fausse honte, ma timidité naturelle, ne m'ont jamais permis d'aborder ce sujet navrant dans mes diverses rencontres avec Alexandre pendant mon séjour à Pétersbourg. Il aura peut-être pensé que j'étais insensible à sa douleur, que je ne savais pas la comprendre. Cette idée me fait mal encore aujourd'hui! Qui le croirait cependant! un ange, et cet ange, c'était Elisabeth, pleura avec le pauvre père. Elle aimait tant la pauvre Sophie à cause de sa ressemblance. Les larmes d'Elisabeth, comme une rosée céleste, devaient faire refleurir les fleurs de la réconciliation tardive des deux époux. Mais, hélas! leurs jours étaient comptés! Déjà l'ange de la mort commençait à déployer ses ailes sur ces deux existences, jeunes encore, mais dont la terre n'était pas digne, pour les conduire par une union sans fin à leur véritable destination dans le ciel!

J'ai déjà dit que Sophie N*** ressemblait à son auguste père d'une manière frappante. J'ai vu dernièrement chez une dame russe, Mme Wiatkine, qui fut élevée près d'elle, un petit portrait de Sophie à peine ébauché; c'est exactement le profil allongé de l'empereur Alexandre. Je regrette d'avoir perdu une notice biographique de l'institutrice française de Sophie N***, qui contenait des détails intéressants sur le caractère charmant de ce pauvre ange; mais comme il s'y trouvait aussi des phrases d'admiration pour Mme N***, qui n'en méritait guère que pour sa beauté, je ne me souciai pas d'accoler cette biographie à mes souvenirs, qui, d'ailleurs, allaient sortir de presse.

Je me souviens que, prenant une leçon de littérature, Sophie, à ce vers d'une tragédie : *Qu'eussai-je été sans lui, rien que la fille d'un roi !* dit : « Mais c'est déjà beaucoup. — Trouvez-vous, » lui dit d'un air fin le professeur. Sophie rougit et se tut. Il paraît qu'elle connaissait son origine ; elle disait cependant en parlant d'Alexandre : « Quel bon Empereur nous avons. » Madame Wiatkine a eu la bonté de me faire le sacrifice d'une petite mèche de cheveux à mettre dans une bague qu'Alexandre lui donna ainsi qu'à d'autres dames qui étaient venues le saluer à son dernier voyage à Taganrog. « Il était si bon, disait-elle, si triste ! » Je me souviens d'un singulier rêve que je fis depuis mon veuvage. Dans ce rêve, Alexandre était vivant, Elisabeth morte. L'Empereur me disait : « Vous êtes libre à présent : je suis libre aussi ; » et puis avec beaucoup de timidité des sons entendus assez clairs, à quoi je répondis : « Sire, je vous aime comme un père, un frère, un ami, mais jamais je ne serai votre maîtresse ! » Et là-dessus je me réveillai fort contente de moi-même.

Nous étions descendus, en arrivant à Pétersbourg, à l'hôtel d'Angleterre, Demouth, et ayant amené un cuisinier, M. de C*** préféra arrêter un appartement assez beau en apparence dans une maison garnie, rue de la Perspective.

Nous allâmes aux Iles; on appelle ainsi les villas disséminées entre la Néva et la petite rivière Noire, parmi des bosquets de bouleaux, de sapins et de tilleuls, seule verdure du court été de Pétersbourg; les fleurs n'y sont qu'une décoration théâtrale. Le fils de M. de C***, marié à une princesse Galitzin, charmante et belle personne, aussi distinguée par son esprit que par les agréments de sa personne, y avait loué une *datcha* pour la belle saison, qui se compose de trois mois, pendant lesquels, me disait l'Empereur, si l'on compte quinze jours de beau temps, on se vante d'avoir eu un bel été. Au mois d'août, quand les tilleuls fleurissent, on s'apprête à rentrer en ville, la saison est finie.

L'Empereur était en courses perpétuelles aux revues des troupes campées dans les environs de Pétersbourg. Je ne savais à quel saint me vouer pour le joindre et lui rappeler la cérémonie du baptême de mon enfant, puis lui parler d'affaires relatives à la fortune de M. de C***, avec laquelle ma fortune personnelle se trouvait fatalement compromise par suite des cautionnements que j'avais donnés aux créanciers de mon mari. Il s'agissait d'obtenir un emprunt à la Banque impériale qui ne donnait *par âme* (comme on disait alors en Russie) que 150 fr.; pour obtenir un surplus, il fallait une grâce spéciale de S. M.

A son passage par Varsovie, l'Empereur avait été chez ma mère, qui lui avait touché un mot sur la position où je me trouvais, et il lui avait promis son aide en témoignant de l'intérêt pour ce qui me concernait et son désir de m'être utile.

On me conseilla d'aller à Csarzko-Sélo guetter le passage de l'Empereur. Je me rendis donc avec mon enfant et mes femmes à la *Restauration française*, dans la petite ville de Csarzko-Sélo, où je n'obtins qu'une seule petite chambre dégarnie et sans lit. L'hôte, très-étonné de ce que je n'étais pas enchanté de ce logement, me dit d'un ton goguenard que c'était celui de l'ambassadeur de France lorsqu'il venait à Csarzko-Sélo.

Après avoir fait un peu de toilette, je me fis conduire à la Ville-Chinoise, habitée par les aides de camp de S. M., qui y vivaient en famille, chacun dans sa maison, avec écurie, glacière, jardin particulier, autour d'une place avec une rotonde où se donnaient des concerts, des bals pour l'amusement de ces messieurs et de leurs dames.

Cette ville, arrangée dans le goût chinois, des figures de mandarins, etc., était comme perdue dans un immense parc de deux ou trois lieues d'étendue, soigné comme un petit jardin par un millier d'ouvriers. continuellement employés à effacer sur les routes, les sentiers, la moindre trace des piétons et des voitures, à tondre les gazons avec des ciseaux, à ramasser les feuilles tombées dans les eaux, que sais-je, moi?

Je passai devant le palais, édifice immense dans l'ancien goût français, surchargé de sculptures, de dorures, de coupoles, ce qui fit dire à un ambassadeur, à la cour d'Elisabeth : « Où est l'écrin de ce bijou de palais. » Le palais me parut désert; on n'y voyait que des sentinelles en faction dans la cour. Cette solitude impériale m'inspira des réflexions moroses. « Non, me disais-je, sous l'inspiration de ces idées bien prématurées, non, l'empereur Alexandre de Pétersbourg n'est plus l'empereur Alexandre de Towiany, de Vilna, de

Varsovie ! Voilà bien tous les princes ! Avec quelle joie, quel empressement ne le recevais-je pas toutes les fois qu'il daignait venir me voir ! Ici, quelle différence ! Je n'obtiendrais peut-être pas un verre d'eau dans ce palais, inhospitalier comme toutes les demeures des grands. Heureux qui ne les approche jamais, et plus heureux encore celui qui n'a rien à leur demander ! » Quelques instants encore, comme j'allais être détrompée dans mes fausses prévisions !

J'allai voir mes anciennes connaissances, le comte et la comtesse Ojarowski. Ils me dirent que l'Empereur était absent, que je devais tâcher de me trouver sur son chemin pendant ses promenades, mais qu'il arrivait souvent de faire une lieue dans le parc pour le joindre. Comme c'était agréable ! Les Ojarowski proposèrent de me ramener, tout en nous promenant, à mon auberge ; c'était à la brune. Tout à coup, dans une contre-allée solitaire, nous apercevons un officier en redingote d'uniforme, tenue de campagne. Le petit Ojarowski, neveu du général, s'écria : C'est l'Empereur ! En effet, c'était lui ; il vint à nous, me reconnut et me dit :

« Et depuis quand êtes-vous ici? On m'a bien dit, dans le rapport, qu'un M. de Choiseul était arrivé à Pétersbourg, mais on n'y parlait pas de vous. » Ensuite : « Où logez-vous ici?

— A la *Restauration française.*

— Permettez-moi de vous offrir l'hospitalité. »

Et là dessus il nous quitta pour donner ses ordres de châtelain.

Mme Ojarowska me dit : « C'est votre bonne étoile qui l'a conduit ici, car jamais il ne se promène si tard. »

Elle me conduisit jusqu'à l'auberge, où je trouvai mon petit couché à terre sur du foin. Je m'y plaçai aussi, persuadé qu'on me préviendrait le lendemain des intentions hospitalières de S. M. Point du tout; vers minuit, arriva le valet de chambre de S. M. pour me transporter au château où l'on avait préparé le souper et par les ordres de l'enchanteur qui avait présidé à l'arrangement de l'appartement. Peut-on être plus aimable? Il me fut impossible de partir, et le lendemain, à 7 heures, le même valet de chambre vint m'enlever avec mon enfant et me conduire au palais Alexandre, occupé par le grand-duc Nicolas, qui était pour le moment au camp avec la grande-duchesse. J'y trouvai un déjeuner de thé, café, chocolat, des fruits servis comme par enchantement dans ce palais désert où je me trouvais seule ! Le valet de chambre me quitta en me demandant si je me trouvais bien, si je n'avais rien à ordonner. On avait affecté à mon service particulier trois ou quatre domestiques, qui se changeaient toutes les semaines, ne parlant que le russe, que je comprends un peu, et qui avaient l'obligeance de comprendre mon baragoin moitié russe, moitié polonais.

Alexandre s'intéressait au bien-être du moindre de ses serviteurs. Rencontrant un jour, dans le parc de Csarzko-Sélo, la baronne de Rosen, dont le mari était en quartier dans cette ville, il dit à cette dame : « Madame, je suis charmé d'apprendre qu'il y aura bientôt alliance entre votre maison et la mienne. » La femme de chambre de Mme de Rosen devait épouser le berger des troupeaux de mérinos de S. M.

Après déjeuner, je descendis dans le parc où je rencontrai les Ojarowski qui venaient chez moi. Ils me dirent qu'ils venaient de voir l'Empereur, qui leur avait parlé du baptême, disant qu'il était à mes ordres, qu'il fallait désigner le jour; il s'était informé pourquoi je n'étais pas venue la veille prendre possession de mon logement. Tout en causant nous approchions des nouveaux bâtiments que l'Empereur s'amusait à faire construire, c'est-à-dire des ruines gothiques avec une tour très-élevée, qui contiendront un appartement complet pour le jeune grand-duc Alexandre; et nous aperçûmes Sa Majesté qui venait au-devant de nous. L'Empereur me dit, de l'air le plus gracieux du monde, qu'il espérait que je me trouvais mieux dans mon nouveau logement qu'à la *Restauration française.* Je lui présentai mon fils, qu'il avait déjà remarqué, et s'amusa de l'idée que l'enfant s'était faite de Sa Majesté, en l'appelant *grand soldat.* Il n'avait pas trois ans accomplis. En rentrant chez moi, j'écrivis à M. de C*** pour lui demander d'arriver au plus vite, pour partager tous les enchantements dont j'étais entourée. Je lui envoyai la voiture de remise que nous gardâmes pour les courses à Pétersbourg, car pour les promenades et visites à la cour, nous avions le service des écuries et surtout une paire de chevaux charmants au Drochki. Cet équipage avait été lithographié.

L'Empereur m'envoya son valet de chambre pour m'annoncer sa visite pour midi. Malgré une pluie battante, S. M. arriva à l'heure indiquée.

J'eus une heure de conversation extrêmement agréable. Alexandre daigna s'informer lui-même, car je n'aurais pas osé commencer, de la situation de mes affaires, et me dit : « Comme cela, votre mari n'a rien, et vous pas grand'chose. » Il me dit de lui donner une note.

Ensuite vint la politique. M. de Villèle fut sur le tapis ; il ne pouvait pas le souffrir, ni Canning non plus, et regrettait beaucoup M. de Chateaubriand, dont il avait fait la connaissance à Vérone, alors que M. de Chateaubriand écrivait *dans son congrès,* en parlant de son entrevue avec Alexandre : « *Nous nous plûmes* dès que nous nous fûmes vus pendant un quart d'heure. » Au reste, il sous-entendait les âmes.

L'Empereur me demanda si le logement serait suffisant pour M. de C***, et si je ne préférais pas demeurer à la Ville-Chinoise. Il m'offrit aussi un gîte à Péterhoff, où la cour devait aller pour la saint Pierre. En me quittant, il me renouvela ses assurances d'attachement et d'intérêt en me priant de ne pas les prendre pour *des fadaises*.

M. de C*** arriva dans la soirée ; je lui fis donner à souper et lui demandai en riant s'il était content de son nouveau cuisinier, lui reprochant l'air à son aise qu'il prenait au milieu de tout cela, comme si c'eût été la chose la plus naturelle du monde que d'être hébergé sans la moindre obligation par le plus grand souverain du monde. On nous donnait tous les jours trois repas recherchés sans compter le thé, deux fois par jour, déjeuner, dîner, souper avec dessert, glaces, profusion de vins, etc. Nous nous contentions de deux repas ; le surplus était le profit des gens, qui ne s'en faisaient pas faute.

L'Empereur dînait seul ; il était encore au régime et ne vivait presque que de fruits, à la suite de cet érysipèle qui avait fait craindre l'amputation de la jambe. L'Impératrice, de son côté, mangeait seule ; c'était vraiment une vie plus que monastique. Sa demoiselle d'honneur, Mlle Walowief, mangeait à part ; elle accompagnait l'Impératrice soit à cheval, soit à pied, mais dans les parties du parc et aux heures où l'on ne rencontrait pas l'Empereur, de peur de le gêner; se gêner entre époux! Cette cour était absolument déserte et comme fantastique. Les ministres n'y venaient qu'une fois par semaine et repartaient après leur travail. L'Empereur se couchait à dix heures. La musique militaire jouait sous ses fenêtres la retraite pendant une heure, des airs mélancoliques. Je les entendais des fenêtres de mon appartement.

Les Ojarowski nous firent les honneurs de Csarzko-Sélo, visiter les principales fabriques, la tour de Windsor, le théâtre, quelques morceaux de ruines dessinés par Robert près du lac, qui est la partie la plus pittoresque du lac. Un beau yacht y était à l'ancre; l'arc de triomphe dédié par l'Empereur *à ses anciens compagnons d'armes*; toute une rue de serres chaudes à fruits et à fleurs.

L'Empereur m'en envoyait tous les jours, ainsi qu'à d'autres dames de Csarzko-Sélo, des ananas magnifiques qui, à Pétersbourg, coûtaient cent francs pièce; l'habitation des lamas, des kang-roos, etc., et la ferme ornée dans le genre hollandais, des chambres à carreaux en poterie vernissée. On y voit des échantillons du plus beau bétail, des vaches du Tyrol, d'Ukraine, de Kalmogorod hautes sur jambes, suisses; le taureau, qui s'appelait Guillaume-Tell, était méchant comme un âne rouge; on était obligé de lui lier la jambe, et ses mugissements me faisaient fuir de loin. Il y avait aussi des mérinos de la belle espèce. L'Empereur était fermier là; nous vîmes son livre de comptes, magnifiquement relié, et où il inscrivait le produit de ses troupeaux. Il était fier d'avoir un habit de la laine de ses moutons. Nous visitâmes aussi les appartements du palais. Je remarquai le cabinet de travail de S. M., excessivement obscurci par un massif de lilas qui remplissait la fenêtre; fatigué de l'éclat et du bruit, il fallait à Alexandre de l'ombre et du silence; des meubles simples, un bureau avec des paquets de plumes, une bougie toujours allumée; le valet de chambre cachetait les lettres, etc. Il y avait le cabinet d'ambre, c'est-à-dire dont les murs étaient revêtus de plaques d'ambre jaune; le cabinet en lapis lazuli; un autre dont le parquet était merveilleux, incrusté en nacre et bois des îles; j'aurais voulu en enlever une plaque pour recouvrir un nécessaire. Dans la chambre à coucher, un simple lit-de-camp, un sac en marquin bourré de foin, oreiller idem, etc.

Ma toilette, il faut bien le dire, n'était pas brillante à Pétersbourg, et ne faisait pas grand honneur aux modes parisiennes. J'avais cependant apporté plusieurs jolies robes, entre autres une en tulle avec application de bleuets, une blonde blanche très-belle, des robes lamées or et argent, et puis des étoffes en pièces, des chapeaux, des fleurs, etc. Le jour même de notre translation dans l'appartement garni, j'étais au salon pendant que mes femmes déballaient les vaches, caisses, etc., ma Varsovienne, camériste des plus huppées, et très-francisée, arrive tout-à-coup avec une figure toute bouleversée, les bras levés au ciel et criant : « Ah! madame, quel malheur! » Je crus que l'enfant était tombé par la fenêtre... Je faillis m'évanouir, lorsque Mlle Constance ajouta, toujours d'un air tragique : « Toutes vos belles robes sont perdues. » La respiration me revint. « Dieu soit loué! dis-je à mon tour. — Que Madame vienne voir seulement! » J'allai et je vis en effet un gâchis épouvantable! Mlle Constance, pour conserver aux robes de parure une plus grande fraîcheur, avait imaginé de les emballer dans une grande caisse sans la couvrir de toile cirée, et cette caisse, placée sur l'impériale, reçut toute l'eau qu'il plut au ciel de verser pendant notre voyage. De sorte que tout fut abîmé par la pluie, la robe de bleuets déteignit sur celle de blonde, les étoffes rose et lilas devinrent de toutes les couleurs, enfin c'était à faire pleurer une femme plus susceptible de toutes ces frivolités que moi, encore impressionnée de l'effroi que j'avais ressenti et ne pouvant que rendre grâce à Dieu. Il m'eût été très-dispendieux de remplacer ces objets de toilette, qui sont hors de prix à Pétersbourg. Je m'en tirai comme je pus. Depuis j'ai appris à me passer de femmes de chambre en voyage, et n'ai plus d'effets perdus ou détériorés.

Je fus présentée à l'Impératrice Elisabeth, qui m'a parue ce qu'elle était, un ange de bonté et de douceur. Sa voix n'était pas de ce monde, et il était aisé de s'apercevoir que le ciel avait seulement prêté Elisabeth à la terre et qu'il ne tarderait pas à la reprendre. Quant à sa beauté, il faut dire historiquement qu'il n'en restait plus de traces, à quarante-cinq ans. Ses grands yeux bleus paraissaient fatigués d'avoir beaucoup pleuré.

Le vent du nord avait beaucoup rougi son teint délicat, et le pis c'est que le nez était resté blanc au milieu de cette rougeur. La princesse Radzivil avait donné à l'Impératrice le surnom de *Calme,* et elle s'en servait en lui écrivant. C'est *Résignation* qu'il aurait fallu dire. Je regrette d'avoir perdu la copie d'une charmante lettre de l'Impératrice à ma tante.

La conversation d'Elisabeth avait un charme particulier; c'était un mélange de dignité et de grâce qui marquait en même temps la souveraine et la femme d'esprit. Comme je parlais des bords du Rhin que j'avais visités l'an dernier, « où l'on retrouve tant de monuments historiques, des souvenirs de tous les temps, » ajouta l'Impératrice avec un son de voix doux et spirituel. « Votre Majesté, dis-je à mon tour, a d'un seul trait dépeint ces beaux lieux. » J'ai causé près d'une heure avec Elisabeth, assises sur des chaises; elle me parla avec bien de l'indulgence de mes ouvrages, approuva le choix des sujets historiques d'un pays auquel elle s'intéressait beaucoup, la Pologne. Elle me fit l'honneur de m'embrasser lorsque je la quittai.

Ayant demandé à être présentée à l'Impératrice mère, je reçus une invitation à dîner à Pawlowsky dans ce que l'on appelle le Pavillon-des-Roses. L'impératrice Marie avait encore une très-belle taille, très-imposante, mais de la bonté sur ses nobles traits; très-serrée dans son corset, ce qui colorait trop vivement son visage.

Avant la présentation, je passai chez la bonne et respectable princesse de Liéven, qui a élevé toutes les grandes-duchesses, et que l'Impératrice considérait extrêmement. La princesse me conduisit au salon, où était rassemblé ce qui composait la cour de S. M., une véritable cour enfin. Les hommes ne pouvaient y venir qu'en uniforme et poudrés à blanc. L'Impératrice ne tarda point à paraître. Elle était en robe de gros de Naples lilas avec un petit chapeau orné d'une superbe aigrette de héron à bouts lilas, de belles perles, bracelets et pendants d'oreilles en magnifiques losanges de diamants. On me dit une particularité assez remarquable, que l'Impératrice, dans ses lettres, prévenait d'avance sa fille, la duchesse de Saxe-Weimar, de ses toilettes, pour qu'elle en eût de pareilles aux mêmes jours que son auguste mère.

L'Impératrice vint droit à moi, m'embrassa et commença, ainsi que l'avait fait l'impératrice Elisabeth, par me parler de mon *héroïque* histoire du chiffre. J'en suis là à la troisième génération, et j'espère bien que ce sera la dernière.

Dans l'année 1860, me trouvant à Vilna où je devais faire les honneurs d'un bal offert par la noblesse à l'empereur Alexandre II, ce prince se crut obligé de m'adresser le compliment habituel, à quoi je ne pus m'empêcher de répondre : « C'est déjà de l'histoire ancienne. » Et S. M. me répondit : « Mais elle est toujours bonne à rappeler. »

L'Impératrice mère me parla de mon enfant, de son baptême prochain; qu'il fallait que j'eusse encore des enfants. « C'était son idée qu'on en eût beaucoup, » me dit la princesse Liéven, qui disait à l'Impératrice : « C'est bien pour Votre Majesté, qui n'est pas embarrassée de leur établissement. »

On passa dans la salle à manger; j'étais la troisième au-dessous de S. M., qui, en se mettant à table, dit en me regardant : « Quelle opinion la comtesse aura-t-elle de notre climat? » Je répondis que la journée me semblait très-belle, et le dessert qui était sur la table, composé de toutes sortes de beaux fruits, pouvait transporter en imagination au Midi. Je fus étonnée qu'au milieu du repas on servit du pain bis, du beurre et du lait caillé. Un coureur à l'ancienne mode servait à table, mais je crois qu'il n'avait que le costume de l'emploi, car il était gros et gras. Tout le service était en vermeil.

Après dîner, l'Impératrice, donnant toujours le bras à sa chère princesse, passa dans un autre salon et nous appela près d'elle, M. de C*** et moi, pour nous faire admirer les belles vues du parc de Pawlowsky, une cascade sur des rochers artificiels surmontés de ruines, et l'eau qui tombe va se perdre dans un petit lac entouré d'une verte pelouse plantée de bosquets bien dessinés, à travers lesquels on a ménagé des échappées sur une église, des villages, etc. S. M. dit à M. de C*** : « Monsieur votre père aimait beaucoup cette vue et ce salon, du temps de l'empereur Paul. » Elle prononça ce nom avec un soupir. Digne épouse, digne mère, elle avait toutes les vertus de la femme et de la souveraine. Je m'étais aperçue qu'un bonbon s'était accroché aux *froufous* de la garniture de S. M., et je le présentai à l'Impératrice, qui me dit que si mon fils s'était trouvé là, elle aurait eu beaucoup de plaisir à le lui offrir. J'aurais dû le demander, mais comme toujours ma timidité ne le permit pas.

S. M. nous conduisit dans sa bibliothèque nouvellement arrangée en forme de galerie, et me dit avec une grâce infinie que mes deux derniers romans y étaient placés, et qu'elle attendait après le troisième qui était en train; l'impératrice Elisabeth m'avait demandé à quoi je travaillais : c'était au *Nain politique*, dont elle approuva le plan. Le *Voyage pittoresque en Grèce* était aussi dans la bibliothèque. S. M. nous fit voir de superbes collections de gravures coloriées anglaises et des lithographies de Wurtemberg supérieures à tout ce qui se faisait dans ce genre, et se plaisait à répéter avec bonté qu'elle désirait que nous emportassions un souvenir agréable de Pawlowsky à Paris. Elle resta plus d'une heure debout, en retournant elle-même les feuillets d'estampes. Enfin, il n'y a pas de dame de château qui puisse faire les honneurs chez elle avec plus de grâce et d'aménité. On descendit un instant dans les jardins, et S. M. s'amusa à couper, avec des ciseaux anglais faits à cet usage et qu'elle venait de recevoir, de pauvres roses toutes violettes et frissonnantes au souffle des zéphyrs du Nord, et qu'elle nous distribuait de sa belle main.

Au moment des adieux, l'Impératrice m'embrassa à deux reprises ; je saisis ce moment pour lui demander la permission de voir et d'admirer de près les monuments de sa bienfaisance. Elle parut satisfaite, dit-elle, d'avoir un si bon juge, et promit de donner les ordres nécessaires pour mon introduction.

CHAPITRE XXX.

Billet de l'Empereur. — Baptême chez l'auteur, à Saint-Pétersbourg. — Conversation politique. — Environs de Pétersbourg. — Beauté de la ville. — Chapelle catholique. — Départ de la grande-duchesse Nicolas. — L'auteur va voir le vaisseau à Cronstadt. — Péterhoff. — Fête de saint Pierre. — Jets d'eau, illumination. — Le grand-duc Michel.

En attendant, le baptême de mon fils eut lieu à Pétersbourg même dans mon appartement que j'avais conservé. L'Empereur m'en prévint par un petit billet : « J'ai différé de vous répondre,
» madame, désirant en même temps vous indi-
» quer le moment où je pourrais me rendre
» chez vous pour la cérémonie du baptême. Si
» vous n'avez pas d'objection contre, c'est de-
» main que je compte passer chez vous à deux
» heures et demie.

» Recevez, en attendant, mes hommages res-
» pectueux.

» Samedi (21) 9 août 1824. »

La cérémonie se passa parfaitement bien, l'Empereur m'assurant qu'il n'y était pas *novice* (je le crois bien), et malgré mes craintes que l'enfant ne fît du train; mais il fut d'une sagesse que l'Empereur ne se lassait pas d'admirer. Cet appareil d'ornements, de lumières en plein jour et d'autel, lui en avait imposé. Ma femme de chambre le tenait sur les bras et eut le temps d'admirer le pied de l'Empereur que moi je n'avais jamais observé. La cérémonie fut plus longue qu'à l'ordinaire, parce que l'abbé Lockmann, desservant de la chapelle catholique, s'évertua à faire un petit discours assez inutile, selon moi, adressé aux père et mère et parrain pour les engager à élever l'enfant dans les principes de sagesse propres à conserver en lui les dons qu'il venait de recevoir par le baptême. L'Empereur regarda constamment le petit, qui était fort sérieux, et avait l'air d'écouter ce qu'il ne comprenait pas. Au moment critique pour sa patience, lorsqu'on lui eut versé de l'eau sur la tête, l'Empereur, avec une bonté véritablement paternelle, essuya, avec son mouchoir, les beaux cheveux blonds de son filleul.

Après la cérémonie, S. M., étant rentrée dans le salon, et s'apercevant que M. de C*** s'était retiré, eut la bonté de dire qu'il était inouï de s'en aller de chez soi, et voulut le chercher. Je le fis donc rappeler, et S. M. l'obligea de s'asseoir. La conversation s'établit naturellement sur la politique du jour, le changement de ministère, qu'il attribua au crédit, à l'influence de Mme du Cayla. L'Empereur parla du voyage qu'il allait faire dans une partie de son empire qu'il ne connaissait pas encore, aux Monts-Ourals. Je dis alors qu'il faudrait bien un an à S. M. pour faire le tour de ses États, et que je souhaitais qu'il fit la conquête de la Chine pour arrondir son empire; c'était un détour un peu long pour arriver à la Grèce. « Ah! il n'est déjà que trop rond, et c'est une idée très-impolitique que vous avez là. Mon empire n'a déjà que trop d'extension pour le bien gouverner. Il faut un an pour avoir une réponse du Kamchatka. »

Nous reçûmes une nouvelle invitation de reprendre notre appartement à Csarzko-Sélo. — Je dînai un jour chez la comtesse Ojarowska, qui avait un charmant hôtel sur le quai Anglais. On découvrait, des croisées d'une seule pièce de glace, une vue superbe sur la Néva, dont les flots bleus ont l'air de passer sous les fenêtres ainsi que les vaisseaux. La Néva est plus large que le Rhin, couverte de vaisseaux de tous les pays du monde qui s'empressent de verser à Pétersbourg les richesses des produits coloniaux ; de barques qui se croisent dans tous les sens, sur ses flots de saphir, et bordée sur ses deux rives de villas et d'édifices, tels que la Bourse, l'Académie et les beaux palais du quai Anglais ; la Néva est belle à voir par un temps calme et un clair de lune. Je ne pouvais pas m'accoutumer aux équipages russes, à voir un cocher barbu, une espèce d'Asiatique monté sur le siége d'une voiture européenne, et le petit postillon criard. Pétersbourg, malgré l'élégance, la régularité de ses édifices, a la couleur d'une ville orientale. Toute la route de Strelna à la capitale est une succession non interrompue de charmantes datcha ou villas, de tous les ordres d'architecture possibles, grecque, turque, arabe, moyen-âge, gothique, enfin chinois et châlet suisse, ombragées de bouleaux à la blanche écorce, à la chevelure pâle et ondoyante, s'harmoniant à la verdure sombre des pins et des sapins, et qui regardent luire au fond du paysage le golfe de Finlande.

J'allais entendre la messe dans la chapelle de Malte, desservie par des prêtres polonais; les jésuites avaient été exilés par ordre de l'empereur Alexandre, qui avait cru devoir déférer à l'intolérance de son clergé russe, et en eut, par la suite, d'amers regrets qu'il déposa dans le sein du vertueux prince de Hohenlohe, qui pleura et pria pour son ami impérial à la nouvelle de sa mort imprévue. La propagande jésuitique allait un peu trop vite en besogne. Sa première conversion avait commencé par le fils du ministre des cultes, prince Galitzin. Qu'on juge si celui-ci jeta feu et flammes ! Les habiles Pères travaillaient aussi, avec quelques succès, l'esprit de l'Impératrice mère, et, sous le spécieux prétexte de la guérir de maux d'yeux, un des Pères jésuites, habile oculiste, s'efforçait à lui donner des notions *visuelles* en dehors de son art. « Et nous avions grand espoir de réussite, disait l'un des Pères dans son exil à M. de C***. (Voir note IV.)

Quand je priais dans cette chapelle, fréquentée seulement par des Polonais, je ne pouvais m'empêcher de leur appliquer ce texte des Psaumes : *Les harpes suspendues aux saules de Babylone.* De retour à Csarzko-Sélo, il nous fallut suivre la cour à Péterhof; on nous donna un logement dans le pavillon destiné pour les fêtes aux ambassadeurs; mais comme cette année-là il n'y eut point de fêtes, nous nous trouvâmes dans une somptueuse solitude, assez éloignés du château. Cependant il y eut, comme tous les ans, grande affluence de monde pour voir jouer les eaux. Elles y sont admirables et sous toutes les représentations imaginables. Péterhof a un genre de beauté particulier. Le château n'est pas beau, mais la vue est grandiose sur les jardins, à l'instar de Versailles, et la mer et les vaisseaux qu'on aperçoit dans l'horizon à travers les jets d'eau éblouissant des rayons du soleil ou de la clarté de l'illumination.

La grande-duchesse Nicolas allait s'embarquer à Oraniembaum pour Stettin, dans un magnifique vaisseau que l'Empereur lui avait fait préparer avec une galanterie splendide. Les Ojarowski nous avaient conduits à ce vaisseau de 84 canons qui portait, outre le service de la marine, mille hommes de la garde, tout l'attirail des équipages, je ne sais combien de moutons, veaux, vaches; mais celles-ci, nous dit-on, devaient perdre leur lait au premier coup de canon tiré, et la glace devait se fondre, ce qui inquiétait fort. L'appartement de la princesse était composé de sept pièces drapées en soie verte; lit et hamac à volonté, petite chapelle, piano, bain de mer, rien n'était oublié. Quand j'en témoignai mon admiration à l'Empereur :

« J'ai fait ce que j'ai pu pour satisfaire la fantaisie de ma belle-sœur; mais je ne l'empêcherai pas d'avoir le mal de mer, » me dit-il.

Le capitaine, qui avait fait deux fois le tour du monde, nous disait qu'il aimerait mieux le recommencer une troisième que de conduire de si augustes personnages, et surtout ces femmes, qui crieraient miséricorde à chaque mouvement de manœuvre. Au reste, le temps et le vent furent si contraires que la princesse fut quinze jours en route et obligée de relâcher avant Stettin pour se rendre à Berlin.

Après le service divin dans la chapelle du château, accompagné de l'harmonie admirable des chanteurs de la cour, il y eut *baise-main* chez l'Impératrice mère. Je fus présenté aux deux grandes-duchesses.

La grande-duchesse Nicolas, un peu pâle de figure, avait une taille grande, élancée, et paraissait comme Calypso au milieu de ses nymphes. La grande-duchesse Michel, fille du prince Paul de Wurtemberg, me fit un peu attendre son audience. La pauvre jeune princesse était fort souffrante dans son *état intéressant,* ce qui ne l'empêchait pas d'être fraîche comme une rose. On sait combien cette princesse possède d'esprit et d'instruction. Le frère de S. A. I., que j'ai eu l'occasion de voir cette année à Vilna, m'a paru rappeler sous tous les rapports son auguste sœur, de figure (moins la fraîcheur de rose) et d'amabilité spirituelle.

Je visitai à Péterhoff le pavillon favori de Pierre-le-Grand, sa chambre à coucher, sa robe de chambre, son bonnet de nuit et les souliers de Catherine, qui me prouvèrent, par leur dimension, que cette favorite de Pierre et de la destinée avait été sur un *bon pied* dans le monde.

Nous assistâmes au départ de LL. AA. II. qui se rendirent en voiture à Oranienbaum. Toute la cour était rassemblée sous le portique du château, et pendant que se faisaient les nobles adieux, le grand-duc Michel était occupé à dresser, redresser, un soldat de la garde, une espèce de géant, qui pâlissait sous le bronze de sa figure. Monseigneur n'était jamais content, et se tournant de notre côté : « Ce service de garnison est vraiment insupportable, » nous dit-il.

Ce pauvre grand-duc Michel était d'une bonne et excellente nature. Dans un de ses voyages en Lithuanie, en automne, sa voiture s'était tellement embourbée, qu'il fut obligé de descendre et d'aller se chauffer au feu de broussailles d'un petit pâtre à qui S. A. I. s'amusa à demander : « Qu'est-ce qui se passe ? — Quoi, répondit le petit garçon, il y a que le diable emporte un Russe. » Le grand-duc rit aux éclats et donna un demi-rouble au petit pâtre.

La grande-duchesse monta en calèche avec l'Impératrice mère et ses enfants, dont l'aîné, l'Empereur aujourd'hui régnant, joli petit prince dans son charmant uniforme de Cosaque, pleurait à chaudes larmes le départ de son auguste mère. Je rappelai cette circonstance à l'Empereur, qui s'en ressouvint, comme aussi du bal à Florence, chez M. Orloff, où je le vis danser fort beau jeune homme.

CHAPITRE XXXI.

Rencontre de l'auteur avec Alexandre dans le parc. — L'Empereur lui parle de la requête que l'auteur lui a présentée. — Visite d'adieux. — L'Empereur part pour la Sibérie. — Présent de baptême. — L'auteur rencontre Elisabeth dans le parc.

La cour revint ensuite à Csarzko-Sélo et nous aussi. L'Empereur allait partir; mes affaires n'avançaient pas. Un matin, j'étais sortie de bonne heure pour dessiner quelques points de vue du parc dans mon album pour souvenir de ces beaux lieux où j'avais reçu une hospitalité si gracieuse; justement, comme je m'étais placée pour prendre la vue de la nouvelle ruine, l'Empereur y arriva et monta sur la plate-forme de la tour d'où il me lorgna et me reconnut. Après avoir pris à la hâte mon croquis, je me retirai pour n'avoir pas l'air d'attendre S. M.; mais je n'eus pas fait cent pas que l'Empereur me rejoignit au détour d'une allée coupant à travers le bois. « Comme vous courez, » me dit S. M., qui se plaignit d'être accablée d'affaires avant son départ. « Je fais tous les ans un voyage à cette époque. A chaque fois, c'est comme si l'on ne devait plus me revoir, tant on se presse de terminer avec moi toutes les affaires. » Hélas! encore un voyage, et c'était le dernier! « La vôtre, ajouta S. M., est faite; » quand à l'autre requête que je lui avais adressée pour mon beau-fils, Edouard de C***, qui avait demandé à être l'aide de camp de S. M. « Je suis obligé de vous répondre comme à une personne que j'aime et que j'estime, qu'il m'est impossible d'y satisfaire, *le jeune homme* n'ayant jamais fait de service actif. Mettez-vous à ma place : puis-je faire ce passe-droit à des militaires distingués, des colonels, des Polonais qui comptent tant d'années de services, et quels services! toujours à la guerre, des blessures, etc., etc., et qui regarderaient ce poste comme une récompense? » Quelle délicate bonté dans son refus; nommer des Polonais, qui d'ailleurs ne l'avaient point servi. Je suppliai S. M. de se mettre un instant à ma place et que je n'avais pu refuser, sous peine de passer pour marâtre, le service qu'on me demandait, et dont je ne connaissais pas l'importance; enfin je la conjurai de me pardonner mon importunité. « Rien ne peut m'importuner de votre part, » dit S. M. en m'annonçant sa visite pour une heure après-midi.

Sa Majesté me parut un peu plus gaie que les jours précédents. Le plaisir de changer de place, de s'éloigner de ces lieux où il avait ressenti un si mortel chagrin (il avait été encore pleurer et prier sur le tombeau de sa fille, à laquelle il faisait élever un beau monument dans l'église-Saint-Serge), enfin être délivré de la présence des ministres et de leurs portefeuilles y contribuait. Il ne fut pas même question de politique dans la conversation, ce qui me fit grand plaisir. Nous parlâmes littérature, beaux-arts. S. M. prétendit que je m'étais fait connaître dans la littérature par deux *Romans charmants* (je suppose qu'il ne les avait pas lus). Je lui contai ma querelle à son sujet avec le *Constitutionnel;* il en parut amusé et satisfait, et me demanda si je m'étais occupée à écrire ici. Je répondis que j'avais fait des notes, des descriptions, etc., enfin que je m'étais beaucoup plus occupée du réel que de l'imaginaire. L'Empereur me demanda s'il me trouverait encore à son retour, et me pria de disposer de l'appartement ; mais cette vie-*parasite*, toute charmante qu'elle était, ne pouvait convenir ni à moi ni à M. de C***, qui d'ailleurs était rappelé par ses fonctions parlementaires en France. Pendant que nous causions, le petit filleul de S. M., qui était dans la galerie, venait à chaque instant entr'ouvrir la porte, montrer sa jolie tête blonde. L'Empereur prétendait qu'il était impatient de le voir dehors et de jouir tout seul de sa maman. Je l'amenai cependant auprès de S. M. qui daigna l'embrasser, lui baiser sa petite main et le plaça sur la table, me recommandant bien de ne pas contrarier son naturel, conseil fort sage assurément, et que je crains d'avoir trop suivi à la lettre. Comme je me vantais auprès d'Alexandre de l'accueil que Leurs Majestés les Impératrices avaient daigné me faire, il me dit qu'elles avaient été contentes de faire ma connaissance, que d'ailleurs elles me connaissaient déjà avantageusement, etc., etc. Je parlai du goût de S. M. l'Impératrice mère pour les fleurs, et je dis qu'elle cultivait aussi de jeunes plantes bien plus intéressantes. L'Empereur comprit mon allusion, et me dit que les établissements créés par sa mère avaient infiniment contribué à corriger les mœurs à Pétersbourg.

En me faisant ses adieux, il se recommanda à mon souvenir, à celui de ma mère, à Varsovie, et je lui montrai alors la bague, son portrait gravé sur une turquoise que ma mère m'avait donnée; il rougit en se reconnaissant et dit qu'il espérait que cette bague servirait à me le rappeler; et me demanda s'il me retrouverait à son retour, etc. Malgré sa résistance, je le suivis jusqu'à l'escalier en lui disant pour dernier adieu que mon mari et moi nous ferions de loin comme de près des vœux constants pour son bonheur. A ce mot de bonheur, Alexandre fit un geste de découragement que je n'oublierai jamais et qui me fit un mal... Je venais de le voir pour la dernière fois! Pauvre cher ange si occupé de rendre tout le monde heureux, il ne pouvait l'être lui-même. Il avait perdu tout ce qui pouvait consoler, charmer un jour sa vieillesse.

Le général Houvaroff vint m'apporter de la part de S. M. un nouveau cadeau de baptême, une charmante agrafe en diamants et rubis, parfaitement travaillée, car nulle part on ne monte les diamants aussi bien qu'à Pétersbourg. Je ne voulais pas l'accepter, alléguant l'aimable défaut de mémoire de S. M. Le général, de son côté, refusait de rapporter le cadeau. M. de C*** trancha la difficulté, et se trouvant à court d'espèces, envoya l'agrafe au cabinet impérial des bijoux où on les recevait avec une légère perte (500 francs sur 6,000 francs).

L'Empereur partit le lendemain de grand matin. Après son départ, étant descendus dans le parc, nous rencontrâmes l'impératrice Elisabeth à pied avec Mlle Walowieff, qui s'y promenaient librement. Je ne la reconnus pas d'abord; j'avais eu déjà mon audience de congé. M. de C*** dit : « Voilà l'Impératrice, rangeons-nous. » S. M. vint auprès de nous et daigna nous adresser, avec sa douce voix, quelques mots obligeants : qu'elle espérait que nos affaires, nos relations de famille nous ramèneraient à Pétersbourg, etc., etc. L'air était déjà bien froid au commencement de septembre, et l'Impératrice très-légèrement vêtue.

En parlant du départ de l'Empereur, Elisabeth dit : « Il faut espérer que ce voyage fera du bien à l'Empereur. Le temps est au moins supportable aujourd'hui, mais la journée d'hier était désolante! » Il avait plu sans discontinuer. On prétendait qu'Elisabeth n'avait plus d'affection pour Alexandre; quant à moi, j'étais persuadée du contraire. Quelques mots qui lui étaient échappés, rien que le son de sa voix, plus affectueux en parlant de lui, me prouvaient que je ne me trompais pas. Enfin, la mort d'Elisabeth a prouvé son amour constant, puisqu'elle n'a pu lui survivre, et que tout son espoir, son désir était de rejoindre l'ange qu'elle pleurait.

Je fis ma dernière promenade dans le parc déjà attristé par les approches de l'automne, qui faisait tomber les feuilles des arbres; j'en cueillis une que j'ai conservée dans mon album avec la rose donnée par l'Impératrice à Pawlowski. L'aspect de ces beaux lieux, que peut-être je ne reverrai plus, l'absence qui s'y faisait déjà sentir de leur aimable enchanteur, le souvenir si récent de ses constantes bontés, ont rempli mon cœur de tristesse et mes yeux de larmes que je me serais vainement efforcé de retenir... La reconnaissance peut donc aussi devenir une passion? Oui, quand elle a pour objet un intérêt soutenu pendant douze années, marqué par les plus touchants témoignages de bienveillance, auquel, comme me le disait cet ange, ni le temps, ni l'absence, n'ont jamais apporté le plus léger changement! Et quand on songe que cet être aimable et bon était un prince puissant à qui je n'étais rien, comment n'aurais-je pas ressenti de toute la force d'une âme aimante, le sentiment si doux et si pur de la reconnaissance! Qu'on vienne me dire après cela que l'amitié ne l'emporte pas sur l'amour! La belle, l'infidèle Mme Narishkin n'a-t-elle pas vu succéder l'indifférence à l'amour le plus tendre, le plus exalté! Même en n'admettant pas le cas d'infidélité, jamais le temps ne sanctionne les sentiments illégitimes; ils sont tôt ou tard dissous ou rompus, faute d'estime réciproque, qui est l'harmonie constante des âmes.

CHAPITRE XXXII.

L'auteur visite les établissements d'éducation à Saint-Pétersbourg. — L'impératrice Marie adorée de toutes les élèves. — Retour de l'auteur en France. — Lettre de ma Mère. — Dernier séjour d'Alexandre à Varsovie. — Il tombe malade à Taganrog. — L'auteur apprend, par les journaux, la nouvelle de la fin imprévue d'Alexandre. — Regrets et douleurs dans toute l'Europe. — Lettre d'Elisabeth. — Sa mort. — Culte voué à son oncle par l'empereur Alexandre II. — Troubles à Pétersbourg. — La princesse de Lowitch. — Sa mort suit de près celle du grand-duc Constantin.

En revenant à Pétersbourg, je me hâtai de profiter de la bienveillante permission de l'Impératrice mère pour visiter les instituts. J'allai à celui de Sainte-Catherine avec ma belle-fille, la comtesse Edouard, qui avait là des parentes. On me fit une véritable réception princière, il ne tenait qu'à moi de me croire un personnage fort important. J'en fus tout-à-fait étonnée et confondue. Bien que Reine de la Lune dans mon enfance, je haïssais à mort les grandes représentations. Voilà comme le naturel change avec les années. Prévenue d'avance par les ordres de l'Impératrice, et au jour indiqué, Mme de Krempin, directrice de l'établissement, me reçut officiellement avec tout son *état-major*, de professeurs en uniformes, sous-maîtresses, tous à leurs postes, les élèves en classes et faisant leur examen, qui de l'histoire ancienne et moderne, qui de la géographie, qui de l'arithmétique, de la chronologie, auprès de grands cadres en ardoises où les élèves répondaient à l'interrogatoire. Une petite fille de dix ans m'amusa beaucoup en parlant de l'algèbre. Puis, les talents d'agréments eurent leur tour, les ouvrages à l'aiguille; on me fit admirer de beaux tapis brodés par ces jeunes personnes et destinés à l'Impératrice. Les élèves, pendant cette exhibition, passèrent dans la salle à manger où je fus introduite, et chantèrent une prière d'une harmonie touchante. On me pria de goûter le potage, qui me parut très-bon et très-nourrissant. Il y eut de grands compliments de part et d'autre, lorsque je fis mes adieux et mes remercîments.

On m'engagea à aller visiter la communauté dirigée par Mme la baronne Adalberg, dame d'honneur très-respectable, très-considérée de S. M.

l'Impératrice mère. Cet établissement est bien plus considérable que celui de Sainte-Catherine, et contenait, quand j'y fus, 460 élèves, tant de la noblesse que de la bourgeoisie. On avait reçu des ordres pour me recevoir, mais comme le jour n'avait pas été indiqué, mon arrivée causa une grande agitation. Mme Adalberg, souffrante depuis quelque temps et fort âgée, chargea une sous-directrice de la remplacer pour me conduire dans les classes, me faisant les excuses les plus polies, et me témoignant son regret si ce que j'allais voir ne répondait pas à mon attente. Je répondis que j'étais bien certaine que la communauté ne le cédait pas à l'institut. C'était l'heure du dîner; on fit rentrer les enfants en classe, malgré ma prière pour les dispenser; mais, du moins, j'échappai à l'examen, et j'en fus quitte pour une promenade assez longue dans toutes les salles et un corridor qui a certainement mille pas de long et qui est ciré. Le costume est le même qu'à Sainte-Catherine, laine brune. Les bâtiments sont fort beaux et bien tenus; on y jouit d'une vue magnifique sur la Néva, le palais de la Torride, etc. Pendant que je visitais les dortoirs, on fit passer toutes les classes dans la salle à manger, et je fus véritablement surprise du coup-d'œil que m'offrit la vue de ces 400 jeunes personnes, vêtues uniformément, et dont quelques-unes étaient fort jolies, toutes debout le long des tables qui régnaient dans l'enceinte d'une immense salle voûtée. Toutes les élèves firent en même temps la révérence aussitôt que je parus, et commencèrent la prière. On se mit à table; il y eut un tel bruit de bancs qu'on se crut obligé de me prier de n'en pas être effrayée. Nous fîmes alors le tour des tables. Chaque classe a la sienne, présidée par la maitresse. A mesure que j'avançais ces demoiselles se levaient, telle instance que je leur fisse de ne pas se déranger. On m'apporta à goûter sur un guéridon tout le dîner des classes, savoir, le potage, des petits pâtés, le bœuf, un plat de légumes. Lorsque je sortis, toutes les demoiselles se levèrent à la fois pour me saluer, et je leur fis, de mon côté, ma plus belle révérence.

Je passai chez Mme Adalberg pour lui exprimer mon admiration et la prier de mettre aux pieds de S. M., l'hommage de ma respectueuse reconnaissance. Mme Adalberg m'avait dit qu'elle lui ferait part, dans la journée, de ma visite.

Toutes ces jeunes personnes adoraient l'Impératrice, et quand elle venait les visiter, ce qu'elle faisait souvent, leur apportant des paniers de sucreries, de friandises, il était difficile de les contenir dans les simples bornes du respect. Elles se jetaient au-devant de S. M., se pressant autour d'elle comme des enfants auprès de leur mère, et elle l'était réellement, s'occupant avec tant de soin de tout ce qui pouvait assurer leur bien-être pendant leur éducation et leur bonheur dans le monde.

La pauvre impératrice Elisabeth était bien effacée par l'Impératrice mère, qui seule était à la tête de tous les établissements de charité, et puis, il faut le dire, par la majesté de sa représentation, ce véritable port de souveraine qui n'excluait pas en elle la bonté ni l'affabilité. Elisabeth était donc forcée de se concentrer dans l'intérieur d'une vie tout intellectuelle, occupée de littérature, de musique, etc., et beaucoup, je crois, de contemplation. Elle passait bien des heures, dit-on, à regarder le portrait d'Alexandre et à pleurer.

Ma mère m'écrivit en France, où j'étais alors, pour me donner des nouvelles de l'empereur

Alexandre à son passage par Varsovie, qui devait, pour la dernière fois, jouir de la présence de son souverain bien-aimé. « Jamais, me disait-elle, il ne s'était montré plus digne d'amour, plein de bienveillance, satisfait de toutes les branches administratives du royaume, des progrès de l'industrie commerciale et des manufactures du pays, répandant les bienfaits, les libéralités, les décorations, etc. » Hélas! c'était le chant du cygne. N'était-ce pas encore une preuve de cette délicatesse de sentiment dont j'ai parlé plusieurs fois et qui l'amenait à visiter ma mère pendant tous ses séjours à Varsovie, lors même que je ne m'y trouvais pas. Ma mère était une personnne très-digne, parfaitement convenable et distinguée, mais elle n'avait pas l'entrain et la gaieté amusante de sa sœur, la princesse Radzivil. En venant la voir, l'Empereur croyait s'acquitter d'un devoir de bienséance; et puis, il savait combien ma mère l'aimait, et il attachait du prix à l'affection désintéressée. Comme il lui parlait de moi, de mon séjour à Pétersbourg, etc., ma mère lui donna à lire un passage, d'une de mes lettres, où je disais que des personnes de mes amis s'étaient amusées à faire parler le filleul de S. M. en lui disant : « N'est-ce pas que votre parrain est beau, » et mon fils répondit : « Et bon. » L'Empereur dit : « Le mot de l'enfant vaut mieux, je ne suis plus beau. »

Alexandre faisait travailler en Amérique, aux États-Unis, à un plan de constitution adapté aux localités de la Russie, aux nécessités de ses peuples. Œuvre difficile pour cette agglomération d'individus de toutes langues, de toutes castes, de différents cultes, depuis le vrai croyant jusqu'à l'adorateur de la lune, peut-être même des Guèbres... Jusque-là, Alexandre avait pensé que la Russie était un arbre trop jeune pour recevoir la greffe des institutions constitutionnelles; mais cette pensée ne le quittait pas.

C'est Alexandre qui conçut le premier la grande pensée de l'affranchissement des serfs. Déjà, en Russie, il avait proscrit la vente publique des *esclaves blancs*. Il avait établi la liberté en Courlande. Cet autocrate tout-puissant, qui ne voulait pas prendre l'initiative dans une question si importante, se contenta d'engager la noblesse du grand-duché de Lithuanie, par l'organe de son gouverneur général, à affranchir les paysans. Je me souviens que mon père revint un jour de l'assemblée des notables, fort satisfait de l'échappatoire que ces messieurs avaient trouvé, assurant qu'ils étaient prêts à suivre l'exemple de leurs frères aînés, les Russes. Alexandre, avec son éternel mode conciliatoire, ne voulut contraindre ni les *aînés ni les cadets*, et la chose en resta là. Alexandre eut tort. On est autocrate ou on ne l'est pas. Il fallait parler et agir en maître, et faire servir le despotisme au bien de toute la population de l'empire, ce que vient d'accomplir son auguste neveu. Et nous, aujourd'hui, nous portons la peine de l'égoïsme de nos pères; nous sommes obligés de subir les conditions imposées par le gouvernement, au lieu que la Courlande jouit en paix des progrès dus à son obéissance. Propriétaires et paysans y sont contents de leur position *respective*.

La santé de l'impératrice Elisabeth, fortement altérée depuis quelque temps, décida le voyage à jamais funeste de Taganrog. Il est difficile de comprendre comment et pourquoi les médecins ont jugé le climat de cette ville, située au bord de la mer, exposée, durant l'hiver, à des vents très-froids, favorable dans une maladie de poitrine? Redoublant de sollicitude pour une existence qui semblait lui devenir plus chère depuis qu'il était menacé de la voir s'éteindre, l'Empereur accompagna son auguste épouse à Taganrog. C'est là, c'est aux extrémités de leur empire que les attendait l'inexorable mort, pour frapper à la fois ces deux augustes victimes!

Rassuré par l'amélioration momentanée qui se fit sentir dans la santé de l'Impératrice, Alexandre, toujours guidé par son noble cœur, qui n'avait de mobile que le bien-être de ses sujets, Alexandre entreprit cette fatale tournée des Palus-Méotides... Atteint d'une profonde mélancolie, parlant souvent de se retirer à Taganrog, dont la position lui avait plu, il se refusait au traitement de son médecin anglais Wyllie, se plaignant seulement de maux de nerfs affreux. Hélas! il était frappé au cœur; il mourait pour ne pas punir des sujets rebelles et ingrats, dont il connaissait les horribles desseins. Tandis qu'autour de lui tout se reposait sur la foi d'une tranquillité factice, ignorant les dangers qui menaçaient et la Russie et son souverain, lui, cet ange, succombant sous le poids de cet affreux mystère, au fort de sa maladie, et dans l'excès de sa douleur, laissa seulement échapper ces mots : « Ah! les » monstres, les ingrats, je ne voulais que leur » bonheur! » Ces mots furent un trait de lumière. On chercha dans les papiers du prince; on y découvrit le complot infâme..... Il était trop tard, le coup avait été porté, et la perfidie des conspirateurs, leur ingratitude forcenée, les servirent mieux peut-être que n'eût fait leur poignard parricide!... La rage des assassins seule fut trompée! Il n'existait plus!... Gloire, puissance, beauté, grâce, amabilité, bonté angélique, la mort, l'impitoyable mort, avait tout dévoré, tout détruit!...

Alexandre quitta la vie sans regrets; pouvait-il l'aimer encore! Ses dernières paroles, après avoir accompli les devoirs de la religion avec toute la résignation qu'inspire la véritable piété et une conscience pure, ses dernières paroles, en demandant à revoir ce ciel qui semblait déjà s'ouvrir pour lui, marquent bien aussi le calme de ses derniers moments : « Quelle belle journée! » dit ce prince, lorsqu'on eut levé les stores des fenêtres de son appartement. Oui, sans doute, c'était une *belle journée,* puisqu'elle devait le conduire à une félicité sans bornes, à une gloire immortelle; mais qu'elle était affreuse pour ceux qui se voyaient condamnés à lui survivre, pour cette infortunée et touchante Elisabeth, dont le seul espoir, après avoir recueilli le dernier soupir, le dernier regard de son époux, était de le suivre au tombeau pour le rejoindre dans le ciel ! « *Notre « ange est au ciel, écrivait-elle, et moi je végète « encore sur la terre ; mais j'ai l'espoir de me « réunir bientôt à lui...* »

Quelle affreuse nouvelle pour une mère, pour cette auguste souveraine, dont l'âme religieuse et forte pouvait seule faire supporter une telle perte et de telles douleurs ! Rassurée sur des jours si chers et si précieux par une première lettre de l'impératrice Elisabeth, cette pauvre mère, remplie de confiance et de joie, avait couru au pied des autels rendre grâces au Tout-Puissant, qui semblait enfin prêter l'oreille aux vœux de cinquante millions d'hommes qui, dans leurs prières, lui redemandaient leur souverain, leur père. Pétersbourg tout entier, ivre de joie à l'arrivée du courrier porteur de l'heureux message, et retenant dans son cœur chaque mot du touchant écrit de sa souveraine bien-aimée, se porte en foule dans les églises... Le *Te Deum* n'était pas encore fini, lorsque le grand-duc Nicolas reçut la dernière, la fatale nouvelle... Il rentra dans l'église, où tout le monde fut frappé du changement subit de sa figure, altérée par la douleur. Ne voulant pas, ne pouvant pas porter au cœur d'une mère un si terrible coup, il pensa que la religion seule aurait le pouvoir d'en adoucir l'atteinte. Aussitôt on vit le métropolitain s'avancer vers l'Impératrice en tenant dans ses mains tremblantes l'image du Christ, couverte d'un voile noir... A cette démarche lente et solennelle, à ce signe éternel de douleur, la malheureuse mère connut celle qui lui était réservée, et, comme la mère divine, elle tomba sans forces au pied du crucifix, qui lui retraçait son propre sacrifice... Quelle scène douloureuse, et quel tableau elle offrirait à un grand peintre! L'intérieur de la superbe église de Casan, étincelante d'or et de lumières; ce ministre des autels, dans son riche costume, et dont chaque trait exprime un silence douloureux au-dessus de toutes les paroles; cette imposante souveraine, cette mère si tendre, laissant apercevoir sur sa figure le passage subit de la joie à la douleur; le grand-duc Nicolas, partagé entre le sentiment qui l'accable et l'inquiétude que lui inspire une mère chérie; ces groupes d'assistants dont les traits présentent un mélange de doute, d'espérance et de crainte; le jour mystérieux de la chapelle, se mêlant au sombre éclat des cierges et des lampes; l'encens fumant encore au pied des autels; tout ce sacrifice d'allégresse changé en un sacrifice douloureux, quel sujet pour un autre Raphaël! que d'éléments pour créer un chef-d'œuvre[1]!

---

[1] Voici le passage copié textuellement du *Congrès de Vérone*, admiré par M. de Lamartine qui l'a inséré dans son *Histoire de Russie*, avec ces mots : Laissons parler le grand peintre d'histoire. L'Impératrice mère, rassurée par une première lettre de Taganrog, faisait chanter un *Te Deum* dans les églises de Pétersbourg; le peuple y priait, car Alexandre était adoré. Le *Te Deum* n'était pas fini, qu'un second courrier apporta au grand-duc Nicolas la nouvelle de sa mort. Nicolas sortit pour recevoir le courrier, rentra dans l'église où tout le monde fut frappé de l'altération de son visage. Il n'osa parler; il ne dit qu'un mot au métropolitain. L'évêque s'avança vers l'Impératrice portant dans ses mains une croix couverte d'un voile noir. La mère comprit son malheur, et tomba sans connaissance au verset du *Te Deum*, interompu : *In te Domine speravi*...

Jamais M. de Chateaubriand, si grand poète d'ailleurs, ne fut moins poétique que dans ce passage.

J'étais en France, dans un petit manoir près d'Epernay, lorsqu'éclata, comme un coup de foudre sans orage, dans toute l'Europe, la nouvelle désolante de la mort d'Alexandre, du pacificateur du monde. J'étais seule dans mon cabinet de travail, lorsque je reçus de ma belle-sœur une lettre de condoléance. Je m'écriai en la lisant : « C'est faux, c'est faux ! » comme si cet ange n'eût jamais dû mourir, lorsque M. de C*** entra avec l'air consterné, le *Journal des Débats* à la main. Plus de doute ! Je ne m'étendrai pas sur la profonde douleur que j'en ressentis. Ma seule consolation fut dans ce deuil général des cœurs auxquels s'associait le mien. La France, qui devait tant à Alexandre, ne se montra pas ingrate dans l'expression de ses justes regrets. Jusque dans les classes les plus infimes de la société, cette mort prématurée eut un retentissement douloureux. Une pauvre paysanne en Champagne me disait : « Hélas, Madame, il était aussi bon que beau. » D'autres disaient : « Il nous avait sauvés, protégés. » Quelle oraison funèbre dans la bouche de ceux qu'il était venu combattre !

L'empereur d'Autriche s'écria avec une sensibilité naïve : « J'ai perdu mon meilleur ami. » Mot qui honore les deux souverains.

Ma mère ne tarda pas à m'envoyer une copie de la fameuse lettre d'Elisabeth qui fut publiée dans tous les journaux de l'époque. Notre ange est au ciel! et un anneau comme tout le monde en porta dans l'empire, avec ces mots tracés en or sur émail noir : *Notre ange est au ciel!*

Elisabeth écrivait à l'Impératrice mère :

« Maman, ne m'abandonnez pas, car je suis absolument seule dans ce monde de douleurs. »

Ce cri désolé trouva un écho dans le cœur de la mère d'Alexandre. Malgré la terrible commotion qu'elle venait d'éprouver et ne consultant pas ses forces ébranlées, ni effrayée de l'énorme distance à parcourir dans une saison rigoureuse, l'Impératrice partit, et quand elle arriva, l'ange Elisabeth avait rempli sa promesse, réalisé son espoir, elle avait rejoint au ciel l'ange qu'elle pleurait. L'Impératrice ne trouva plus que le corps d'Elisabeth tiède encore...

Je possède aussi la copie d'une admirable prière d'Alexandre, trouvée après sa mort dans la poche de son uniforme; mais je croirais commettre une profanation en mettant au jour les saintes et mélancoliques aspirations de cette âme au ciel. Les Pères dominicains, qui ont succédé aux jésuites à Pétersbourg, possèdent un livre de dévotion qu'ils prêtaient à Alexandre lorsqu'il venait prier dans leur chapelle à des heures solitaires, et ont conservé les sinets qui servaient à marquer les prières choisies par ce prince et toujours tristes.

Je ne pouvais m'habituer à la perte de notre souverain bien-aimé. J'avais beau en entendre parler sans cesse, en lire le récit dans tous les journaux, les brochures de l'époque, il me fallait alors lever les yeux au ciel pour y chercher Alexandre à sa véritable place, comme l'avait si bien dit l'auguste veuve : « *Notre ange est au ciel!* Si jeune encore, si plein de forces, de vitalité... » Sans doute la Providence l'avait enlevé à l'amour de ses peuples pour empêcher un horrible attentat que cet ange eût laissé s'accomplir comme un agneau qu'on mène à la boucherie...

L'Impératrice mère survécut peu à son fils et à sa belle-fille; elle mourut comme l'on sait d'une apoplexie mal soignée ou soignée avec trop de précaution. Je venais de terminer mes *Souvenirs* sur l'empereur Alexandre. J'en avais fait tirer une belle copie magnifiquement reliée, que je me disposais à offrir à Sa Majesté l'Impératrice mère, lorsque me parvint la nouvelle de la mort de cette auguste princesse. Marie Fodorowna était allée rendre compte à Dieu de ses bonnes actions, de ses vertus d'épouse, de mère, de souveraine! Si j'avais eu l'esprit courtisanesque, j'aurais pu offrir mon ouvrage à l'empereur Nicolas qui m'en eût sans doute ostensiblement récompensée; au lieu de cela je fis don à ma mère de l'hommage destiné à une mère!

L'Empereur Alexandre II, aujourd'hui régnant, conserve un culte de cœur à la mémoire de son oncle vénéré; il m'a fait l'honneur de me montrer la croix de Saint-Georges, qui est celle que portait feu l'empereur Alexandre, et me dit l'avoir trouvée par hasard dans une boîte, et depuis il la porte à sa boutonnière. C'est d'une simplicité touchante. J'aurais pu à mon tour montrer à S. M. la bague avec le portrait de l'empereur Alexandre que j'ai toujours à mon doigt, mais je n'en fis rien, selon ma louable coutume. Ce qui m'a bien surprise, c'est l'espèce d'insensibilité que témoigna le grand-duc Constantin, lui, le plus fidèle sujet de son auguste frère, à la réception du courrier porteur de la terrible nouvelle. C'est M. Novosiltzoff qui me conta qu'ayant été mandé chez S. A. I., le grand-duc vint droit à lui en disant brusquement : « L'Empereur est mort ! » M. Novosiltzoff, frappé d'un coup si inattendu, fut obligé de s'appuyer au bras d'un fauteuil pour ne pas tomber, et « Monseigneur avait les yeux secs et l'air moins ému que vous ne l'avez dans ce moment, » me dit-il. C'est à ne pas le croire.

Les flambeaux funéraires des obsèques impériales étaient à peine éteints que le souffle de la conspiration jeta son fatal brandon au nord et au midi de la Russie et au sein de la capitale. Ces événements sont du domaine de l'histoire, et ont été successivement traités par d'habiles écrivains; ainsi je n'en parlerai pas. Je dirai seulement que la princesse de Lowitch tomba aux pieds du grand-duc en le conjurant de rompre les liens qui les unissaient et d'accepter la couronne à laquelle il avait renoncé, mais que la magnanimité de Nicolas lui restituait; exemple unique dans les annales du monde que ce noble combat de générosité entre les deux héritiers du trône. Ce fut sans doute un beau mouvement d'abnégation, de désintéressement de la part de la princesse; mais Constantin n'accepta point ce sacrifice. La princesse de Lowitch n'a jamais été à la hauteur de sa destinée comme femme du grand-duc, et n'a point compris la mission que lui confiait la Providence. Elle n'a rien fait pour sa patrie ni pour les Polonais. A sa place (que je n'eusse acceptée que pour m'entendre appeler sœur par l'empereur Alexandre), au moment de cette révolution prête à éclater à Pétersbourg, j'aurais dit au prince mon époux : « Profitez de la circonstance : on vous appelle au trône de Russie, cédez la couronne impériale à votre frère Nicolas en faisant vos conditions, et réservez pour votre part le royaume de Pologne. Les Polonais vous proclameront leur roi avec transport. » Avec cette mesure énergique et prompte, on eût évité une collision sanglante, et la Pologne existait de fait sans courir plus tard, en 1830, les chances d'une lutte héroïque, mais impossible à soutenir. La princesse de Lowitch, d'un tempérament lymphatique et languissant, ne sut toute sa vie que gémir, se plaindre, pleurer et mourir. Et pourquoi cela? Si elle avait épousé le grand-duc par ambition, assurément une fortune aussi éclatante devait la satisfaire. Si c'est par amour, et l'on assure qu'elle aimait le prince, c'était véritablement une grâce d'état qui aurait dû lui mettre la joie au cœur.

Après la mort de Constantin, victime du choléra à Dünabourg et non du poison qui lui aurait été donné par ordre de son frère, assertion fausse, calomnieuse et absurde, quel intérêt Nicolas avait-il de se débarrasser par un crime de son frère? Le mal était fait et sans remède. La pauvre princesse de Lowitch termina sa triste existence à Pétersbourg, et comme elle l'avait prédit, juste un an, jour pour jour, à l'anniversaire de celui de l'insurrection de Varsovie, malgré tout le soin qu'on eut de soustraire tout ce qui pouvait lui rappeler cette triste date.

L'empereur Alexandre mort, je dois poser ma plume. Je n'ai pas eu la prétention de faire de l'histoire. J'ai simplement voulu retracer ce que j'ai vu, connu des bontés de cet adorable prince.

Ainsi disparurent à peu de distance l'un de

l'autre, deux êtres exceptionnels que des siècles seulement peuvent reproduire, unis d'abord par les liens de l'admiration, de l'amitié, divisés par les événements politiques, que Mme de Krudner appelait l'ange noir et l'ange blanc, et que je désignerai, moi, l'un comme un génie fulgurant, l'autre comme le type d'une bonté angélique : Napoléon et Alexandre.

NOTES.

NOTE I.

Me trouvant à Florence en 1840, au moment de mon départ pour Paris, M. Alexandre Dumas, avec qui nous étions en relation de société journalière, me pria de lui donner une place dans ma voiture. Il était obligé de se rendre à Paris pour surveiller les répétitions d'un *Mariage sous Louis XV*, et surtout le rôle de Mlle du Plessis, Mlle Mars n'ayant pu s'en charger la veille de sa retraite des Français. M. Dumas m'avait fait la lecture de cette pièce, et comme on lui avait rapporté ce que j'en avais dit, que c'était un bijou rococo, il me remercia de mon *indulgence*. « Non, lui dis-je, vous ne pouvez m'accorder que du goût; voilà tout. »

Nous convînmes du jour du départ. Mon fils eut l'enfantillage de présenter à M. Dumas des serins favoris qui voyageaient toujours avec lui, et le pria de les placer dans ses *Nouvelles impressions de voyage*. « Non, non, répondit M. Dumas, ils le chanteront eux-mêmes. »

Comme je lui disais un jour : « Mais, quand avez-vous le temps d'écrire et de composer; vous êtes de toutes les parties : promenades aux cassines, théâtres, réunions fort avancées dans la nuit, car son entrain ne commençait qu'à minuit, *gueuletons* (il appelait ainsi des pique-niques à la campagne où il déployait ses talents culinaires, dont je prenais la liberté de me moquer, disant que son omelette sentait le roussi). — C'est que ces dames, me répondit M. Dumas, pour faire un plat de leur métier, ont mangé mon beurre avec des pommes de terre à l'eau. — Enfin, continuai-je, vous devez avoir pour tant écrire des petits démons à votre disposition? — A qui je dicte, » repartit M. Dumas. Il ne permettait même pas aux démons d'avoir autant d'esprit que lui.

Nous devions avoir encore un compagnon de voyage, M. Canning, qui fut au moment d'y renoncer en apprenant qu'il lui faudrait voyager de conserve avec M. Dumas, qui d'avance se promettait de bien l'exploiter. C'était un original comme tous les Anglais et qui avait la rage de parler français à des compatriotes qui ne le comprenaient pas. Quand nous allâmes le prendre à son hôtel d'Yorck, il dit en montant en voiture : « On m'a volé *le couvre de mon malle.* » On sait que les Anglais mettent toujours au masculin ce qui est féminin, *et vice versa;* et puis, me montrant une pièce d'or : « Voilà tout ce qui me reste après avoir payé mon auberge. » Je ne dis rien, mais je pensai : mon petit ami britannique, si tu n'as pas de quoi payer ton passage à Livourne, je te mettrai sur tes pattes, bien sûr. Mais il n'en fut rien; il se montra plein d'exactitude dans tous ses déboursés. A Marseille, il me donna seulement un autre genre d'inquiétude. Il me dit à souper : « J'ai mangé quatre livres de dattes, croyez-vous que cela me fasse mal? — Mais, monsieur, m'écriai-je, vous aurez une indigestion affreuse! » Et je dis en polonais à des compatriotes assis à la même table :

« Je laisserai *mon* Anglais à l'auberge, car il tombera malade en route. » A force de le questionner, il se trouva qu'au lieu de quatre livres, ce n'était qu'un quart. Une autre fois, courant la poste, je l'entends crier au postillon : « Marchez! » et mon fils : « Arrêtez! » Il s'agissait de son chapeau, que M. Canning avait laissé tomber par la portière et qu'il ne voulait pas faire ramasser, et il donna deux francs à l'homme qui le lui rapporta.

A part ces originalités, il fut très-bon compagnon, et je doute que M. Dumas, avec toute son amabilité, eût poussé l'obligeance jusqu'à nettoyer lui-même la cage aux serins là où nous nous arrêtions pour la nuit, ce qui faisait rire sous cape mon fils et m'obligeait de dire à M. Canning : « Laissez dormir ces oiseaux, je vous en prie. »

La veille de notre départ, je reçus un billet de M. Dumas qui m'annonçait que « forcé de ne partir que le
» 29 janvier, ce n'est qu'à Livourne que je vous rejoin-
» drai, si vous voulez bien me faire dire à quel hôtel
» vous comptez descendre; d'ailleurs, ma femme et M. de
» la Borde voulant m'embarquer, nous chargerions trop
» votre voiture. En tout cas, en supposant même qu'à
» Livourne nous ne puissions pas nous rejoindre, nous
» nous retrouverions toujours sur le bateau. S'il y avait
» quelque chose de changé à vos dispositions, un mot, je
» vous prie.

» Veuillez agréer, Madame, l'hommage de mes senti-
» ments les plus respectueux. »

Le même jour à minuit, nouveau message et second billet.

« Je reçois une lettre de Paris qui m'annonce que ma
» pièce est en répétition et qu'il est inutile que je parte.

» Voyez, Madame, je suis à la fois heureux et malheu-
» reux, car je me faisais un véritable plaisir de passer
» huit jours en si bonne compagnie.

» Agréez donc, Madame, tous mes souhaits de bon
» voyage et tous mes regrets de n'en pas courir les
» chances avec vous. Veuillez recevoir l'hommage de
» mes sentiments les plus reconnaissants et les plus res-
» pectueux. » Et tout cela de cette belle écriture que l'on sait.

J'étais depuis deux mois à Paris lorsque, traversant les arcades de Rivoli, je vois une grande figure d'homme me barrer le chemin au milieu de la foule qui encombre toujours le passage. Je me range de côté. La grande figure se remet en face. Le soleil me donnait dans les yeux. Je cédai encore du terrain : même insistance. Enfin, je lève les yeux de dessous mon chapeau, et je reconnais Alexandre Dumas, éclatant de rire, qui me dit : « Qu'avez-vous pensé de cet impertinent qui vous barrait ainsi le chemin ? » J'aurais dû répondre : « Alexandre, ôte-toi de mon soleil ! » mais cette idée ne me vint qu'après avoir eu dépassé M. Dumas.

NOTE II.

Malgré le respect, l'admiration que je professe pour M. de Chateaubriand, je ne puis m'empêcher de relever un singulier plagiat que moi seule peut-être j'ai découvert. Je m'extasiais un jour devant M. de Choiseul sur l'*Itinéraire de Paris à Jérusalem*. « Bah! me dit M. de Choiseul, chacun en ferait autant. (Pour cela non.) Il n'y a qu'un mot remarquable dans cet ouvrage, c'est celui sur le saint sépulcre : *Seul tombeau qui n'aura rien à rendre à la fin des temps.* » Quelque temps après, je ne sais plus dans quel ouvrage, je découvris à ma grande stupéfaction que ce mot, sublime en effet, est de saint Jean Chrysostôme. Peut-être était-ce une réminiscence de mémoire.

C'est comme aussi dans ses *Mémoires d'outre-tombe*, M. de Chateaubriand, en parlant de sa femme et lui donnant des éloges qui lui étaient bien dus, dit qu'elle n'avait jamais lu une ligne de ses ouvrages, et Mᵐᵉ de Fontanes m'a dit qu'à Genève Mᵐᵉ de Chateaubriand servait de copiste et de secrétaire à son mari.

NOTE III.

Quelques années après la mort de l'empereur Paul Iᵉʳ, le général Benigsen, déjà fort âgé, se remaria en secondes noces. Sa femme ne trouvait rien de plus gentil que de lui dire de temps en temps : « Mon ami, tu ne sais pas la nouvelle ? — Quoi donc ? — L'empereur Paul est mort ! » Et le bon général tournait sur ses talons avec une gravité anglaise greffée sur l'allemande. Il tenait, je crois, des deux nations. Mais ce qu'on peut regarder comme providentiel, c'est qu'à la première couche de Mᵐᵉ Benigsen, elle mit au monde un enfant mort étranglé par le cordon ombilical. On se rappela l'écharpe fatale.

Mᵐᵉ Benigsen, fort agréable de sa personne, était fille d'un gentilhomme très-honnête de l'ancienne race polonaise, qui avait été majordome de la maison de mon grand-oncle, le comte Tisenhaus, grand trésorier de Lithuanie ou ministre des finances des domaines royaux.

Le comte Tisenhaus menait un train royal à Grodno, où il avait établi des manufactures à l'instar de Lyon, chose superflue dans un pays qui manque des matières premières; le climat est trop dur en Lithuanie pour y élever des vers à soie. Cependant l'on y fabriquait de très-belles et fortes étoffes. On doit à M. Tisenhaus des choses plus importantes et plus utiles, tel que l'arpentage, qui était encore inconnu en Lithuanie, et beaucoup d'améliorations agronomiques. Dans ses voyages en Angleterre, en France, il avait engagé un grand nombre d'industriels et aussi des musiciens, chanteurs, danseurs, entre autres un M. Ledoux, enlevé de l'Opéra en costume d'Achille, qui courut ainsi la poste jusqu'à Strasbourg, où l'attendait le comte. M. Ledoux plus tard donnait des leçons de danse à Varsovie, et je me souviens de lui lorsqu'il venait enseigner le *menuet* à ma sœur et à mes frères; sa pochette (petit violon) m'amusait beaucoup. Le comte Tisenhaus, avec l'idée de former un théâtre national à Varsovie, établit cette colonie artistique dans une de ses terres située dans les marais et forêts de la Polésie, canton très-giboyeux, et fit choisir parmi ses paysans les enfants les plus intelligents pour former une école de chant et de danse.

Au début de leur profession, tous les maîtres furent enchantés de la chère qu'on leur faisait en gibier de toutes sortes, sangliers, chevreuils, élans, pattes et jambons d'ours, lièvres, perdrix, bécasses, etc.; mais enfin on se lasse de tout, même des meilleures choses. On demanda à grands cris de la volaille, de la viande de boucherie; la révolte se mit au camp des artistes, et les plus récalcitrants demandèrent leur congé, entre autres Achille Ledoux. L'intendant, par malice et croyant le retenir forcément, lui fit payer ses honoraires en monnaie de cuivre ; il y en avait plein une chambre. Exaspéré mais non converti, Ledoux fit emballer, sur je ne sais combien de chariots, tout son minéral, qu'il changea probablement dans la première ville venue sur son chemin.

Après la mort de son oncle, survenue avant l'âge, suite des chagrins causés par l'ingratitude de la cour, seule récompense de ses travaux pour le bien de son pays, mon père, héritier d'une fortune qui s'était en partie fondue dans les dépenses excessives d'une représentation non-seulement ministérielle (et à cette époque les ministres ne recevaient point de rétribution), mais princière, mon père fit hommage au roi Stanislas Poniatowski, de funeste mémoire, du corps entier du ballet, composé d'une trentaine de sujets, avec tout le matériel de riches costumes. C'était un cadeau vivant et vraiment royal. Il y avait, dit-on, dans cette troupe aux gambades, un jeune garçon, Michel, qui en faisait d'extraordinaires dans le genre grotesque : il sautait de la scène dans une loge de première.

Mon père, faisant un jour sa tournée dans sa terre de Polésie, vit chez son intendant une paysanne en costume de l'endroit qui lui fit une révérence dans toutes les règles de l'art chorégraphique. L'intendant vit l'étonnement de son maître et lui dit en riant : « Comment, monsieur le comte, vous ne reconnaissez pas Mariette, l'une des meilleures danseuses du ballet de M. le grand trésorier ? Après le départ du roi, la prise de Varsovie par les Prussiens, Mariette a voulu revenir dans son nid paternel, faire des fromages… et des révérences. »

Le père de Mme Benigsen avait un répertoire d'anecdotes sur l'intérieur de la maison de mon grand-oncle qui m'amusaient infiniment dans mon enfance : comme quoi il avait souvent l'oreille pincée par le comte quand le service n'était pas tout-à-fait à son gré, et surtout un jour à un dîner d'apparat qu'il avait oublié de faire apprêter la boisson ordinaire du trésorier, qui ne buvait jamais de vin pur, mais de l'eau légèrement rougie et imitant le vin d'Aï rosé et qu'on versait dans un immense gobelet d'argent ou de cristal de la capacité d'une bouteille et qui faisait le tour des convives. On le plaçait quelquefois par galanterie dans le soulier d'une dame. Le trésorier fut obligé d'avaler le liquide par décorum, mais il fit un signe au majordomo comme pour lui parler à l'oreille, « et ce fut en effet mon oreille, dit le brave homme, qui pâlit pour mon défaut de mémoire. »

Le grand trésorier était d'une recherche extrême et que je n'ai vu pratiquer nulle part. Il faisait servir le dessert, sucreries, café, liqueurs, glaces, etc., dans un salon réservé et parfumé, orné de fleurs, à côté de la salle à manger, ne pouvant supporter l'odeur des viandes après dîner. Je trouve ce sybaritisme très-bien entendu.

Il entretenait un orchestre des meilleurs musiciens avec tous les instruments Stradivarius et deux soprani italiens que, dans des parties de campagne, il faisait placer l'un à la tête l'autre à la queue de la file de voitures, et leurs voix pures, éclatantes, se répondaient en chantant les airs délicieux de Cimarosa, de Paesiello, etc.

Le grand trésorier aimait beaucoup, pour se distraire de ses travaux de cabinet, à faire ce que l'on appelle des niches. On lui avait rapporté un jour que l'un des commensaux de la maison rentrait fort tard chez lui. Que fait le comte? Il profite de l'absence du quidam pour faire murer la porte de sa chambre qui donnait sur un vaste corridor. Selon sa noble habitude, l'homme en question rentre par une nuit très-obscure ; les lumières étaient éteintes ; il enfile le corridor et va tâtonnant pour trouver sa porte qu'il ne pouvait plus trouver....; mais il en rencontre une autre : elle est fermée intérieurement. Il crie, appelle ; un ronflement sonore lui répond. « Ah ! je me serai trompé ! c'est le voisin ! » Il va plus loin, on lui répond : « Que le diable vous emporte ! » D'injures en injures, de porte en porte, il arpente inutilement le corridor en se disant : « C'est bien étonnant, je ne suis pas ivre pourtant, qu'est devenue ma chambre ? » Enfin, après avoir passé la nuit entière à piétiner de droite à gauche et de gauche à droite, il découvrit au jour naissant que la porte de sa chambre était murée !...

Voici une autre plaisanterie plus forte et que le grand Frédéric ne s'était pas permise avec le meunier de Sans-Souci. Un gentilhomme campagnard avait sa petite propriété enclavée dans les terres du comte Tisenhaus. Le comte lui fit faire les propositions les plus avantageuses pour en obtenir la cession de ce petit bien, soit en argent, soit en échange. Plus le gentilhomme s'obstinait dans son refus, plus le grand trésorier augmentait ses offres. Rien ne pouvait vaincre leur obstination mutuelle. Enfin, un beau jour le gentilhomme est invité avec sa famille à une fête chez le grand trésorier. Cette fête dure plusieurs jours, bal, concerts, promenades sur la terre et sur l'onde, enfin tout le tremblement. Le gentilhomme trouve tout cela charmant, sa femme, ses filles encore plus, mais il songe à sa ferme, à ses champs. Bref, il prend congé du noble châtelain et la route de son manoir, peu distant du château. C'était par une nuit d'été fort claire. Le gentilhomme calcule qu'il était temps d'arriver ; il dit à son cocher :

« Est-ce que tu ne t'es pas trompé de chemin? — Monsieur, lui répond son homme, il n'y a pas à se tromper. C'est en sortant de la grande avenue, à droite; mais je ne puis distinguer notre maison. La voyez-vous, Monsieur? — Attends, je vais descendre. » Il descend en effet, sa femme, ses filles après lui. Ils ont beau regarder, écarquiller les yeux, pas de ferme, pas de jardin, tout a disparu comme une fantasmagorie, et ils se tournent et retournent sur un champ fraîchement labouré. Enfin, un homme à cheval, portant la livrée du grand-trésorier, se montre à leurs regards. « Venez, leur dit-il, et suivez-moi, je vais vous tirer de peine. » Il conduit la troupe effarée à une demi-lieue de distance, à l'extrême frontière de la terre seigneuriale, et leur dit : « Voilà votre ferme! » Effectivement, la maison et autres bâtiments d'exploitation (tout en bois), les arbres du jardin et la charmille de tilleuls étaient debout, à la grâce de Dieu, et transportés d'une manière féerique en huit jours. Ces braves gens croyaient rêver ou tomber des nues. Leurs valets, les servantes, ouvrent la porte de la maison. Le coq se met à chanter, le chien de garde à fêter le retour de ses maîtres, qui trouvèrent sur une table un gros sac d'écus pour frais de déménagement. Et voilà comme il en allait du temps de la bienheureuse république de Pologne.

NOTE IV.

Je lisais dernièrement dans la *Revue des deux mondes* cet article du comte Joseph de Maistre sur les jésuites. L'empereur Alexandre Ier demandait un jour à M. de Maistre avant l'expulsion des jésuites de l'empire :

« Que pensez-vous des jésuites ?

— Je les crois utiles et nécessaires à cette époque, car vous avez, comme ailleurs, une grande secte à combattre ; or, une secte ne peut être avantageusement combattue que par un corps. Tout individu est trop faible, et le véritable ennemi de l'exécrable illuminé, c'est le jésuite. »

Quant à leur influence politique, M. de Maistre citait ce mot du grand Frédéric : « Ce n'est pas le Père Letellier qui avait tort, c'est Louis XIV. J'aurais bien su me servir des jésuites et les empêcher de cabaler. »

C'est un singulier rapprochement avec ce que j'écrivais il y a deux ans dans un petit opuscule qui ne verra jamais le jour. On a beaucoup parlé pour et contre les jésuites. Les ennemis de cet ordre se sont attachés à le faire passer pour dangereux. A les en croire, ce serait assimiler les jésuites aux sociétés secrètes dont le mot d'ordre est de renverser les trônes et les autels. Et quel trône les jésuites ont-ils renversé ? L'empereur Alexandre, qui détestait les idées démagogiques, qu'avec son esprit fin et sagace il savait parfaitement distinguer des opinions libérales « qui, me disait un jour ce prince, ne sont qu'un manteau dont les démagogues recouvrent leurs mauvais desseins, » Alexandre n'aurait pas dû craindre que les jésuites bouleversassent l'empire. Accoutumés envers leurs supérieurs à la plus explicite obéissance, ils ne pouvaient entretenir leurs élèves que dans les bornes de la subordination, en leur inspirant l'amour de Dieu et du prochain, la soumission aux lois, la fidélité au souverain, enfin le grand précepte de l'Evangile : « Rendez à Dieu ce qui est à Dieu, et à César ce qui est à César. » Certes ce ne sont pas les jésuites qui eussent fait dire à M. de Broglie en pleine chambre des pairs sous Charles X : *L'insurrection est le plus saint des devoirs*. Mot imprudent qui fut relevé sur-le-champ par M. de Chateaubriand avec cette douceur d'éloquence qui le distinguait à la tribune comme dans ses œuvres. « Le noble duc est jeune. Il n'a pas, » comme nous, blanchi dans les tourmentes révolution- » naires, et il n'en soupçonne pas le danger et les funestes » suites. »

Les jésuites possédaient la connaissance du cœur humain à un point extraordinaire ; ils savaient adapter merveilleusement le mode d'instruction le plus propre à développer dans leurs élèves les moyens de se rendre utiles à eux-mêmes, à l'Etat, toujours s'attachant à remonter au principe régénérateur et unique de qui découle comme d'un fleuve de vie toute science, toute morale. Qu'est-ce que l'homme sans la conscience de son éternité et d'une protection divine? C'est un aveugle qui en conduit un autre, c'est un tronc de bois stérile bon à être jeté au feu, comme dit l'Ecriture.

A l'époque où les jésuites dirigeaient l'université de Vilna, il était sorti de leur institution un grand nombre d'hommes d'un mérite transcendant, distingués par leur savoir, la solidité de leur caractère, de leurs principes, la pureté de leurs mœurs, jointes à l'atticisme du langage, à l'urbanité des manières. En reste-t-il beaucoup de traditions dans la société actuelle? Des hommes enfin propres à toutes les fonctions auxquelles leur vocation les appelait : bons citoyens, ecclésiastiques éclairés, braves militaires, orateurs, savants, artistes, qui tous conservaient un souvenir reconnaissant et filial de leurs Pères spirituels.

Frédéric-le-Grand, qu'on n'accusera pas d'exaltation religieuse, Frédéric, philosophe et matérialiste s'il en fut, écrivait à Voltaire : « Envoyez-moi tous ces bons ignaticns qu'on a la folie d'expulser de France, je leur confierai toute la jeunesse de mon royaume. »

Le duc de Choiseul, ministre sous Louis XV, et que Frédéric appelait le cocher de l'Europe, tête forte, mais infatué du mauvais esprit philosophique du temps, renvoya les jésuites. Trente ans après, la révolution éclatait en France et les têtes royales tombaient... La philosophie anti-religieuse ne peut enfanter que troubles, révoltes et crimes. Toute éducation qui n'est pas basée sur des fondements religieux est une éducation manquée qui ne produira en général que des hommes superficiels, n'offrant pas plus de garantie, de solidarité pour leurs goûts, leurs penchants, leurs passions, qu'une planche jetée sur un torrent...

Après l'expulsion des jésuites, un des Pères contait à M. de Choiseul en France : « On a eu tort de nous bannir de Russie. Il fallait nous envoyer en mission exercer notre zèle à convertir des hordes sauvages dans l'empire. »

NOTE V.

En vérité, on pouvait croire que la Providence, sous Alexandre Ier, renouvelait sans cesse le miracle de la multiplication. Que de guerres et si désastreuses il a eues à soutenir, une partie de son empire ravagée, dévastée, sans avoir jamais surchargé ses peuples ni augmenté les impôts! encore fallait-il voir comme on s'acquittait du paiement des impôts, en dissimulant un bon tiers de la population! Sous Nicolas, la révision des contribuables et les paiements s'établirent avec la plus grande sévérité et sous peine d'amendes excessives.

Alexandre accordait un grand nombre de pensions à des artistes et littérateurs étrangers. Elles furent supprimées par son successeur. On disait qu'il y avait beaucoup de gaspillages à la cour en dépenses de table, fêtes somptueuses. Nicolas y apporta une grande réforme et une sage économie. L'organisation du royaume de Pologne, de l'armée polonaise, coûta des sommes fabuleuses à Alexandre, qui d'ailleurs entretenait à Varsovie une cour permanente comme roi de Pologne. Les revenus du royaume n'entraient certainement jamais dans les caisses impériales; ils se dépensaient sur place, au bien-être des Polonais. Je ne parlerai pas des prodigalités en cadeaux de diamants, car je n'en connais pas le chiffre; mais il devait être immense... Les voyages de ses frères lui coûtaient un million par mois.

Alexandre ajoutait généreusement des biens de la couronne aux anciennes fondations de charité en Lithuanie, en Pologne; établissement de la Clinique, société de la Maternité à Vilna, de la Bienfaisance, sœurs de Saint-Vincent-de-Paul, etc., etc. Il fonda et dota à Varsovie l'hospice des sourds et muets. Nicolas a confisqué tous les biens du clergé, des hospices, des émigrés polonais et lithuaniens : des milliers de millions. Le mot de confiscation était inconnu au règne d'Alexandre!

Jamais sous Alexandre on n'a entendu se plaindre d'années de disette : excepté le temps du blocus continental, on roulait sur l'or et l'argent. Sous Nicolas, on ne cite qu'une seule année de récoltes abondantes, et c'était justement pendant l'insurrection. A la mort d'Alexandre, on trouva d'incalculables trésors à la forteresse, fruit des épargnes de ce prince. Qu'est devenu aujourd'hui le système monétaire? Nul et fictif. Les juifs, dans les petites villes, les bourgs, fabriquent du papier qui a cours dans la banlieue. Aux postes, on vous donne votre excédant en petits timbres de lettres que vous donnez à votre tour pour guides aux postillons. Explique qui pourra cette pénurie de numéraire.

L'empereur Alexandre ne s'entourait pas de sangsues étrangères, mais en général de grands seigneurs russes trop nobles et assez riches de leurs propres fonds pour ne pas vivre et s'enrichir aux dépens de leur souverain et de l'État.

J'en reviens à mon dire, c'est que la Providence protégeait visiblement Alexandre, qui avait en réalité bien mérité et bien porté le surnom de Béni!

NOTE VI.

Il y a deux ans environ, j'ai sollicité auprès de l'empereur Alexandre II pour mon fils la grâce de conserver ses biens en Russie sans renoncer à la qualité de Français, qu'on ne pouvait lui dénier puisqu'il était né en France, fils d'un pair de France, ondoyé dans le diocèse de Versailles; qu'il n'avait été exempté de la loi de la conscription que comme fils de veuve, et certes je regarde l'honneur d'appartenir à la première nation du monde et de se dire Français, plus grand que le plus illustre des noms. Sa Majesté accueillit gracieusement ma requête, mais dans le rescrit impérial il était dit:

« Je consens à la demande de la comtesse de Choiseul,
» qui, par son dévouement pour la Russie lors de l'inva-

» sion de Napoléon en 1812, s'était attirée la bienveillance
» particulière de l'empereur Alexandre, etc. »

J'ai donné en 1812 une preuve de dévouement non à la Russie, qui n'en avait que faire et à qui je ne devais rien, mais uniquement à l'empereur Alexandre, qui l'avait bien compris ainsi et m'en avait témoigné dans toutes les occasions sa haute satisfaction, comme ces *Réminiscences* en font foi et sont en même temps le gage de mon éternelle reconnaissance pour le plus généreux, le meilleur des souverains et des hommes.

FIN.

TABLE DES MATIÈRES.

                                                             Pag.

AVANT-PROPOS. v

CHAPITRE PREMIER. Guerre de 1812. — Rigueurs du système continental imposé à la Russie. — Arrivée de l'empereur Alexandre à Vilna. — Départ de l'auteur pour Towiany. — Passage d'Alexandre et visite à Towiany. — Portrait d'Alexandre. — Elisabeth de Bade, épouse du grand-duc. 1

CHAP. II. — Seconde visite d'Alexandre à Towiany. — Son amabilité. — Le comte Tolstoï. — Il engage l'Empereur à accepter l'hospitalité d'une nuit chez la comtesse Moriconi. — Départ d'Alexandre pour Vilna. 11

CHAP. III. — L'Empereur dans une église de campagne. — Anecdotes. 27

CHAP. IV. — L'auteur est nommée demoiselle d'honneur à la cour de Russie. — Son retour à Vilna. — Présentation de l'auteur à la chapelle grecque. — Visite d'Alexandre chez l'auteur. 35

CHAP. V. — Le comte de Narbonne à Vilna. — Visite de l'Empereur à Zakret. 42

CHAP. VI. — Préparatifs de fête à Zakret. — Malheureux événement. — Bal. 48

CHAP. VII. — Passage des Français au Niémen. — Départ d'Alexandre. — Entrée de Napoléon à Vilna. — Déjeuner du roi de Naples, Murat. — Tristes présages de la campagne. 61

CHAP. VIII. — Discours de Napoléon à la députation polonaise. — Constance et fidélité trompée des Polonais. . . . 68

CHAP. IX. — Présentation de la noblesse lithuanienne à la cour de Napoléon. — Martres zibelines pour la reine de Naples. — Disette à Vilna. 77

TABLE DES MATIÈRES.

Pag.

Chap. X. — Présentation des dames à la cour. — L'auteur met le chiffre. — Opposition de plusieurs personnes. — Mme Abramowiez, ancienne amie de Mme Walewska, présente les dames — Messe à la chapelle. — Impression de l'auteur à la vue de Napoléon. — Présentation de l'Académie. — Mot du Recteur. — Napoléon donne audience au comte de Choiseul-Gouffier. 86

Chap. XI. — Esprit et conversation du comte de Narbonne. — Il fait la connaissance de l'auteur. — Fête donnée à Napoléon par le comte Pac. 95

Chap. XII. — Promenade à cheval. — Rencontre de l'auteur avec Napoléon à Zakret. — *Ruines d'hier* à Zakret. — Belle revue de la garde impériale. — Election d'un roi de Pologne. — M. Le Lorgne d'Ideville, secrétaire de l'Empereur. — Nouvelle de Venda et Ritiger, par l'auteur. . 103

Chap. XIII. Départ de Napoléon pour l'armée. — Le duc de Bassano. — Portrait du roi de Rome. — Impressions de l'auteur. — Bataille de Mojaïsk ou Borodino. — Prise de Moscou. 114

Chap. XIV. — La comédie bourgeoise à Vilna. — Nouvelles alarmantes de l'armée. — Apparition de Cosaques. — Charpie. — Prince Joseph Poniatowski. — Dîner d'adieu chez le duc de Bassano. — Napoléon aux portes de Vilna. — Retraite des Français. — Départ du comte Tisenhaus avec le gouvernement provisoire de Lithuanie. — L'auteur reste à Vilna. 122

Chap. XV. — Triste position des prisonniers français. — Barbarie des Juifs à Vilna. — Fièvre épidémique dans les hôpitaux. — Cadavres français enterrés dans le bois de Zakret. 138

Chap. XVI. — Arrivée de l'empereur Alexandre. — Visite du comte Tolstoï. — Alexandre passe la soirée chez l'auteur. — Entretiens. — Anecdotes. — Le cocher de l'Empereur Ilia. — Levrette inconnue. — Bal chez le prince Kotousoff. — Le grand-duc Constantin danse avec l'auteur. 148

Chap. XVII. — Lettre de l'auteur pour rappeler son père. — Billet de l'auteur au comte Tolstoï. — Réponse du comte. — Visite de l'Empereur. — Craintes de l'auteur à l'égard du séquestre des biens de sa famille. — Alexandre la rassure. — Conversation intéressante. — Le charme est rompu. — Instruction profonde et variée d'Alexandre. — Moreau. — Prière pour l'Empereur. — Lorgnon d'Alexandre. 161

CHAP. XVIII. — Départ de l'auteur pour la campagne. — Escorte de Cosaques. — Inquiétude au sujet du séquestre. — L'auteur envoie son écuyer au quartier-général russe. — L'Empereur envoie un décret et un passeport à l'auteur. — Déchéance de Napoléon. — Entrée des souverains alliés à Paris. — Modestie d'Alexandre. 177

CHAP. XIX. — Napoléon à l'Ile d'Elbe. — Chateaubriand. . 184

CHAP. XX. — Alexandre accueille les Polonais. — Noble refus de Kosciusko. — Louis XVIII. — Dîner aux Tuileries. — Congrès à Vienne. — Le prince de Metternich ennemi des Polonais. — Tentative de réconciliation entre Alexandre et Elisabeth. — Mme Narischkin. — Ses infidélités. — Générosité d'Alexandre. 188

CHAP. XXI. — Retour d'Alexandre. — Il refuse le titre de Béni. — Récompense à l'armée. — Mesures de sagesse. — Congrès. — Elisabeth. — Mme de N***. 195

CHAP. XXII. — Napoléon débarque en France. — Trahison de Talleyrand. — Magnanimité d'Alexandre. — Nouvelle guerre. — Waterloo. — Alexandre protége la France. . 208

CHAP. XXIII. — Alexandre à Varsovie. — Proclamation du royaume de Pologne. — Discours. — Retour d'Alexandre à Vilna. — Présentation de la noblesse à la cour. — Tout est oublié. — Visite de l'Empereur à l'auteur. — Toujours beau et jeune. — Bal et illumination. — Course de l'auteur à Towiany. — Arrivée d'Alexandre en traîneau sur un chemin d'étoupes. — Admiration d'Alexandre pour l'Angleterre. — L'Empereur pardonne, mais n'oublie pas. — Chagrin de l'auteur. 220

CHAP. XXIV. — L'auteur revoit Alexandre à Varsovie au bal. — Visite de l'Empereur. — Son admiration pour l'armée polonaise. — Ma tante la princesse Radzivil et son fils le prince Antoine, époux morganatique de S. A. R. la princesse Louise de Prusse. — Invitation de l'Empereur pour aller à Pétersbourg. — Dîner chez M. Novosiltsoff. — Plaisanterie de l'Empereur et discussion avec la tante de l'auteur. — Bal et valse avec un anglais. — Plaisanterie de l'Empereur. — Il valse avec l'auteur. — Grande revue. — Visite d'adieu d'Alexandre. — Il parle du général Walmoden. — Moralités. — La maîtresse du grand-duc Constantin, Joséphine.................. 232

Chap. XXV. — Lettre de l'auteur à l'Empereur. — Réponse d'Alexandre. — Arrivée de l'auteur à Paris. — Présentation à la cour de Louis XVIII. — Retour à Varsovie. — Visite de l'Empereur Alexandre inquiet au sujet de la France. — Regrets d'Alexandre sur la mort du duc de Berry. — Mariage du grand-duc avec Jeannette Grudzinska. — Grande revue à Powonski. — Caractère du grand-duc. — Bontés de l'Empereur............ 257

Chap. XXVI. — Visite d'adieu de l'Empereur. — Alexandre envoie à l'auteur une note du comte Capo d'Istria au général Pozzo di Borgo. — Le duc de Richelieu. — Audience chez Louis XVIII. — Peu d'amabilité du roi. — *Je verrai, Madame*. — Poëme. — Souvenirs sur les prisonniers français. — Réclamation de l'auteur............ 268

Chap. XXVII. — L'auteur écrit à Alexandre pour lui demander la faveur d'être parrain de son enfant. — Le comte Schouvaloff désigné pour remplacer S. M. — Difficultés du clergé français....................... 277

Chap. XXVIII. — Voyage de l'auteur à Varsovie. — Visite du passeport par le grand-duc. — Arrivée de l'auteur à Vilna. — Visite d'Alexandre. — Préoccupation de l'Empereur sur les opérations de la chambre des députés. — Il veut faire la guerre en Espagne. — Affaires de la Grèce abandonnées. — Bal à l'hôtel-de-ville. — Le grand-duc Nicolas. — Son air impérial............... 282

Chap. XXIX. — Maladie de l'Empereur. — Voyage de l'auteur à Saint-Pétersbourg. — Description de cette capitale et de ses environs. — Tristesse d'Alexandre. — Mort de sa fille Sophie Narishkin. — Biographie de la jeune princesse. — L'auteur rencontre Alexandre à Csarzko-Sélo. — L'Empereur donne l'hospitalité à l'auteur. — Visite d'Alexandre.

— Vie retirée d'Alexandre et d'Elisabeth. — Présentation de l'auteur chez l'impératrice Elisabeth. — Esprit et grâce d'Elisabeth. — Présentation et dîner à Pawlowski, chez l'impératrice mère. — Bibliothèque. — Promenade. — Roses.................................... 300

Chap. XXX. — Billet de l'Empereur. — Baptême chez l'auteur, à Saint-Pétersbourg. — Conversation politique. — Environs de Pétersbourg. — Beauté de la ville. — Chapelle catholique. — Départ de la grande-duchesse Nicolas. — L'auteur va voir le vaisseau à Cronstadt. — Péterhoff. — Fête de saint Pierre. — Jets d'eau, illumination. — Le grand-duc Michel..................... 333

Chap. XXXI. — Rencontre de l'auteur avec Alexandre dans le parc. — L'Empereur lui parle de la requête que l'auteur lui a présentée. — Visite d'adieux. — L'Empereur part pour la Sibérie. — Présent de baptême. — L'auteur rencontre Elisabeth dans le parc................. 343

Chap. XXXII. — L'auteur visite les établissements d'éducation à Saint-Pétersbourg. — L'impératrice Marie adorée de toutes les élèves. — Retour de l'auteur en France. — Lettre de ma mère. — Dernier séjour d'Alexandre à Varsovie. — Il tombe malade à Taganrog. — L'auteur apprend, par les journaux, la nouvelle de la fin imprévue d'Alexandre. — Regrets et douleurs dans toute l'Europe. — Lettre d'Elisabeth. — Sa mort. — Culte voué à son oncle par l'empereur Alexandre II. — Troubles à Pétersbourg. — La princesse de Lowitch. — Sa mort suit de près celle du grand-duc Constantin................ 351

Notes..................................... 372

FIN DE LA TABLE.

BESANÇON, IMPRIMERIE DE J. BONVALOT.

www.ingramcontent.com/pod-product-compliance
Lightning Source LLC
Chambersburg PA
CBHW071853230426
43671CB00010B/1319